PLANO NACIONAL DE EDUCAÇÃO

diversos olhares

Andréia Nunes Militão
Fabio Perboni
(Organizadores)

Editora CRV

Andréia Nunes Militão
Fabio Perboni
(Organizadores)

PLANO NACIONAL DE EDUCAÇÃO: diversos olhares

EDITORA CRV
Curitiba - Brasil
2017

Editor-chefe: Railson Moura
Diagramação e Capa: Editora CRV
Revisão: Os Autores

DADOS INTERNACIONAIS DE CATALOGAÇÃO NA PUBLICAÇÃO (CIP)
CATALOGAÇÃO NA FONTE

P774

Plano nacional de educação: diversos olhares / Organização Andréia Nunes Militão, Fabio Perboni. - 1. ed. - Curitiba, PR: CRV, 2017.
234 p.

Inclui bibliografia
ISBN: 978-85-444-1400-2

1. Política Educacional. 2. Plano Nacional de Educação. 3. Planejamento Educacional. I. Militão, Andréia Nunes. Org. II. Perboni, Fabio. Org. III. Título. IV. Série.
CDD: 370.71
CDU: 37.02 17-38926

Índice para catálogo sistemático
1. Educação 370

2017
Foi feito o depósito legal conf. Lei 10.994 de 14/12/2004

Tel.: (41) 3039-6418 - E-mail: sac@editoracrv.com.br
Conheça os nossos lançamentos: **www.editoracrv.com.br**

Este livro foi avaliado e aprovado por pareceristas *ad hoc*.

SUMÁRIO

APRESENTAÇÃO

Intencionando fomentar discussões acerca do novo Plano Nacional de Educação, duas propostas de cursos de extensão foram gestadas em duas universidades públicas. Na Universidade Federal da Grande Dourados (UFGD), coordenado por Fabio Perboni, foi realizado o Ciclo de Debates sobre o PNE. Entendendo a importância desse novo marco legal para a educação nacional e seus rebatimentos em âmbito estadual e municipal, a Universidade Estadual de Mato Grosso do Sul (UEMS), somou-se a esta iniciativa propondo, no formato de Curso de Extensão, a discussão do Plano Nacional de Educação denominado "Implicações do PNE para a educação brasileira". Ambos eventos resultaram em discussões e reflexões profícuas, dando origem a coletânea que ora apresentamos.

O Plano Nacional de Educação (PNE) aprovado em 2014, por meio da Lei nº 13.005/14, tem em seu bojo duas dimensões opostas: representa, de um lado, o final de um processo e, de outro, configura o início de um novo momento. Não se trata de uma ruptura, mas de um marco representativo, conformando o resultado de um longo processo de discussões e o início de propostas expressas em metas a serem atingidas no período de uma década.

No primeiro sentido, o PNE foi debatido longamente com a sociedade, seja por meio das Conferências Nacionais de Educação, realizadas em 2010 e 2014, envolvendo em suas diferentes etapas milhares de pessoas, representativas dos mais variados segmentos do campo educacional, aglutinando alunos, pais e comunidade aos profissionais e gestores dos diferentes níveis/sistemas de ensino. Debate que se consolidou nos embates no Congresso Nacional, onde o texto inicial recebeu milhares de emendas – processo de longa duração –, resultando na lei aprovada. Se não podemos afirmar que a referida Lei é resultado direto do debate das conferências, por outro lado, não é possível compreender o debate legislativo sem remeter aos textos das CONAE's.

O processo de elaboração e aprovação do PNE (2014-2024) suscitou muitas esperanças, mas também desconfianças, na medida em que projetou desafios que se realizados colocariam a educação nacional em um patamar melhor do que já esteve no passado. Entretanto, só será realizável com mobilização de recursos humanos e financeiros oriundos dos diferentes entes federados, o que por si só envolve vontade política e a necessidade de ampliar esforços que em outros momentos se mostraram como grandes desafios.

Esta apresentação, elaborada a quase três anos da aprovação da lei, permite-nos fazer um diagnóstico preliminar da execução das metas e estratégias contidas na lei. Destarte o avanço da aprovação da lei, outros aspectos referentes à sua execução não nos permitem muito otimismo, pois diversas metas intermediárias, com prazos de realização de um ou dois anos que, portanto, já deveriam estar em vigor ainda não se efetivaram, e os debates sobre as temáticas contidas no PNE, em algumas oportunidades parecem desconsiderar seu conteúdo, elaborado exatamente para ser um balizador das ações no âmbito das políticas educacionais.

Esperamos que esta coletânea possa contribuir com o debate necessário acerca da educação nacional, momento em que assistimos a transformações que podem levar ao que já foi decretado como a "morte do PNE". Intencionamos que não seja esse o destino dado às metas/estratégias contidas na lei do PNE que tem até 2024 para serem efetivadas, entretanto uma análise de seus primeiros passos mostra uma perspectiva pouco animadora. Amaral (2015) sintetiza essas preocupações:

> Caso seja finalmente aprovada, a PEC 241, além de decretar a "morte" do PNE (2014-2024), promoverá uma maior desigualdade social, uma maior concentração de rendas e um recrudescimento da vida daqueles que são mais vulneráveis (PAIVA et al., 2016), pois o poder de "destruição" da metodologia da PEC 241 se apresenta em todas as áreas sociais, educação, saúde, previdência social e assistência social (AMARAL, 2016, p. 16).

Apoiados nos saberes freireano, incitamos os educadores e educandos a conjugar o verbo *esperançar*: "É preciso ter esperança, mas ter esperança do verbo esperançar; porque tem gente que tem esperança do verbo esperar. E esperança do verbo esperar não é esperança, é espera. Esperançar é se levantar, esperançar é ir atrás, esperançar é construir, esperançar é não desistir! Esperançar é levar adiante, esperançar é juntar-se com outros para fazer de outro modo".

As contribuições contidas nos 11 capítulos que compõem a coletânea, versam sobre aspectos essenciais para conseguirmos obter uma educação nacional de qualidade. O primeiro capítulo, "Novo PNE e a revisão do FUNDEB", indica a necessidade de construir novos caminhos redistributivos frente às metas de expansão das matrículas da educação básica e à previsão de implementação do Custo Aluno Qualidade Inicial (CAQi), já para 2016 sem, no entanto, encontrar na normatização do FUNDEB as ferramentas que garantam redistribuição de recursos educacionais tendo por base a totalidade dos recursos disponíveis.

O financiamento da educação é também analisado no segundo capítulo, intitulado "O financiamento da educação básica no novo PNE: pontos para o debate", que se propõe a avalia os principais aspectos do financiamento da educação básica no novo PNE, considerando-o como condição necessária para a viabilidade/materialização de todas as demais metas do PNE.

Intitulado "Implicações do Plano Nacional de Educação na responsabilidade educacional", o terceiro capítulo visa discutir os rebatimentos da estratégia 20.11 do Plano Nacional de Educação, que prevê a aprovação - no prazo de um ano - de uma "Lei de Responsabilidade Educacional, assegurando padrão de qualidade na educação básica, em cada sistema e rede de ensino, aferida pelo processo de metas de qualidade por institutos oficiais de avaliação educacional".

O capítulo denominado "O Plano Nacional de Educação: mais do mesmo" discute o papel conferido às avaliações externas nos dois planos nacionais de educação, o de 2001 e o de 2014, apontando a necessidade de revisão acerca do potencial da avaliação externa como fonte de informação e diálogo entre a escola e as políticas públicas.

O quinto capítulo, "Plano Nacional de Educação (2014-2024): uma análise sobre a visibilidade conferida à temática da diversidade" versa sobre os avanços e retrocessos presentes desde o processo de realização das Conferências Nacionais de Educação em 2010 e 2014, até a aprovação do Plano Nacional de Educação com vigência de uma década (2014-2024) frente à temática da diversidade.

A temática da diversidade é também discutida no capítulo subsequente, sob o título "A diversidade étnico-racial e o novo Plano Nacional de Educação (2011-2020): desafios para a pedagogia crítica e decolonial", estudo que propõe uma análise sobre a educação para as relações étnico-raciais, no contexto do novo Plano Nacional de Educação e a implementação de políticas educacionais voltadas para a superação dos currículos monoculturais e eurocêntricos. Aponta como desafio a ressignificação das marcas deixadas pela colonialidade e a desconstrução dos currículos hegemônicos.

O sétimo capítulo denominado "Valorização da profissão professor: dialogando sobre o Plano Nacional de Educação (2014-2024)", traz considerações sobre os possíveis impactos da aprovação do referido documento sobre a carreira do magistério.

A gestão democrática da educação é tema do oitavo capítulo, no qual o texto "Gestão democrática: novas determinações, velhos dilemas" problematiza as dificuldades em torno da efetivação da gestão democrática, analisando em que medida o novo PNE traz novas contribuições à esse debate.

Denominado "Plano Nacional de Educação 2014-2024: novos olhares lançados à alfabetização", o capítulo nove analisa as diretrizes, metas e estratégias do Plano Nacional de Educação 2014-2024. Voltadas para as questões que envolvem a alfabetização, tece reflexões em diálogo com autores dos estudos culturais, em consonância com outros que pesquisam as questões de alfabetização e letramento na atualidade.

O capítulo dez aborda "As políticas de educação para o ensino médio no Brasil nas últimas décadas do século XX e início do século XXI: o que dizem os documentos e os pesquisadores", destacando as propostas apresentadas no Plano Nacional de Educação (PNE) de 2014 a 2024 especificamente para a Meta 3, referente ao ensino médio.

O último capítulo trata da política nacional de avaliação da educação, à luz das metas/estratégias do PNE, que preveem uma série de mecanismos que reforçam as ações do governo federal, estados e municípios no sentido de implementar e consolidar as avaliações externas e em larga escala como elemento importante da mensuração da qualidade da educação.

Dessa forma, os textos apresentados nessa coletânea pretendem contribuir para o debate acerca da operacionalização do Plano Nacional de Educação, compreendendo a multiplicidade de temáticas abrangidas por esta lei e as diferentes temáticas de relevância para o momento atual em que vive a sociedade brasileira.

Dourados/MS, 03 de janeiro de 2017

Andréia Nunes Militão
Fabio Perboni

REFERÊNCIAS

AMARAL, N. C. **PEC 241:** a "morte" do PNE (2014-2024) e o poder de diminuição dos recursos educacionais. Disponível em: <http://www.anped.org.br/sites/default/files/images/morte_do_pne_nelson_cardoso_amaral.pdf>. Acesso em: 20 dez. 2015.

BRASIL. Lei nº 13.005 de 25 de Junho de 2014. Aprova o Plano Nacional de Educação - PNE e dá outras providências. **DOU de 26.6.2014 - Edição extra**.

PREFÁCIO

O Brasil, com a lei nº 13.005 de 25 de junho de 2014, aprova seu segundo Plano Nacional de Educação no período pós-ditadura militar. O primeiro, aprovado em 2001, através da lei nº 10.172, no governo Fernando Henrique Cardoso, virou um plano no papel, pois com o veto do então presidente à meta que ampliava os gastos públicos em educação pública para 7% do PIB, a implementação de suas 295 metas ficou totalmente comprometida. De forma análoga ao primeiro plano, o atual só atingiu sua forma definitiva graças à intensa mobilização da sociedade civil organizada, através dos sindicatos dos trabalhadores da educação, das entidades que reúnem os pesquisadores do campo educacional e dos movimentos sociais ligados à educação, particularmente da Campanha Nacional pelo Direito à Educação, que teve papel central na luta pelos 10% do PIB, pelo CAQi (Custo Aluno-Qualidade inicial) e CAQ (Custo Aluno-Qualidade).

Como a experiência brasileira mostra, se não é fácil aprovar um plano de educação, mais difícil ainda é garantir sua implantação de forma efetiva. Muitos dos desafios enfrentados pela educação pública no Brasil, como a ampliação do acesso e da conclusão do ensino com garantia de qualidade, bem como a questão do sistema nacional de educação, já se encontravam identificados no Manifesto dos Pioneiros da Educação Nova, de 1932. Ali se encontravam também muitas das propostas que hoje discutimos para enfrentar este desafio. Isso mostra que, aprovado o PNE, é fundamental o engajamento de toda a nação brasileira, na discussão sobre as metas aprovadas e dos meios de torná-las efetivas. O PNE não pode ser mais uma lei que "não pega" sob pena de comprometer o momento mais propício de nossa história, graças ao "bônus populacional" que viveremos na próxima década, de mudar a cara da escola pública brasileira.

Este PNE traz metas generosas da ampliação do atendimento na educação básica e superior de reduzir a distância na qualidade dos insumos humanos e materiais oferecidos entre a escola do rico e a escola do pobre, dos negros e dos brancos, do Brasil rural e urbano. O PNE promete também resgatar a dívida do sistema educacional com milhões de brasileiros que não conseguiram concluir o ensino fundamental ou médio, em virtude de uma escola de baixa qualidade. Promete também fazer essa escola de qualidade chegar às crianças, jovens e adultos com deficiências ou superdotação. E o plano prevê também os meios para se atingir esse objetivo através do Custo Aluno Qualidade Inicial (CAQi) e do Custo Aluno Qualidade CAQ, os quais, para serem viabilizados, em conjunto com as metas de ampliação da matrícula e da valorização dos trabalhadores da educação, precisam da ampliação dos gastos públicos com educação pública de forma a atingir 10% do PIB, em 2024, com meta intermediária de 7%, em 2019.

Contudo, como qualquer lei, esse plano reflete, em sua redação, as lutas e contradições que marcaram o seu envio e sua tramitação no parlamento brasileiro. Como os textos que compõem esse livro mostrarão, essas contradições surgem nos diferentes mecanismos introduzidos no PNE que permitem a destinação de recursos públicos para escolas privadas, ou nas metas que confundem avaliação da qualidade do ensino com notas obtidas pelos alunos em exames padronizados. Ou ainda em metas que fomentam a ampliação do atendimento no ensino profissional ou da educação superior através do ensino privado. Isso quando o país já possui um dos sistemas de ensino superior mais privatizados do mundo. Essas contradições e ambiguidades surgem também na meta relativas à gestão democrática do ensino.

Portanto, a luta só está começando, e é fundamental que pesquisadores como esses que compõem essa obra se debrucem sobre as diferentes metas e estratégias do PNE, aprofundando a análise e denunciando os retrocessos no que se refere à defesa da escola pública de qualidade. Tão importante como essa tarefa é também pensar nas possíveis políticas públicas que podem ser implementadas a partir deste plano, mesmo com suas múltiplas imperfeições e contradições.

No Brasil é comum nos envolvermos na aprovação de leis que avançam na garantia de direitos, mas quando conseguimos a sua aprovação, a qual obviamente nunca representará todo o avanço desejado e necessário para o país, tendemos a ignorá-la e a não nos engajamos na cobrança de implementação de medidas relevantes nela previstas. Isso ficou bastante evidente por ocasião da aprovação do PNE 2001-2011, e portanto, não podemos deixar que o mesmo aconteça com o atual plano, mesmo que ele não seja aquele de nossos sonhos.

O momento é de luta, de cobrar da Presidenta Dilma Roussef, (a qual, em gesto digno, aprovou o PNE sem vetos) que assuma que o PNE é o único caminho para se chegar à Pátria Educadora. Já estamos vivendo, no âmbito do Executivo, com o documento produzido pela Secretaria de Assuntos Estratégicos (SAE) da Presidência da República, intitulado "Pátria Educadora: a qualificação do ensino básico como obra de construção nacional", um movimento preocupante de transformação do PNE 2014-2024 em mais um plano no papel. Temos a responsabilidade de impedir que isso aconteça, mesmo denunciando as fragilidades e incoerências do plano aprovado. Os trabalhos apresentados nesse livro, elaborados por pesquisadores que participaram ativamente do processo de aprovação do novo plano, tem uma importância estratégica nesse sentido e vem à luz em um momento crucial de nossa história, juntamente com a aprovação dos planos estaduais e municipais de educação.

Boa leitura.

José Marcelino de Rezende Pinto
Professor Associado da Universidade de São Paulo (USP).

CAPÍTULO I

NOVO PNE E A REVISÃO DO FUNDEB

Luiz Araújo[1]

1. Introdução

No dia 31 de dezembro de 2020 o formato de política de fundos implementada pela Emenda Constitucional nº 53 perde a sua validade. Este artigo pretende oferecer elementos que apontam para uma antecipação das reflexões que seriam feitas ao final de sua vigência.

A recente aprovação de novo Plano Nacional de Educação (Lei nº 13005, de 25 de junho de 2014) representou um forte compromisso nacional com a ampliação do direito à educação, nas suas mais variadas etapas e modalidades. Além da ampliação do direito à educação, por meio do novo PNE, o Brasil decidiu investir na superação da desigualdade territorial. Finalmente foi dado um prazo curto (até junho de 2016) para que seja regulamentado o padrão mínimo de qualidade, medida essencial para reverter a disparidade de qualidade na oferta escolar em diferentes estados e municípios.

O PNE também se propõe a ampliar de forma mais consistente os recursos educacionais. A aprovação da Meta 20, que projeta um investimento público na educação pública de 10% ao final da vigência do referido plano (2024) representa uma alteração no ritmo de crescimento de alocação de recursos do fundo público para a área educacional.

Atuando como pano de fundo das mudanças assumidas no novo PNE está uma rediscussão do pacto federativo na área educacional, o qual passará por redefinir o papel de cada ente federado no financiamento educacional e, principalmente, coloca em evidência a discussão da função redistributiva da União, conforme previsto no inciso I do artigo 211 de nossa Carta Magna.

Este conjunto de elementos provocará fortes tensões sobre o atual formato de redistribuição de recursos na área educacional, especialmente sobre o seu principal instrumento, ou seja, é inevitável (ou pelo menos necessária) a antecipação dos debates sobre reformulações do FUNDEB.

1 Universidade de Brasília. E-mail: rluiz.araujo@yahoo.com.br

2. Federalismo, desigualdades territoriais e os efeitos das políticas de fundos

As características desiguais do desenvolvimento das diversas regiões são uma marca constitutiva do federalismo brasileiro, o qual não convive com características de plurinacionalidades ou distinções religiosas que justificassem o modelo.

O que fica patente é que o federalismo brasileiro foi fruto de uma estratégia para a manutenção da unidade territorial, mas essa transformação constitucional do país em uma federação logo após a Proclamação da República foi uma forma de acomodar os interesses político-econômicos das oligarquias regionais e provinciais já constituídas durante o Império (CRUZ, 2012; OLIVEIRA, 1995; SOUZA, 2005).

Durante o processo de consolidação da República Brasileira, o fundo público constituído pelo Estado Nacional esteve à disposição dos interesses das classes econômicas dominantes e esta lógica do desenvolvimento patrocinou o aprofundamento da concentração de bens e serviços em dadas regiões. E, ao mesmc tempo, consolidou uma cultura de centralização de poder nas mãos da União.

Nossa atual Constituição, elaborada a partir de um processo de questionamentos contra décadas de intensa centralização de poder nas mãos da União, merece destaque em três características: a) reconheceu os municípios como entes federados; b) apresentou forte preocupação com os desequilíbrios regionais e c) em relação a matéria educacional, houve uma constitucionalização de uma repartição de responsabilidades realmente existente.

A Carta deixou explicito um sistema de partilha, com ampliação dos percentuais de composição dos fundos de participação, por outro, não conseguiu solucionar os problemas centrais do sistema tributário, "sendo a guerra fiscal um sintoma das desigualdades econômicas regionais, explicitando não só a necessidade de uma reforma tributária que combatesse esses problemas, mas também de políticas efetivas de desenvolvimento econômico no país" (CRUZ, 2012, p. 71).

No decorrer dos anos o modelo distributivo originário vem sofrendo transformação, seja pelo pequeno acréscimo de dotações da União para os demais entes e a criação de tributos não divisíveis (contribuições sociais), seja pela redistribuição acelerada de responsabilidades, fenômeno que tem sobrecarregado especialmente a esfera municipal. Dados das Receitas Disponíveis de 2012 apontam para a continuidade da primazia de recursos concentrados na União e para um claro desequilíbrio entre receitas disponíveis municipais e suas atribuições.

Gráfico 1 – Distribuição das Receitas Disponíveis entre os entes federados – 2012

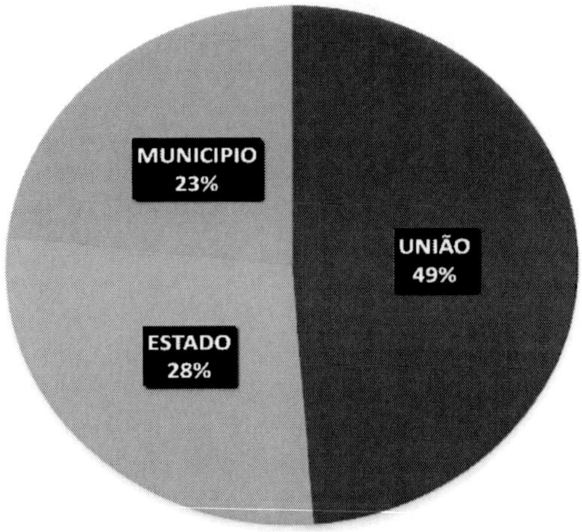

Fonte: (ORAIR; LIMA; TEIXEIRA, 2013). Elaboração própria.

A divisão de responsabilidades na área educacional foi consignada no artigo 211. O texto constitucional reconheceu a distribuição de responsabilidades existente ao final da década de oitenta entre os entes federados. Porém, a preocupação com as desigualdades levou o constituinte de 1988 a estabelecer medida emergencial para garantir a reversão de dois males que assolavam o país: o analfabetismo e a baixa cobertura no ensino obrigatório. A medida foi inscrita no artigo 60 do Ato das Disposições Constitucionais Transitórias, mas somente com a promulgação de duas emendas constitucionais (EC 14 de 1996 e 53 de 2006) é que foram operacionalizadas medidas para enfrentar o problema da oferta desigual dos serviços educacionais *versus* capacidade tributária para garantir o cumprimento das obrigações constitucionais com a área educacional.

Extensa é a bibliografia avaliativa dos efeitos da Emenda Constitucional nº 14. De qualquer forma, é possível sintetizar os seus efeitos para o combate às desigualdades territoriais e a distribuição das responsabilidades educacionais:

1º Criou um mecanismo de redistribuição de parte dos recursos vinculados (no caso 60% dos principais impostos) entre os entes federados de cada estado, equalizando via o número de alunos matriculados no ensino fundamental regular (ARRETCHE, 2010; CASTRO; BARRETO; CORBUCCI, 2000; CARVALHO, 2012);

2º Representou indução eficaz para a elevação das matrículas no ensino obrigatório. (GEMAQUE, 2004; PINTO, 2002; VAZQUEZ, 2011);

3º Viabilizou uma acelerada e desproporcional municipalização do ensino fundamental (ARELARO, 1999; OLIVEIRA, 1999; BARROS, 2009);

4º Criou um mecanismo de redistribuição de recursos federais a título de complementação do valor por aluno que não alcançassem a média nacional (ARAUJO, 2007, 2013; VAZQUEZ, 2007, 2011).

A aprovação da Emenda Constitucional nº 53 de 2006 foi influenciada pelo que Arretche (2000) denomina de legado das políticas prévias. Após dez anos de existência do FUNDEF foi criada uma cultura de financiamento baseada no valor por aluno, consolidada uma visão de focalização de esforços no ensino obrigatório e viabilizada a expansão de matrículas e criação de redes escolares, que não poderiam simplesmente ser desconsideradas ao se pensar um novo desenho institucional de distribuição de recursos.

O FUNDEB representou, portanto, continuidade da lógica redistributiva do FUNDEF, mas tentou corrigir pelo menos duas grandes lacunas. A primeira foi a ampliação do escopo redistributivo, bloqueando mais recursos e contemplando todos os alunos da educação básica. E a segunda estava diretamente vinculada ao formato de participação da União no fundo, a qual passou a representar um percentual dos depósitos compulsórios feitos dos demais entes federados (10% do total bloqueado).

Tendo disponíveis os dados censitários de 2014, já é possível analisar os efeitos de oito anos de FUNDEB e permite verificar se houve uma reversão do processo desproporcional de municipalização viabilizado pelo fundo anterior.

As informações sobre o ensino fundamental, etapa obrigatória e que sofreu amplo processo de municipalização durante vigência do FUNDEF, permitem verificar que não houve reversão desta tendência municipalizante.

Nas séries iniciais, as matrículas estaduais continuarão caindo (de 22% para 14% do total de matrículas), sendo ultrapassadas pelas matrículas privadas (de 10% para 17%), mantendo-se uma alta participação municipal, alcançada no período do FUNDEF e que não sofreu alteração.

Gráfico 2 – Comportamento das matrículas das séries iniciais do Ensino Fundamental – 1997 a 2014 – participação percentual das redes públicas (estadual, municipal e federal) e privada

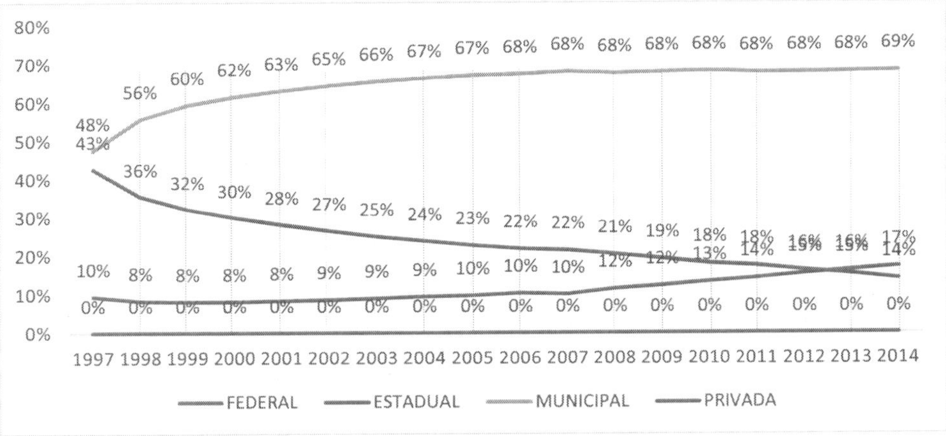

Fonte: INEP/ Sinopses Estatísticas 1997 a 2014. Elaboração própria.

O comportamento das matrículas das séries finais é também bastante preocupante. Durante a vigência do FUNDEF a participação municipal havia saltado de 19% para 37% e nos oito primeiros anos de FUNDEB manteve expansão (mesmo que mais lenta) e alcançou em 2014 42%. Entretanto, a participação estadual manteve a queda vertiginosa. Em 1997, os estados participavam com 68% das matrículas, chegando ao final da vigência do FUNDEF com apenas 52%. Em 2014 este percentual chegou a 43%. Novamente foi detectado um lento progresso das matrículas privadas, que em 2006 representavam apenas 10% e tiveram crescimento para 15%.

Era esperada uma sensível melhora do atendimento da educação infantil (creche e pré-escola), etapa da educação básica com menor cobertura escolar e que ficou descoberta durante o FUNDEF. Os dados disponíveis são, no mínimo, contraditórios. Em 2006, tínhamos 7.016.095 de crianças de zero a seis anos (em 2006 foi aprovada a Lei nº 11274, que acrescentou um ano a mais no ensino fundamental e deu prazo até 2010 para que a transição fosse realizada). Passados oito anos, a educação infantil contava com 7.740.777 alunos, ou seja, um crescimento de apenas 10%.

Analisando a variação ano a ano, a taxa de crescimento é instável, e nada promissora. Mesmo tendo sido aprovada em 2009 a extensão da obrigatoriedade escolar, incorporando as crianças de quatro e cinco anos, a taxa de crescimento continuou fraca, sendo 0% em 2011, 2% em 2012 e 2013 e de apenas 1% em 2014. A taxa de crescimento das matrículas em creches públicas tem sido um pouco melhor que a registrada na pré-escola, mas foi de 11% em 2011 e 2012, caindo para 7% em 2013 e para apenas 4% em 2014.

No outro extremo, a vigência do FUNDEB não conseguiu cumprir o prometido quando os dados são das matrículas no Ensino Médio. Em 1997 as matrículas chegaram a 6.405.057 alunos e mesmo desprotegida pelo financiamento do FUNDEF, esta etapa se expandiu até 2004, quando registrou 9.169.357. De lá para cá se detecta uma leve queda ou uma estagnação na oferta. Em 2006 registrou-se 8.906.820 matrículas e em 2014 este número ficou em 7.563.288, ou seja, 15% a menos.

Outro caminho necessário para mensurar o impacto da política de fundos na diminuição das desigualdades territoriais é verificar o comportamento das receitas disponíveis municipais. A utilização da metodologia desenvolvida por Arretche (2010), que converteu valores nominais em valores per capita por grupo de receitas dos municípios e, comparando os resultados dos anos de 2006 (último ano do FUNDEF) e de 2012 (seis primeiros anos do FUNDEB) já é possível detectar algumas tendências.

Tabela 1 - Valores per capita da participação das fontes de receita dos municípios por região – 2006

	REC PRÓPRIA	TRANSF GOVERN	TCU	TOTAL	OUTRAS	REC CORRENTE	TCU/REC COR
BRASIL	286,57	720,17	311,17	1317,90	215,12	1533,02	20,3%
NORTE	81,59	421,82	218,29	721,70	76,18	797,88	27,4%
NORDESTE	79,07	393,66	240,15	712,88	68,27	781,16	30,7%
CENTRO OESTE	141,83	527,57	222,43	891,83	146,22	1038,05	21,4%
SUDESTE	303,37	545,73	194,50	1043,60	194,64	1238,24	15,7%
SUL	181,13	540,39	205,06	926,58	188,93	1115,51	18,4%

Fonte: Araújo (2013), que utilizou dados da Secretaria do Tesouro Nacional / FINBRA.

A tabela analisa o peso de três conjuntos de fontes de recursos. A primeira coluna analisa as Receitas Próprias, ou seja, o esforço arrecadador de cada município. O segundo bloco é composto pelas Transferências Governamentais, agrupamento das transferências feitas pela União e as realizadas pelos Estados. O último bloco é composto pelas Transferências Condicionadas Universais (TCU). As Transferências Constitucionais Universais agrupam repasses federais (no caso do Sistema Único de Saúde, FNAS e FNDE) ou multigovernamentais (no caso do FUNDEF e depois o FUNDEB) que obedecem a regulamentação nacional e que possuem critérios redistributivos que incidem positivamente na redução das desigualdades territoriais.

Convertidas em valores *per capita*, as Receitas Correntes Municipais disponíveis em 2006 na Região Norte representavam apenas 52% da média de Receitas Correntes do país e 64,4% do que estava à disposição dos municípios da Região Sudeste. Igual situação se verificava na Região Nordeste, onde as Receitas Correntes representavam também 51% das receitas nacionais e 63,1% das receitas disponíveis para o Sudeste.

O caso mais extremo se localizava nas Receitas Próprias. No Norte representavam apenas 28,5% da média de Receitas Próprias do país e 26,9% do que estava à disposição dos municípios da Região Sudeste.

O que conseguia tornar menos dramática a situação era o efeito redistributivo das TCU, que contribuíam para diminuir a distância das Receitas Correntes. Contudo, a participação desta fonte era de 20,3% sobre o total de recursos disponíveis na esfera municipal.

Um olhar sobre o comportamento das mesmas Receitas em 2012 mostra uma pequena melhora, especialmente na participação percentual das TCU e, por conseguinte, uma diminuição da distância entre as regiões.

Tabela 2 - Valores per capita da participação das fontes de receita dos municípios por região – 2012

	REC PRÓPRIA	TRANSF GOVERN	TCU	SUB--TOTAL	OUTRAS	REC COR-RENTE	TCU/REC COR
BRASIL	446,11	859,76	532,83	1838,7	355,1	2193,79	24,30%
NORTE	215,76	611,51	547,13	1374,4	325,61	1700,01	32,20%
NORDESTE	195,13	650,73	613,66	1459,52	220,96	1680,48	36,50%
CENTRO OESTE	354,69	1018,55	572,41	1945,65	295,77	2241,42	25,50%
SUDESTE	670,56	962,61	489,76	2122,93	425,26	2548,19	19,20%
SUL	408,37	1003,41	486,56	1898,34	435,93	2334,27	20,80%

Fonte: Dados da Secretaria do Tesouro Nacional / FINBRA. Elaboração própria.

Convertidas em valores *per capita*, as Receitas Correntes Municipais disponíveis em 2012 na Região Norte passaram a representar 77,5% da média de Receitas Correntes do país e 66,7% do que estava à disposição dos municípios da Região Sudeste. Igual situação se verificava na Região Nordeste, onde as Receitas Correntes representavam também 76,6% das receitas nacionais e 65,9% das receitas disponíveis para o Sudeste.

Esta melhoria teve contribuição de uma sensível melhora das Receitas Próprias Municipais. Por exemplo, no Norte passaram a representar 48,3% da média de Receitas Próprias do país e 32,1% do que estava à disposição dos municípios da Região Sudeste.

A contribuição das TCU no montante das Receitas Correntes também apresentou uma evolução, passando a representar 24,3% do total disponível. A evolução dos recursos vinculados ao FUNDEB contribuiu decisivamente para a melhoria do percentual de participação das TCU no total das Receitas Correntes.

Porém, como em 2012 a totalidade das TCU representava 24,3%, faz-se necessário cruzar as informações acima com outros parâmetros. Uma opção é verificar o quanto a desigualdade caiu entre o último ano do FUNDEF e o sexto ano do FUNDEB tendo por base o Coeficiente de Gini.

Utilizando o Coeficiente de Gini para medir a evolução da desigualdade entre os municípios brasileiros no que diz respeito aos recursos disponíveis para prover os serviços públicos, dentre eles os educacionais, pode se verificar que o FUNDEB contribuiu com uma pequena melhora, ou seja, após a implantação deste fundo, os municípios são um pouco menos desiguais. Tem contribuído para a queda da desigualdade o aumento dos recursos redistribuídos via as Transferências Condicionais Universais.

Tabela 3 – Comportamento das desigualdades entre municípios brasileiros – 2006 e 2012 (Coeficiente de Gini sobre valores per capita das Receitas Disponíveis)

	2006	2012
SOMENTE A RECEITA TRIBUTÁRIA	0,37	0,39
A RECEITA TRIBUTÁRIA E AS TRANSF DA UNIÃO	0,22	0,2
A RECEITA TRIBUTÁRIA E AS TRANSF DO ESTADO	0,38	0,37
A RECEITA TRIBUTÁRIA E AS TCU	0,17	0,15
SOMENTE AS TCU	0,21	0,17
SOMENTE O FUNDEF/FUNDEB	0,24	0,22
SOMENTE A RECEITA CORRENTE	0,21	0,18

Fonte: Dados da Secretaria do Tesouro Nacional / FINBRA. Dados obtidos em Araújo, 2013 para o ano de 2006 e elaboração própria para o ano de 2012.

O exercício acima compara cenários de receita municipal. No primeiro, caso os municípios contassem apenas com as Receitas Próprias, os mesmos seriam bastante desiguais. E isso mostra que ter crescido a arrecadação própria global municipal não os torna mais iguais, pelo contrário, de 2006 para 2012 a desigualdade passou de 0,37 para 0,39.

Caso os municípios, além das finanças próprias, somente dispusessem das Transferências da União, os mesmos seriam menos desiguais do que no primeiro cenário. A desigualdade já era baixa em 2006 (0,22), continuou caindo e chegou em 2012 a 0,20. A principal transferência da União é bastante redistributiva (no caso dos municípios, o Fundo de Participação dos Municípios).

Caso os municípios, além das finanças próprias, somente dispusessem das Transferências Estaduais, também prevaleceria a alta desigualdade e a mudança do FUNDEF para o FUNDEB não possui impacto neste quesito, que teve pequena variação (de 0,38 para 0,37). Vale registrar que as transferências estaduais são fortemente devolutivas, refletindo a desigualdade econômica existente.

Juntamente com o FPM, as Transferências Constitucionais Universais, das quais participa o FUNDEB, registraram melhora nos efeitos provocados na desigualdade. Em 2006 a relação era de 0,21 e caiu para 0,17 em 2012. Considerando apenas os recursos do FUNDEF *versus* o FUNDEB, o primeiro representava uma queda da desigualdade para o patamar de 0,24 e com o novo fundo este percentual caiu para 0,22.

No geral, somadas as melhorias oriundas do FPM e do total das TCU a desigualdade caiu de 0,21 para 0,18 no intervalo estudado.

3. Novos desafios trazidos pelo PNE

O novo Plano Nacional de Educação, composto de dezenove metas temáticas e uma meta síntese (sobre financiamento do próprio plano), estabeleceu um planejamento audacioso de expansão da oferta escolar em todas as etapas e modalidades e projetou uma elevação da destinação de recursos para custear a referida expansão.

Faz-se necessária uma ressalva antes de detalhar as possíveis consequências para o debate de reformulação do FUNDEB. O PNE possui contradições, as quais são fruto da complexidade dos interesses políticos e sociais que se mobilizaram para influenciar a sua redação. Dentre as contradições, a permanência de fortes matizes privatizantes é muito relevante. O plano convive com claros sinais de crescimento público da oferta escolar com evidentes brechas para o aprofundamento da opção de crescimento da oferta futura via parcerias com o setor privado, colaborando assim com a dissolução das barreiras entre o público e privado (VIEIRA, 2008).

Há um conjunto de metas de acesso que pressupõe um ritmo de crescimento da oferta muito maior do que o atualmente experimentado pelo FUNDEB. Exemplo disso é a expansão do atendimento em creche. Dados da PNAD 2013, sistematizados por MEC (2015), registram um atendimento de 26,3% da faixa etária de zero a três anos e a Meta nº 01 do PNE estabelece que, ao final da década, este percentual chegue a 50% da faixa etária. Da mesma forma, por força da Emenda Constitucional nº 59, em 2016 será necessário incorporar 100% da faixa etária correspondente a pré-escola e ensino médio (Metas 01 e 03).

Amaral (2014) apresenta a dimensão do desafio. Para cumprir a Meta 1 será necessário incorporar 2.825.924 em creche até 2024 e garantir vaga para nada menos que 3.792.609 novos alunos na pré-escola até 2016. E no mesmo prazo devem estar matriculados 1.278.611 jovens entre 15 e 17 anos que se encontram fora da escola, mesmo que nem todos possam ingressar no ensino médio por força da distorção idade/série.

Deste primeiro quadro de crescimento no acesso da educação básica (e que não é uma descrição total dos desafios que envolvem aumento de custos para estados e municípios), fica evidente que sem adaptar o formato do FUNDEB para induzir um comportamento mais agressivo em busca de inserção de alunos, dificilmente as metas serão cumpridas. As taxas de crescimento vivenciadas nos oito primeiros anos do fundo não apresentam um ritmo apropriado para o tamanho do desafio proposto.

Em inúmeras metas e estratégias é possível encontrar a preocupação com a diminuição da desigualdade (social, territorial ou étnico-racial) no novo Plano Nacional de Educação. Merece destaque a Estratégia 20.6, que deu prazo para regulamentar o padrão mínimo de qualidade, procedimento que significará estabelecer um patamar socialmente e politicamente aceitável de insumos para que uma escola seja tida como tal e, por consequência, identificar um conjunto grande de escolas que existem e que se situarão abaixo deste novo padrão, o qual assumiu a terminologia de Custo Aluno Qualidade.

Dentro de dois anos deveremos "implementar" o CAQ inicial, o que significa definir seus parâmetros e operacionalizar o seu funcionamento, realizando a regulamentação do auxílio financeiro da União para aqueles entes federados que possuírem escolas abaixo do valor do CAQi (Estratégia 20.10). Dados sistematizados pela Associação Nacional de Pesquisadores em Financiamento da Educação (FINEDUCA, 2013) apontaram para um montante de 46 bilhões de reais e as simulações de Araújo (2013 e 2014) a números de igual dimensão de grandeza.

O formato atual do FUNDEB, que, a exemplo do seu predecessor, se baseia na redistribuição de montantes subvinculados, oriundos dos impostos arrecadados em cada estado e, contando com um complemento equivalente a 10% deste montante por parte da União, o qual é direcionado para os fundos estaduais com menor per capita, não é suficiente para enfrentar as questões decorrentes da regulamentação do Custo Aluno Qualidade. Isso porque:

1. A lógica de um Custo Aluno Qualidade é distinta da atual. Em primeiro lugar se estabelecerá um Valor médio nacional e com este valor será possível identificar escolas e/ou entes federados com padrão abaixo do aceitável. Cabe elevar todos aqueles que estiverem aquém do estabelecido. A lógica atual pressupõe ter valores por aluno que são o simples produto do recurso obrigatório bloqueado.
2. Para estabelecer que um ente federado está abaixo do valor estabelecido do CAQI não poderão ser considerados apenas os recursos bloqueados no FUNDEB. Como já foi demonstrado por Araújo (2012), o recurso efetivamente aplicado em seus alunos é maior do que o consignado no fundo contábil, refletindo a desigualdade

existente nos recursos disponíveis entre os municípios brasileiros. O formato atual de redistribuição de recursos via FUNDEB não está capacitada para equalizar estes importantes fatores novos.

3. Os fatores de ponderação existentes na legislação regulamentadora do FUNDEB (Lei nº 11494 de 2007) não permitem uma indução forte o suficiente para provocar uma elevação das taxas de crescimento das matrículas nas etapas e modalidades da educação básica mais demandadas pelas Metas do PNE.

A efetivação do PNE depende de condições ainda não criadas, especialmente da existência de um regime de colaboração entre os entes federados, mandamento constitucional nunca regulamentado (artigos 23 e 211 da CF). A estratégia 20.9 estabeleceu dois anos para que seja corrigida esta lacuna legal, de forma a estabelecer as normas de cooperação entre a União, os Estados, o Distrito Federal e os Municípios. Para o PNE tal regulamentação deverá propiciar "equilíbrio na repartição das responsabilidades e dos recursos e efetivo cumprimento das funções redistributiva e supletiva da União no combate às desigualdades educacionais regionais, com especial atenção às regiões Norte e Nordeste" (BRASIL, 2014).

O FUNDEB não possui as ferramentas operacionais necessárias à promoção do "equilíbrio na repartição das responsabilidades e dos recursos", ou pelo menos não foi eficaz neste caminho, visto que o desequilíbrio herdado do FUNDEF na oferta do ensino fundamental foi mantido.

4. Conclusões

A vigência do novo PNE exigirá dos gestores federais, estaduais, municipais e do Distrito Federal a adoção das medidas governamentais necessárias ao alcance das metas previstas no referido Plano. Nas últimas décadas o instrumento utilizado mais amplo de redistribuição de recursos de forma a diminuir a desigualdade territorial foi a política de fundos. São dezoito anos de implementação, com resultados contraditórios, mas também com redução dos coeficientes de desigualdade especialmente após a edição do FUNDEB.

O novo PNE exigirá, dentre outras providências, a rediscussão do papel da União no financiamento da educação básica, seja pela inviabilidade de se alcançar as metas de expansão nas etapas mais descobertas tendo por base apenas os recursos atualmente alocados e/ou redistribuídos, seja por que a implantação do Custo Aluno-Qualidade Inicial, que pressupõe o estabelecimento de destinação de recursos para escolas e redes que se encontrarem abaixo do padrão normatizado, exige novos formatos redistributivos, os quais não poderão se basear apenas no número de matrículas declaradas.

O FUNDEB, que redistribui recursos dentro de cada estado, possui um suporte de combate à desigualdade inter e intrarregional baseada na participação percentual da União, a qual se direciona para os fundos estaduais com menor *per capita*. Com a instituição do CAQi, o critério precisará ser aperfeiçoado, posto que o aporte de recursos para redes escolares abaixo do padrão mínimo de qualidade não poderá obedecer a mesma lógica. Mesmo que provavelmente tais redes se localizem majoritariamente nas regiões Norte e Nordeste, regiões mais contempladas com a complementação da União no FUNDEB, existirá ocorrência de redes fora dos dez fundos atualmente contemplados.

A vigência do PNE torna qualquer postergação do início do debate sobre a revisão do FUNDEB somente para o ano de 2020 uma medida que atenta contra a efetivação do próprio plano, especialmente no aspecto mais relevante para o equilíbrio federativo, qual seja, a constituição de um novo formato de repartição de recursos e o alcance de um novo padrão inclusivo na educação, não se preocupando apenas com o acesso escolar, mas também a garantia de uma oferta digna e menos desigual.

REFERÊNCIAS

AMARAL, N. **O novo PNE e o financiamento da educação Brasileira (2014-2024)**. XII Seminário Nacional de Políticas Educacionais e Currículo. Belém: UFPa, 2014.

ARAÚJO, L. **Financiamento da Educação Básica no Governo Lula:** elementos de ruptura e de continuidade com as políticas do governo FHC. 2007. 182f. Dissertação (Mestrado em Educação – Faculdade de Educação). Universidade de Brasília, Brasília.

_____. Desvendando o perfil dos gastos educacionais dos municípios brasileiros. **Educação e Sociedade**. 2012, v. 33, n. 121, p. 1215-1233.

_____. **Limites e possibilidades da redução das desigualdades territoriais por meio do financiamento da educação básica**. 416f. Tese (Doutorado em Educação – Faculdade de Educação), Universidade de São Paulo, 2013.

_____. É possível diminuir as desigualdades entre os municípios brasileiros por meio de uma política de fundos na educação? In: II Encontro da Associação Nacional de Pesquisa em Financiamento da Educação, 2014, Curitiba. **Anais do II Encontro da Associação Nacional de Pesquisa em Financiamento da Educação**. 2014, v. 1, p. 50-64.

ARELARO, L. Financiamento e qualidade da educação brasileira: algumas reflexões sobre o documento. Balanço do primeiro ano do FUNDEF. Relatório MEC. In: DOURADO, L. (Org.). **Financiamento da educação básica**. Campinas: Autores Associados; Goiânia: Ed. da UFG, 1999.

ARRETCHE, M. **Estado federativo e políticas sociais:** determinantes da descentralização. Rio de Janeiro: Editora Revan, 2000.

_____. Federalismo e igualdade territorial: uma contradição em termos. **Revista de Ciências Sociais**, Rio de Janeiro, v. 53, n. 3, 2010, p. 587-620.

BARROS, A. **Política de Municipalização do Ensino:** regime de colaboração ou transferência de responsabilidade no Pará? Belém: Editora Boos, 2009. 194 p.

BRASIL. Constituição Federal. **Diário Oficial da República Federativa do Brasil**, Brasília, DF, 05 out. 1988.

_____. Constituição (1988). Emenda Constitucional nº 14, de 12 de setembro de 1996. Modifica os arts. 34, 208, 211 e 212 da Constituição Federal e dá nova redação ao art. 60 do Ato das Disposições constitucionais Transitórias. **Diário Oficial da União**, Brasília, 13 set. 1996.

_____. Lei nº 11.274, de 6 de fevereiro de 2006. Dispõe sobre a duração de 9 (nove) anos para o ensino fundamental, com matrícula obrigatória a partir dos 6 (seis) anos de idade. **Diário Oficial da União**, Brasília, 7 de fevereiro de 2006.

_____. Constituição (1988). Emenda Constitucional nº 53, de 19 de dezembro de 2006. Dá nova redação aos arts. 7º, 23, 30, 206, 208, 211 e 212 da Constituição Federal e ao art. 60 do Ato das Disposições Constitucionais Transitórias. **Diário Oficial da União**, Brasília, 20 dez. 2006.

_____. Lei n. 11.494, de 20 de junho de 2007. Regulamenta o Fundo de Manutenção e Desenvolvimento da Educação Básica e de Valorização dos Profissionais da Educação – FUNDEB. **Diário Oficial da União**, Brasília, DF, 21 jun. 2007.

_____. Constituição (1988). Emenda Constitucional nº 59, de 11 de novembro de 2009. **Diário Oficial da União**, Brasília, 12 nov. 2009.

_____. Ministério da Fazenda. Secretaria do Tesouro Nacional. Sistema FINBRA. **Finanças do Brasil – Dados contábeis dos Municipais de 2012**. Disponível em: <https://www.tesouro.fazenda.gov.br/pt/prefeituras-governos-estaduais/sobre>. Acesso em: 10 de jan. 2015.

_____. **Lei nº 13.005, de 25 junho de 2014**. Aprova o Plano Nacional de Educação - PNE e dá outras providências. Disponível em: <wwww.planalto.gov.br/legislação>. Acesso em: 10 jan. 2015.

_____. MEC. **Planejando a próxima década**. Disponível em: <http://simec.mec.gov.br/pde/graficopne.php>. Acesso em: 10 jan. 2015.

CARVALHO, F. **Financiamento da Educação**: do Fundef ao Fundeb – repercussões da política de fundos na valorização docente da rede estadual de ensino do Pará – 1996 a 2009. Tese (Doutorado em Educação) Universidade de São Paulo, São Paulo, 2012.

CASTRO, J; BARRETO, A; CORBUCCI, P. **A reestruturação das políticas federais para o ensino fundamental:** descentralização e novos mecanismos de gestão. Rio de Janeiro: IPEA, 2000. (Texto para Discussão, n. 745).

CRUZ, R. Federalismo e Educação: um pacto a se rever. **Retratos da Escola**, Brasília, v. 6, n. 10, p. 65-78, jun. 2012. Semestral.

FINEDUCA. **Por que a União deve complementar o CAQi no PNE?** Disponível em: <http://www.redefinanciamento.ufpr.br/nota1_13.pdf>. Acesso em: 10 jan. 2015.

GEMAQUE, R. **O financiamento da educação. O Fundef no estado do Pará**: feitos e fetiches. 2004. 370f. Tese (Doutorado em Educação). Faculdade de Educação, Universidade de São Paulo, 2004.

OLIVEIRA, R. **Educação e cidadania**: o direito à educação na Constituição de 1988 da República Federativa do Brasil. Tese (Doutorado.em Educação) Faculdade de Educação, Universidade de São Paulo, 1995.

OLIVEIRA, C. A municipalização do ensino brasileiro. In: ______. et al. **Municipalização do Ensino no Brasil**. Belo Horizonte: Editora Autêntica, 1999.

____. Financiamento da educação no Brasil: um balanço do governo FHC (1995-2002). **Educação e Sociedade**, v. 23, n. 80, p. 108-135, setembro/2002.

ORAIR, R.; LIMA, L.; TEIXEIRA, T. Sistema de transferência para os municípios brasileiros: avaliação dos impactos redistributivos. In: IPEA. **Brasil em desenvolvimento 2013:** estado, planejamento e políticas públicas. Brasília: IPEA, 2013.

SOUZA, C. Federalismo, desenho constitucional e instituições federativas no Brasil pós-1988. **Rev. Sociologia e Política**, Curitiba, n. 24, jun. 2005. Disponível em: <http://migre-me/d0Jul>. Acesso em: 05 dez. 2010.

VAZQUEZ, D. Desigualdades Interestaduais no financiamento na educação: o caso do Fundef. In: HOCHMAN, G.; ARRETCHE, M.; MARQUES, M. (Org.). **Políticas públicas no Brasil**. Rio de Janeiro: Editora FIOCRUZ, 2007.

_____. **Fundos Multigovernamentais e seus efeitos redistributivos no financiamento da educação:** um balanço final do Fundef e uma avaliação da implantação do Fundeb. XVI Prêmio Tesouro Nacional – 2011. Disponível em: <http://www.stn.fazenda.gov.br/Premio_TN/XVIPremio/politica/MHpfceXVIPTN/Tema_3_MH2.pdf>. Acesso em: 10 jan. 2015.

VIEIRA, S. O público e o privado na educação: cenários pós LDB. In: BRZEZINSKI, I. (Org.). **LDB dez anos depois:** reinterpretação sob diversos olhares. São Paulo: Cortez, 2008.

CAPÍTULO II

O FINANCIAMENTO DA EDUCAÇAO BÁSICA NO NOVO PNE: pontos para o debate

Silvio Cesar Nunes Militão[2]

1. Introdução

O Brasil, histórica e notoriamente, nunca se notabilizou pelo planejamento educacional de longo prazo. É emblemático, nesse sentido, que o setor tenha ficado praticamente três anos e meio sem "um plano de Estado, para além dos governos, com dimensão nacional, de responsabilidade de todos os entes federados e abrangendo os diferentes níveis e etapas da educação" (BORDIGNON, 2009, p. 91).

Importante instrumento de política, planejamento e gestão, o Plano Nacional de Educação (PNE) estabelece as diretrizes e define os objetivos, metas e estratégias educacionais para um período decenal, o que permite a inauguração de uma tradição de pautar a educação brasileira por políticas públicas de Estado, planejadas, articuladas e consensuadas (entre governo e sociedade civil), em oposição às centralizadas, fragmentadas, episódicas e descontínuas políticas de governo, que historicamente imperam no setor.

A legitimidade da Conferência Nacional de Educação (CONAE, 2010), a riqueza das discussões nela realizadas e das deliberações resultantes, bem como a iminente expiração do prazo de vigência do PNE I[3] instituído durante o duplo mandato presidencial de Fernando Henrique Cardoso, levou a crer que a tramitação do Projeto[4] do PNE II seria mais consensual e ágil no âmbito do Congresso Nacional.

Diferentemente do imaginado, o Projeto de PNE II apresentou uma tramitação longa, conflituosa e disputada, em grande medida devido ao conteúdo

2 Universidade Estadual Paulista – Campus de Presidente Prudente. E-mail: nmsilvio@ig.com.br
3 O PNE I, instituído pela Lei nº 10.172/2001, teve sua vigência expirada em nove de janeiro de 2011.
4 O Projeto de Lei nº 8.035 para instituição do PNE II, de iniciativa do Executivo Federal, foi enviado a apreciação do Congresso Nacional em 15/12/2010.

da meta 20 referente ao financiamento da educação, ponto de maior discórdia/disputa do texto apreciado pela Câmara dos Deputados e pelo Senado Federal para pautar a educação brasileira pelos próximos dez anos.

O financiamento da educação é um componente da política educacional, constituindo-se em "um instrumento de sua realização, mas ao mesmo tempo é também uma política pública setorial, que merece espaço próprio de estudo", pois, "assume o papel de um dos relevantes determinantes do escopo das políticas públicas educacionais praticadas" (MARTINS, 2010, p. 499).

Embora não seja fator suficiente, o financiamento da educação é condição necessária para a viabilidade/materialização de todas as demais metas do PNE II. Trata-se, portanto, da "meta das metas" do Plano (SAVIANI, 2008, p. 317).

Este estudo pretende analisar aspectos principais referentes ao financiamento da educação básica no novo PNE, desde sua tramitação até a aprovação final (Lei nº 13.005, de 25 de junho de 2014), desvelando suas marchas e contramarchas, bem como cotejando seu teor com os pontos centrais expressos nas deliberações da CONAE 2010 sobre o tema.

Para tanto, o presente estudo se vale de levantamento e análise bibliográfica (livros e periódicos) e documental (documentos oficiais e legislações) acerca do financiamento da educação, por meio de uma abordagem qualitativa e analítica.

Este trabalho está organizado em três seções. Inicialmente recupera a trajetória histórica dos intentos de constituição de um PNE no Brasil e trata da questão do financiamento da educação especificamente no PNE I, o qual foi solenemente ignorado durante toda a sua vigência legal. Na segunda seção apresenta as principais deliberações da CONAE/2010 acerca do tema em questão, consensuadas e expressas no Documento Final da conferência supracitada. Por fim, examina a temática do financiamento da educação básica no contexto do PNE II, tanto durante sua tramitação no Congresso Nacional quanto no texto final aprovado, desvelando os avanços conquistados e os retrocessos sofridos na perspectiva de uma educação pública, laica, gratuita e de qualidade para todos.

2. O PNE I (2001-2011) e o financiamento da educação brasileira

A ideia de um PNE não é nova no Brasil. Alguns especialistas (AZANHA, 1998; LIBÂNEO; OLIVEIRA; TOSCHI, 2003; SAVIANI, 2008) apontam que no âmbito educacional brasileiro a ideia de "plano" remonta à década de 1930, quando um grupo de educadores – compreendendo a educação como um problema nacional – lançou um manifesto ao povo e ao governo que ficou conhecido como "Manifesto dos Pioneiros da Educação Nova".

Ao diagnosticar a situação educacional do país como sendo marcada pela falta de "unidade de plano" e pela ausência de "espírito de continuidade", o Manifesto propôs a formulação de um "plano de reconstrução educacional".

Influenciada pelo conteúdo do manifesto, a Constituição Federal (CF) de 1934, na alínea a do artigo 150, estabeleceu como competência da União fixar o plano nacional de educação, compreensivo do ensino de todos os graus e ramos, comuns e especializados; e coordenar e fiscalizar a sua execução, em todo o território do país. No artigo 152, a Carta de 1934 definiu o Conselho Nacional de Educação (CNE) como o órgão responsável pela elaboração do PNE.

Elaborado, tal Plano foi encaminhado ao Ministro da Educação em maio de 1937. Contudo, em razão do advento do Estado Novo no mesmo ano, o PNE "acabou sendo deixado de lado" (SAVIANI, 2008, p. 179).

Com a derrocada do Estado Novo, a CF de 1946 estabeleceu a necessidade de fixação de diretrizes e bases da educação nacional sem, contudo, fazer "referencia expressa à formulação de um Plano Nacional de Educação" (AZANHA, 1998, p. 110).

Na nossa primeira Lei de Diretrizes e Bases da Educação Nacional (LDB) – Lei nº. 4.024/61) – surgiu, então, a exigência da elaboração, pelo Conselho Federal de Educação (CEF), de um "Plano de Educação" (§ 2º, artigo 92) referente ao Fundo Nacional do Ensino Primário, o Fundo Nacional do Ensino Médio e o Fundo Nacional do Ensino Superior (§ 1º, artigo 92).

Em cumprimento ao disposto na LDB/61, "o CFE elaborou em 1962 um documento em que procurou, numa primeira parte, traçar as metas para um Plano Nacional de Educação e, na segunda parte, estabelecer as normas para a aplicação dos recursos correspondentes aos Fundos" (SAVIANI, 2008, p. 181).

Conforme assinala Romanelli (1992, p. 185-186), o PNE aprovado pelo CFE "para o período 1962/1970 [...] foi revisto em 1965 e 1966". Primeiro, em razão da instituição do salário-educação (Lei nº. 4.440/64), que aumentou os recursos para o ensino primário. Depois, pela alteração na distribuição dos recursos federais em favor da educação de analfabetos e da criação de ginásios orientados para o trabalho (AZANHA, 1998; LIBÂNEO; OLIVEIRA; TOSCHI, 2003).

Trata-se, de fato, do nosso primeiro PNE, visto que o elaborado em atendimento a Carta de 1934 não foi implementado (AZANHA, 1998; LIBÂNEO; OLIVEIRA; TOSCHI, 2003).

Segundo informa Azanha (1998, p. 112-113), nos trinta anos posteriores à iniciativa pioneira de 1962, cerca de dez planos de educação foram elaborados. Parcialmente executados e abandonados, estes planos reforçaram o "quadro claro de descontinuidade administrativa" no setor educacional brasileiro.

Como complementa Saviani (2008), em 1993 foi editado no país o Plano Decenal de Educação para Todos consoante com a "Declaração Mundial sobre Educação para Todos" proclamada na Reunião realizada em 1990 em Jomtien (Tailândia). Contudo, "ele praticamente não saiu do papel, limitando-se a orientar algumas ações na esfera federal" (SAVIANI, 2008, p. 182-183).

Como bem sintetizam Libâneo, Oliveira e Toschi (2003, p. 154), no Manifesto dos Pioneiros o plano foi idealizado como um instrumento de introdução da "racionalidade cientifica" na educação. Na LDB/61, o PNE foi simples instrumento de distribuição de recursos para os diferentes níveis de ensino. No período da ditadura militar (1964/1985), o plano foi pensado como instrumento de introdução da "racionalidade tecnocrática" na educação. A partir da década de 1990, como se analisará adiante, a "racionalidade financeira" passa a imperar na área educacional.

A CF de 1988, chamada por Ulysses Guimarães de "Constituição Cidadã", reconheceu vários direitos sociais e, consequentemente, trouxe vários ganhos para o campo da educação.

No caso da educação, particularmente, o texto constitucional de 1988 trouxe como um de seus aspectos positivos a exigência de um "plano nacional de educação, plurianual", estabelecido "por lei" (artigo 214).

Ao determinar a instituição de um PNE, estabelecido por lei, a CF de 1988 visou assegurar "a continuidade das políticas educacionais independentemente do governo, caracterizando-o mais como plano de Estado do que como plano governamental, o que é uma das vantagens de sua aprovação como lei" (LIBÂNEO; OLIVEIRA; TOSCHI, 2003, p. 159)[5].

A LDB em vigor (Lei nº. 9.394/96), consoante com o disposto na CF de 1988 sobre educação, destinou dois artigos relativos ao PNE. Dessa forma, no inciso I do artigo 9º, incumbiu a União da tarefa de elaborar o PNE em colaboração com os Estados, o Distrito Federal e os Municípios. No parágrafo 1º do artigo 87, por sua vez, a referida lei determinou que a União, no prazo de um ano a partir da publicação desta Lei, encaminhasse, ao Congresso Nacional, o PNE, com diretrizes e metas para os dez anos seguintes, em sintonia com a Declaração Mundial sobre Educação para Todos.

No dia 10 de fevereiro de 1998, já fora do prazo fixado pela LDB/96, o deputado federal Ivan Valente (PT-SP) protocolou na Câmara dos Deputados o "PNE: proposta da sociedade brasileira", construído coletivamente por entidades educacionais, educadores, profissionais da educação e estudantes durante os dois Congressos Nacionais de Educação (CONED I e II) realizados em Belo Horizonte nos anos de 1996 e 1997, que recebeu a identificação de

5 Até então, os Planos "existentes se ligavam aos pressupostos estabelecidos na LDB" (LIBÂNEO; OLIVEIRA; TOSCHI, 2003, p. 156).

Projeto de Lei nº. 4.155/98. Tal iniciativa "forçou o governo a desengavetar" a sua proposta de PNE, apresentada ao Congresso Nacional dois dias depois (12/02/1998), "onde tramitou sob o nº. 4.173/98" (VALENTE; ROMANO, 2002, p. 99).

Por ter sido apresentado antes, o PNE da sociedade brasileira se beneficiou do direito de precedência e teve que ser discutido primeiro pelo Congresso Nacional, tendo sido designado relator da matéria o então deputado federal Nelson Marchezan (PSDB-RS). Mas, como explica Saviani (2008, p. 270), "na análise da matéria Marchezan decidiu por apresentar um substitutivo próprio, pautado no projeto do governo. Inverteu-se, por esse expediente, a prioridade que se transferiu à proposta governamental".

Após tramitar por três anos, o projeto de PNE I foi aprovado pelo Congresso Nacional e sancionado pelo então Presidente da República Fernando Henrique Cardoso (FHC), transformando-se na Lei Federal nº. 10.172, de 9 de janeiro de 2001.

Como bem explica Saviani (2008), o texto do PNE I foi estruturado em seis partes:

> A primeira parte consiste numa introdução que faz um breve histórico e sintetiza os objetivos e prioridades.
> A segunda parte aborda os níveis de ensino distinguindo a educação básica (educação infantil, ensino fundamental e ensino médio) e a educação superior.
> A terceira parte tem por objeto as modalidades de ensino abrangendo a educação de jovens e adultos, educação a distância e tecnologias educacionais, educação tecnológica e formação profissional, educação especial e educação indígena.
> A quarta parte trata do magistério da educação básica, num único tópico: formação de professores e valorização do magistério.
> A quinta parte versa sobre o financiamento e gestão.
> Finalmente, a sexta parte aborda, à guisa de conclusão, o tema do acompanhamento e avaliação do Plano.
> Cada um dos 11 pontos mencionados é considerado sob três aspectos: diagnostico; diretrizes; objetivos e metas (SAVIANI, 2008, p. 273-274).

Na avaliação do autor supracitado o texto do PNE I peca pelo exagero de metas (295 no total, numa média de aproximadamente 27 metas para cada área abordada), "o que caracteriza um alto índice de dispersão e perda do senso de distinção entre o que é principal e o que é acessório" (SAVIANI, 2008, p. 275).

Ao tecer uma comparação entre o conteúdo do PNE elaborado pela sociedade brasileira e o do PNE I efetivamente aprovado para uma vigência de dez anos, diversos analistas (BRANDÃO, 2006; LIBÂNEO; OLIVEIRA; TOSCHI, 2003; SAVIANI, 2008; VALENTE; ROMANO, 2002) assinalam que as principais divergências referem-se a questões relacionadas, direta ou indiretamente, ao financiamento da educação.

Para exemplificar, enquanto o PNE da sociedade brasileira propôs aumentar, em dez anos, os gastos públicos com educação até cerca de 10% do PIB para o pleno atendimento das propostas contidas neste Plano, o PNE I aprovado pelo Congresso e sancionado por FHC determinou elevação, na década, através de esforço conjunto da União, estados, Distrito Federal e municípios, do percentual de gastos públicos em relação ao PIB, aplicados em educação, para atingir o mínimo de 7%.

Como se não bastasse a diferença significativa de percentual, antes de sancionar a Lei nº. 10.172/2001, FHC vetou nove metas do PNE I que implicavam aumento de recursos e investimentos para a educação, ciência e tecnologia, dentre elas a da ampliação de 7% do PIB em educação.

Como bem sintetizam Libâneo; Oliveira; Toschi (2003), os demais pontos do PNE I que se referiam a recursos financeiros e que receberam também vetos de FHC foram:

> a) ampliação da bolsa-escola para 50% das crianças até 6 anos; b) ampliação do numero de vagas no ensino público superior; c) criação de um Fundo da Educação Superior; d) ampliação do programa de crédito educativo; e) triplicação, em dez anos, do financiamento público à pesquisa científica e tecnológica; f) garantia de recursos do Tesouro Nacional para pagamento de aposentados e pensionistas do ensino público federal (LIBÂNEO; OLIVEIRA; TOSCHI, 2003, p. 159).

Com tais vetos, FHC comprometeu significativamente o êxito do PNE I, visto que, segundo Saviani (2008, p. 318), assegurar os recursos financeiros se constitui "como a condição prévia e necessária de viabilidade de todas as demais" do Plano. Ainda segundo o mesmo autor, sem que os "recursos sejam assegurados, o Plano todo não passará de uma carta de intenções" (Ibid, 2008, p. 278)

Vê-se, pelas nove metas vetadas, que a lógica que determinou a atitude de FHC foi a da "racionalidade financeira", alinhada ao ideário neoliberal de reforma/enxugamento do Estado, "hegemônica a partir da década de 1990" (SAVIANI, 2008, p. 320).

Cumpre destacar que Luís Inácio Lula da Silva, durante seu duplo mandato presidencial (2003/2006 – 2007/2010), também "[...] não mobilizou a base parlamentar governista para a derrubada" dos vetos ao PNE I no âmbito do Congresso Nacional, "como pregava publicamente antes de se eleger" (BRANDÃO, 2006, p. 22).

Depreende-se que o PNE I, importantíssimo instrumento legal da política educacional brasileira contemporânea, foi solenemente ignorado, tanto pelo Governo FHC quanto pelo Governo Lula.

3. O Documento Final da CONAE/2010 e o financiamento da educação básica

A CONAE/2010, composta tanto por representantes do Governo Federal quanto por diversos (e, por vezes, antagônicos) segmentos/setores da sociedade civil organizada, foi realizada em Brasília, no ano de 2010, resultando no seu Documento Final[6].

Sabidamente um forte determinante para a melhoria da qualidade de ensino na escola pública básica, o financiamento da educação foi um dos grandes temas abordados pela CONAE/2010.

O Documento Final da CONAE/2010, que contém 168 páginas, está dividido em seis grandes eixos e abrange um conjunto de proposições que deveriam pautar a elaboração do PNE II.

O quinto eixo[7] do referido documento é voltado exclusivamente ao financiamento da educação, expressando assim "[...] um amadurecimento das reflexões sobre este tema entre os diferentes segmentos representados na conferência" (GOUVEIA; SOUZA, 2010, p. 791)[8]. Nesse eixo, algumas subtemáticas se sobressaem: ampliação de recursos para a educação no país; mudanças no funcionamento do FUNDEB; e Custo Aluno Qualidade, aprofundadas na sequência.

Resgatando o disposto no "PNE: proposta da sociedade brasileira" acerca do financiamento da educação e em estreita sintonia com os estudos/projeções realizados por diversos especialistas da temática, a maioria dos

6 Sob o tema "Construindo o Sistema Nacional Articulado de Educação: o Plano Nacional de Educação, diretrizes e estratégias", a CONAE nacional foi precedida de conferências estaduais, municipais e intermunicipais realizadas no ano de 2009 para discussão do documento-referência. Também realizada em Brasília e antecedida pelas etapas subnacionais, a segunda edição nacional da conferência – a CONAE/2014 – ocorreu no período de 19 a 23 de novembro de 2014, a partir da discussão do Documento-Referência intitulado "O PNE na Articulação do Sistema Nacional de Educação: Participação Popular, Cooperação Federativa e Regime de Colaboração".

7 Os demais eixos são: papel do Estado na garantia do direito à educação de qualidade: organização e regulação da educação nacional; qualidade da educação, gestão democrática e avaliação; democratização do acesso, permanência e sucesso escolar; formação e valorização dos/das profissionais da educação; e justiça social, educação e trabalho: inclusão, diversidade e igualdade.

8 Vale lembrar que no PNE/2001 o financiamento "[...] aparecia articulado ao tema da Gestão do Sistema de Ensino" (GOUVEIA; SOUZA, 2010, p. 791).

segmentos da CONAE/2010 deliberou pela ampliação, substancial e imediata, de recursos para a educação no país, conforme expresso claramente no Documento Final da Conferência:

> Ampliar o investimento em educação pública em relação ao PIB, na proporção de, no mínimo, 1% ao ano, de forma a atingir, no mínimo, **7% do PIB até 2011** e, no mínimo, **10% do PIB até 2014**, respeitando a vinculação de receitas à educação definidas e incluindo, de forma adequada, todos os tributos (impostos, taxas e contribuições) (BRASIL, 2010, p. 110, grifo nosso).

Tal ampliação, consensuada no âmbito da CONAE/2010 e bem acima dos percentuais praticados atualmente (da ordem de 5%), é imprescindível:

> Para o acesso equitativo e universal à educação básica de qualidade e para a garantia de permanência e sucesso escolar de crianças, jovens e adultos que cursam as etapas e modalidades de ensino que a integram, além da elevação substancial de estudantes matriculados/as na educação superior pública [...] (BRASIL, 2010, p. 103).

Ainda no tocante à necessária ampliação de recursos para a educação brasileira, a CONAE/2010 propõe:

> Garantir o aumento dos recursos da educação de 18% para, no mínimo, 25% da União e de 25% para, no mínimo, 30% (de estados, DF e municípios) não só da receita de impostos, mas adicionando-se, de forma adequada, percentuais das taxas e contribuições sociais para investimento em manutenção e desenvolvimento do ensino público (BRASIL, 2010, p. 111).

Trata-se de proposição positiva e bem vinda, tendo em vista que cálculos realizados por diversos autores sobre o potencial de financiamento da educação brasileira, baseando-se nos atuais percentuais mínimos estabelecidos pela CF/88, "[...] mostram um patamar limite de 5% do PIB" (AMARAL, 2010, p. 132).

Apesar de importante, entendemos que dificilmente tal matéria avançará, uma vez que a vinculação constitucional de recursos para educação (ou outro setor) também é vista negativamente pelos que a consideram um "engessamento" do orçamento público.

Para além da ampliação do percentual de investimento do PIB em educação e do aumento das alíquotas da vinculação constitucional de recursos para o setor, a CONAE/2010 também advoga a criação de novas fontes de recursos, como as advindas dos *royalties* do petróleo. Contudo, já é sabido que a destinação de receitas dos *royalties* do petróleo e recursos do Fundo Social do Pré-Sal para o setor educacional, embora consensual, é insuficiente para alcançar os 10% do PIB para a educação e garantir o financiamento das metas do PNE II nos próximos de dez anos.

Outro grande ponto do financiamento da educação na CONAE/2010 refere-se à questão dos limites e (mau) funcionamento do Fundo de Manutenção e Desenvolvimento da Educação Básica e Valorização dos Profissionais da Educação (FUNDEB)[9]. Dessa forma, o Documento Final da CONAE afirma que o tal Fundo

> [...] não é suficiente para garantir a universalização da oferta de vagas na educação básica e tampouco a permanência do/da estudante na escola até a conclusão do ensino médio com qualidade, o que exige a aplicação de recursos financeiros na educação básica para além desse fundo. Nesse sentido, em perspectiva, entende-se a importância de transformar o Fundeb em um fundo nacional, com igual *per capita* para todos os Estados, com a aplicação de parte ainda mais significativa dos recursos vinculados à educação e incorporando também outras formas de arrecadação, não só os impostos. Deve-se, também, tomar como referência o maior *per capita* existente no País, com o objetivo de unificar o valor aluno/a por ano executado no Brasil, acabando com as desigualdades por Estado (BRASIL, 2010, p. 113).

As proposições da CONAE/2010 em relação ao FUNDEB[10] são procedentes, uma vez que esta sistemática de financiamento da educação básica pouco contribui para amenizar a histórica e extrema desigualdade de recursos disponíveis para a educação por estado da Federação. A (pequena) complementação[11] de recursos que a União faz para aqueles estados que não conseguem alcançar o mínimo estabelecido por estudante é visivelmente insuficiente para diminuir as desigualdades educacionais entre os estados e as regiões do país.

Tendo em vista o necessário aperfeiçoamento do FUNDEB, o Documento Final da CONAE/2010 propõe as seguintes ações que devem ser asseguradas:

9 Criado pela Emenda Constitucional nº. 53/06 e regulamentado pela Lei nº. 11.494/07 96 para um período de vigência de quatorze anos (2007 a 2020).

10 Uma análise mais acurada acerca da política de Fundos (FUDNEF-FUNDEB) para o financiamento da educação básica brasileira pode ser encontrada em: Amaral (2012), Davies (2008), Militão (2011), Oliveira (2007) e Pinto (2007a).

11 Nos últimos anos dez Estados vêm recebendo complementação da União.

> a) Consolidar o Fundeb – garantindo recursos financeiros adequados por estudante –, de modo que resulte em real ampliação dos recursos vinculados à educação, incorporando, de forma adequada, impostos, taxas e contribuições.
> b)Alterar a lei do Fundeb no sentido de retirar o sistema de balizas que limitam os fatores de ponderação do fundo a uma escala de 0,7 a 1,3. Esta medida é imprescindível para substituir a atual perspectiva do gasto-aluno/a/ano ou custo-aluno/a/ano existente no fundo, por uma política de custo-aluno/a-qualidade. Concomitantemente, a complementação da União ao Fundeb deve avançar imediatamente para uma transferência equivalente a 1% do PIB/ ano.
> c) Considerar as condições reais e os custos de cada etapa e modalidade de ensino, nos fatores de ponderação do valor por estudante do Fundeb, considerando: relação estudante/turma; presença de infraestrutura e insumos adequados; qualificação dos/das profissionais de educação; presença de jornada em tempo integral dos/das estudantes etc. (BRASIL, 2010, p. 114).

Ancorado no princípio da aplicação dos recursos públicos exclusivamente nas instituições públicas de ensino, o Documento Final da CONAE/2010 estipula prazo (2018) para o fim da aplicação de recursos do FUNDEB em instituições de educação infantil/especial conveniadas, tendência crescente nos primeiros anos de vigência de tal Fundo.

O eixo do financiamento da educação propõe, também, a definição/implantação do Custo Aluno Qualidade (CAQ)[12], no prazo de um ano a partir da aprovação do Documento Final da CONAE, tendo em vista fixar padrões mínimos de qualidade de ensino para todas as escolas brasileiras[13].

> Previsto no ordenamento jurídico brasileiro, o CAQ deve ser definido a partir do custo anual por estudante dos insumos educacionais necessários para que a educação básica pública adquira e se realize com base em um padrão mínimo de qualidade. A construção do CAQ exige amplo debate sobre o número de estudantes por turma, remuneração adequada e formação continuada aos/às profissionais da educação, condições de trabalho aos/às professores e funcionários/as, materiais necessários à aprendizagem dos/das estudantes (como salas de informática, biblioteca, salas de ciência, quadra poliesportiva, oficinas de música e de artes, mobiliário adequado, além de sala de recursos para apoio pedagógico a estudantes com dificuldade de aprendizagem etc.) (BRASIL, 2010, p. 104).

---

12 Indicador cunhado no âmbito da Campanha Nacional pelo Direito à Educação, rede que atualmente articula mais de duzentas entidades e grupos da sociedade civil com foco na defesa do direito a uma educação pública, gratuita e de qualidade no Brasil.

13 Durante a CONAE, o CNE aprovou o parecer 8/2010 que trata dos padrões mínimos de qualidade de ensino para a educação básica pública, o qual aguarda homologação a quase três anos.

Trata-se, portanto, de uma inversão da lógica que pauta o financiamento da educação no Brasil: ao invés de estabelecer o valor médio gasto por aluno a partir do resultado da divisão dos escassos recursos da vinculação constitucional pelo número de estudantes matriculados, o CAQ questiona antes qual é o investimento por aluno que o país precisa fazer para que haja a ampliação do acesso e a melhoria da qualidade da educação no país (PINTO; CARRERA, 2007).

Um primeiro (e decisivo!) passo em direção à qualidade almejada (expressa pelo CAQ) é a definição do chamado Custo Aluno Qualidade Inicial (CAQi), indicador que aponta o quanto deveria ser investido (o mínimo, não o ideal) por estudante da educação básica, para garantir a qualidade em todas as etapas e modalidades de ensino.

A ideia de um indicador de qualidade referenciado pelo investimento por aluno, aprovada pela CONAE/2010 e acertadamente encampada pela proposta de PNE II do Executivo Federal, entretanto, necessita de um investimento público em educação da ordem de 10% do PIB para se materializar, como demonstrado por estudo elaborado pela Campanha Nacional pelo Direito à Educação e deliberado pela CONAE/2010.

4. O financiamento da educação básica no PNE II: marchas e contramarchas da tramitação à aprovação final

Sem dúvida, o Documento Final da CONAE/2010 reúne um importante e rico conjunto de proposições para um novo PNE II, particularmente em termos de financiamento da educação pública. Grande desafio, entretanto, seria a incorporação das suas deliberações no PNE II.

A legitimidade da conferência supracitada, a riqueza das discussões nela realizadas e das deliberações resultantes, bem como a iminente expiração do prazo de vigência do PNE I, levou a crer que a tramitação do projeto de PNE II seria mais consensual e ágil no âmbito do Congresso Nacional.

Diferentemente do imaginado, o processo de tramitação do PNE II foi lento, conflituoso e permeado pelo clássico debate/disputa "público *versus* privado", sobretudo no tocante à meta referente ao financiamento da educação, como se verá doravante.

O Governo Federal, no final de 2010, enviou ao Congresso Nacional sua proposta de PNE II para o próximo decênio. Tal proposta, diferentemente do PNE I que totalizava quase trezentas metas, é bastante "enxuta": contém vinte metas, acompanhadas das respectivas estratégias para sua efetivação.

Contraditoriamente, a meta referente ao financiamento da educação, vista por Saviani (2008, p. 317) como "a meta das metas" de um PNE "já que se constitui como a condição prévia e necessária de viabilidade de todas as demais metas", figura como a última do PNE II.

Embora tenha apresentado um discurso favorável à ampliação de recursos públicos para a educação no país, o atual Governo Federal frustrou a expectativa da sociedade civil organizada com o teor da meta 20 da sua proposta de PNE II enviada ao Congresso Nacional, que indubitavelmente não converge com o que foi consensuado pelos representantes dos diversos segmentos/setores que compuseram a CONAE/2010, ainda que algumas das suas estratégias tenham caráter positivo, como a definição (ainda que sem o estabelecimento de prazo para a sua implantação) do CAQ da educação básica, por exemplo.

> **Meta 20:** Ampliar progressivamente o investimento público em educação até atingir, no mínimo, o patamar de 7% do produto interno bruto do país.
> **Estratégias:**
> **20.1)** Garantir fonte de financiamento permanente e sustentável para todas as etapas e modalidades da educação pública.
> **20.2)** Aperfeiçoar e ampliar os mecanismos de acompanhamento da arrecadação da contribuição social do salário-educação.
> **20.3)** Destinar recursos do Fundo Social ao desenvolvimento do ensino.
> **20.4)** Fortalecer os mecanismos e os instrumentos que promovam a transparência e o controle social na utilização dos recursos públicos aplicados em educação.
> **20.5)** Definir o custo aluno-qualidade da educação básica à luz da ampliação do investimento público em educação.
> **20.6)** Desenvolver e acompanhar regularmente indicadores de investimento e tipo de despesa per capita por aluno em todas as etapas da educação pública (ABREU; CORDIOLLI, 2011).

Ainda que avance ao estabelecer meta de aplicação de recursos públicos em educação como proporção do PIB, o percentual mínimo de 7% – além de insuficiente para se atingir novos (e dignos) patamares de atendimento em quantidade e qualidade – pode ser cumprido apenas no findar da vigência do novo PNE II, uma vez que a meta 20 não contempla prazo inferior definido para tal cumprimento, conforme disposto no artigo 3º do projeto de lei do PNE II.

Desde então, teve início no país um processo de ampla mobilização e pressão da sociedade civil organizada[14], notadamente através dos movimentos representativos do setor educacional, para que o governo acatasse a

14 O movimento "PNE pra Valer!", conduzido pela Campanha Nacional pelo Direito à Educação, é um exemplo emblemático nesse sentido.

deliberação da CONAE/2010 de elevação do investimento público em educação para a ordem de 10% do PIB ao longo dos próximos dez anos.

Após ser protocolado na Câmara dos Deputados, em 20 de dezembro de 2010, o projeto de PNE II do governo (PL nº 8035/2010) foi despachado para a análise das Comissões de Educação e Cultura (CEC), Finanças e Tributação (CFT) e Constituição, Justiça e Cidadania (CCJC). O PL nº 8035/2010 seguiu, posteriormente, à apreciação da Comissão de Direitos Humanos e Minorias, sendo criada a partir de então uma Comissão Especial para proferir parecer sobre a matéria, sendo designado relator o Deputado Angelo Vanhoni (PT-PR).

Encerrado o extenso período de análise das quase três mil emendas propostas ao PL nº 8035/2010, Vanhoni apresentou, em 5 de dezembro de 2011, seu primeiro substitutivo à matéria. Com o aval do governo, Vanhoni apresentou uma tímida e inaceitável proposição para a meta 20 referente ao financiamento: Ampliar, em regime de colaboração, o investimento público em educação de forma a atingir, ao final do decênio, no mínimo, o patamar de sete e meio por cento do PIB do País considerando o investimento direto e 8%, considerando o investimento total.

Depois da análise de outras 449 emendas[15] ao texto substitutivo e após intensas negociações e pressões, o governo admitiu elevar para o percentual de 8% do PIB o investimento público direto em educação, conforme expresso no segundo texto substitutivo de Vanhoni: ampliar, em regime de colaboração, o investimento público direto em educação de forma a atingir, ao final do decênio, no mínimo, o patamar de oito por cento do Produto Interno Bruto do País.

Tanto no primeiro quanto no segundo texto de Vanhoni, tal qual no projeto original do PNE II, Vanhoni não definiu nenhum patamar intermediário relativo à meta 20, o que certamente dificulta o alcance do investimento de 10% do PIB em educação de forma mais célere.

Não obstante os dois substitutivos desfavoráveis de Vanhoni, a sociedade civil organizada não baixou a guarda e deu continuidade à luta para que o projeto de PNE II reflita as deliberações da CONAE 2010 no que concerne ao financiamento.

Não sem muita vigília, mobilização e pressão da sociedade civil organizada, o governo "se convenceu" da necessidade de aplicação de 10% do PIB em educação, para que o setor possa, realmente, suplantar suas históricas mazelas e dar o tão esperado salto de qualidade.

15 Por força regimental, de 6 a 14 de dezembro de 2011 foi reaberto o prazo para recebimento de emendas ao substitutivo.

Conquista histórica! No dia 26 de junho de 2012 a Comissão Especial concluiu a votação do projeto de PNE II e aprovou a aplicação de 10% do PIB em educação em até dez anos. Textualmente: Meta 20 – ampliar o investimento público em educação pública de forma a atingir, no mínimo, o patamar de 7% (sete por cento) do Produto Interno Bruto – PIB do País no quinto ano de vigência desta Lei e, no mínimo, o equivalente a 10% do PIB ao final do decênio.

Além da enorme satisfação pela aprovação dos 10% do PIB para a educação, os movimentos e entidades representativas da área e especialistas comemoraram muito a vinculação de tal percentual na educação pública, bem como o estabelecimento de um patamar intermediário de aplicação do PIB no setor (7% até o 5º ano de vigência do PNE II), o que garante que o aumento de recursos para a educação aconteça de forma mais rápida.

Concluída a tramitação na Câmara no dia 16 de outubro de 2012, com a aprovação da redação final do PL nº 8035/2010 pela CCJC, o projeto de PNE II seguiu para apreciação do Senado, sob a designação PLC nº 103/2012.

Ao chegar ao Senado, o projeto de PNE II foi submetido à análise das Comissões de Assuntos Econômicos (CAE), de Constituição, Justiça e Cidadania (CCJC) e da Comissão de Educação, Cultura e Esporte (CCE).

Relator do projeto de PNE II na CAE, o Senador José Pimentel (PT-CE), na defesa da posição governista, votou em dezembro pela aprovação do PLC nº 103/2012 com as emendas da comissão supracitada, dentre elas, a que propõe alteração da redação da meta que trata especificamente do financiamento, a saber: Meta 20 – ampliar o investimento público em educação de forma a atingir, no mínimo, o equivalente a dez por cento do Produto Interno Bruto (PIB) ao final do decênio.

Na avaliação dos especialistas e dos movimentos sociais e entidades ligados à educação, o texto proposto por Pimentel para a meta 20 do PNE II significa um recuo do governo no compromisso de destinar 10% do PIB para a educação pública.

A supressão do termo "pública" da meta 20 é fortemente criticada por propiciar a drenagem dos percentuais da educação conquistados na Câmara dos Deputados para o setor privado, como o custeio de bolsas de estudo do Programa Universidade para Todos (ProUni), por exemplo.

Além de advogarem a volta da meta que estabelece um investimento equivalente a 10% do PIB exclusivamente na educação pública, os especialistas e movimentos e entidades representativos do setor cobram o restabelecimento da meta intermediária de 7% do PIB ao final do quinto ano de vigência do PNE II, tal como aprovado na Câmara.

A forte e organizada pressão social na defesa de um PNE correspondente às deliberações da CONAE 2010 fez com que pontos importantes conquistados na Casa anterior do Parlamento brasileiro, como o restabelecimento da meta intermediária do PIB, fossem retomadas no relatório final da CAE, aprovado em 20 de maio de 2013. Contudo, a eliminação do termo "pública" da meta 20 permaneceu e a ideia de investimento público em educação (não em educação "pública"), patrocinada pelo governo, foi inclusive reforçada pelo advento do parágrafo 5º do artigo 5º, que elenca os gastos educacionais no setor privado que podem ser computados nos 10% do PIB para a educação.

A reversão de tal retrocesso não foi obtida na comissão seguinte, a CCJC, cujo texto do PNE II do senador Vital do Rêgo (PMDB-PB), aprovado em 25 de setembro de 2013, mais uma vez expressou os interesses do governo e, assim, manteve o teor da meta 20 e do parágrafo 5º do artigo 5º aprovados na comissão anterior.

Na última comissão do Senado, a CCE, o relator senador Álvaro Dias (PSDB-PR) conseguiu retomar pontos importantes do texto do PNE II aprovado em 2012 na Câmara dos Deputados, como a recuperação do conceito de investimento público em educação "pública", confrontando claramente os interesses governistas no relatório aprovado no dia 27 de novembro de 2013.

Contudo, o texto final do PNE II aprovado pelo Plenário do Senado em 17 de dezembro d 2013, relatado pelo senador Eduardo Braga (PMDB-AM), representou mesmo a vitoria do governo que, insatisfeito com o texto aprovado pelos Deputados em 2012, fez aprovar no Senado a essência do relatório da CCJC.

Depois de pouco mais de um ano de tramitação/desconstrução no Senado, o projeto do PNE II, por ter sofrido alterações, retornou à Câmara dos Deputados onde, após intensa pressão/vigília da sociedade civil organizada e depois de fortes e disputados debates e embates, foi finalmente aprovado em Plenário e convertido na Lei nº 13.005, de 25 de junho de 2014, sancionada sem vetos pela presidente Dilma Rousseff, recuperando em parte as conquistas sobre o financiamento da educação pública obtidas nesta Casa em 2012 e consoantes com as deliberações da CONAE/2010 acerca do tema. Textualmente:

Meta 20: ampliar o investimento público em educação **pública**[16] de forma a atingir, no mínimo, o patamar de 7% (sete por cento) do Produto Interno Bruto - PIB do País no 5º (quinto) ano de vigência desta Lei e, no mínimo, o equivalente a 10% (dez por cento) do PIB ao final do decênio.

Estratégias:

20.1) garantir fontes de financiamento permanentes e sustentáveis para todos os níveis, etapas e modalidades da educação básica, observando-se as políticas de colaboração entre os entes federados, em especial as decorrentes do art. 60 do Ato das Disposições Constitucionais Transitórias e do § 1º do art. 75 da Lei nº 9.394, de 20 de dezembro de 1996, que tratam da capacidade de atendimento e do esforço fiscal de cada ente federado, com vistas a atender suas demandas educacionais à luz do padrão de qualidade nacional;

20.2) aperfeiçoar e ampliar os mecanismos de acompanhamento da arrecadação da contribuição social do salário-educação;

20.3) destinar à manutenção e desenvolvimento do ensino, em acréscimo aos recursos vinculados nos termos do art. 212 da Constituição Federal, na forma da lei específica, a parcela da participação no resultado ou da compensação financeira pela exploração de petróleo e gás natural e outros recursos, com a finalidade de cumprimento da meta prevista no inciso VI do *caput* do art. 214 da Constituição Federal;

20.4) fortalecer os mecanismos e os instrumentos que assegurem, nos termos do parágrafo único do art. 48 da Lei Complementar nº 101, de 4 de maio de 2000, a transparência e o controle social na utilização dos recursos públicos aplicados em educação, especialmente a realização de audiências públicas, a criação de portais eletrônicos de transparência e a capacitação dos membros de conselhos de acompanhamento e controle social do Fundeb, com a colaboração entre o Ministério da Educação, as Secretarias de Educação dos Estados e dos Municípios e os Tribunais de Contas da União, dos Estados e dos Municípios;

20.5) desenvolver, por meio do Instituto Nacional de Estudos e Pesquisas Educacionais Anísio Teixeira - INEP, estudos e acompanhamento regular dos investimentos e custos por aluno da educação básica e superior pública, em todas as suas etapas e modalidades;

20.6) no prazo de 2 (dois) anos da vigência deste PNE, será implantado o Custo Aluno-Qualidade inicial - CAQi, referenciado no conjunto

16 Não obstante a volta do termo "pública" na redação final da meta 20, o parágrafo 4º do artigo 5º da Lei do PNE II dispõe, contraditoriamente, que: "o investimento público em educação a que se referem o inciso VI do art. 214 da Constituição Federal e a meta 20 do Anexo desta Lei engloba os recursos aplicados na forma do art. 212 da Constituição Federal e do art. 60 do Ato das Disposições Constitucionais Transitórias, bem como os recursos aplicados nos programas de expansão da educação profissional e superior, inclusive na forma de incentivo e isenção fiscal, as bolsas de estudos concedidas no Brasil e no exterior, os subsídios concedidos em programas de financiamento estudantil e o financiamento de creches, pré-escolas e de educação especial na forma do art. 213 da Constituição Federal" (BRASIL, 2014).

de padrões mínimos estabelecidos na legislação educacional e cujo financiamento será calculado com base nos respectivos insumos indispensáveis ao processo de ensino-aprendizagem e será progressivamente reajustado até a implementação plena do Custo Aluno Qualidade - CAQ;
20.7) implementar o Custo Aluno Qualidade - CAQ como parâmetro para o financiamento da educação de todas etapas e modalidades da educação básica, a partir do cálculo e do acompanhamento regular dos indicadores de gastos educacionais com investimentos em qualificação e remuneração do pessoal docente e dos demais profissionais da educação pública, em aquisição, manutenção, construção e conservação de instalações e equipamentos necessários ao ensino e em aquisição de material didático-escolar, alimentação e transporte escolar;
20.8) o CAQ será definido no prazo de 3 (três) anos e será continuamente ajustado, com base em metodologia formulada pelo Ministério da Educação - MEC, e acompanhado pelo Fórum Nacional de Educação - FNE, pelo Conselho Nacional de Educação - CNE e pelas Comissões de Educação da Câmara dos Deputados e de Educação, Cultura e Esportes do Senado Federal;
20.9) regulamentar o parágrafo único do art. 23 e o art. 211 da Constituição Federal, no prazo de 2 (dois) anos, por lei complementar, de forma a estabelecer as normas de cooperação entre a União, os Estados, o Distrito Federal e os Municípios, em matéria educacional, e a articulação do sistema nacional de educação em regime de colaboração, com equilíbrio na repartição das responsabilidades e dos recursos e efetivo cumprimento das funções redistributiva e supletiva da União no combate às desigualdades educacionais regionais, com especial atenção às regiões Norte e Nordeste;
20.10) caberá à União, na forma da lei, a complementação de recursos financeiros a todos os Estados, ao Distrito Federal e aos Municípios que não conseguirem atingir o valor do CAQi e, posteriormente, do CAQ;
20.11) aprovar, no prazo de 1 (um) ano, Lei de Responsabilidade Educacional, assegurando padrão de qualidade na educação básica, em cada sistema e rede de ensino, aferida pelo processo de metas de qualidade aferidas por institutos oficiais de avaliação educacionais;
20.12) definir critérios para distribuição dos recursos adicionais dirigidos à educação ao longo do decênio, que considerem a equalização das oportunidades educacionais, a vulnerabilidade socioeconômica e o compromisso técnico e de gestão do sistema de ensino, a serem pactuados na instância prevista no § 5º do art. 7º desta Lei (BRASIL, 2014, grifo nosso).

5 Considerações Finais

Como se sabe, o Brasil se caracteriza muito mais por políticas de governo do que por políticas de Estado na área da educação. O PNE I (Lei nº. 10.172/2001) já findado poderia ter representado um importante avanço nesse sentido, mas em virtude dos vetos recebidos que incidiram dominantemente sobre a questão dos recursos financeiros destinados à educação, tal Plano transformou-se na prática em uma "carta de intenções".

Não obstante as marchas e contramarchas durante o lento e disputado processo de tramitação, o PNE II recém-aprovado (Lei nº 13.005/2014) pode representar um novo alento para que a educação brasileira, em geral, e a básica, em particular, conquistem avanços significativos ao longo do decênio 2014-2024.

Embora não tenha contemplado na íntegra as deliberações da CONAE/2010, como imaginado, o novo PNE não deixa de significar uma importante vitória da sociedade civil organizada que, através de constante mobilização e forte pressão sobre o Governo Federal e parlamentares, arrancou conquistas como a ampliação do percentual de investimento na educação equivalente a 10% do PIB e a implementação do CAQ como parâmetro para o financiamento da educação básica, com suplementação financeira da União aos entes federados que não conseguirem atingir o valor fixado (CNTE, 2014; SENA, 2014)[17].

Mesmo avançando em relação ao projeto original (PL nº 8.035/10), o PNE 2014-2024 também sofreu retrocessos. Um dos mais significativos, sem dúvida, foi a inclusão de gastos do Governo Federal com parcerias público-privadas (como o Programa Universidade para Todos – Prouni, que concede bolsas de estudo em instituições de ensino superior privadas) na meta de investimento público em educação pública (art. 5º, § 4º, Lei nº 13.005/14), permitindo e podendo acelerar a drenagem de recursos públicos para o setor privado.

Por fim, cumpre registrar que muitos pontos do novo PNE aprovado (como o próprio CAQ, por exemplo) dependem ainda de regulamentação[18] e que a sua plena materialização dependerá tanto do compromisso dos gestores públicos quanto da mobilização da sociedade civil organizada, com vistas a alçar a educação brasileira em um patamar "[...] condizente com a magnitude de seu território, de sua população e de sua economia" (SAVIANI, 2008, p. 321).

17 A Campanha Nacional pelo Direito à Educação, reconhecidamente, teve uma atuação emblemática e decisiva para a obtenção de tais conquistas.

18 O Projeto de Lei Complementar nº 413/2014 que trata da regulamentação do PNE 2014-2024, de autoria do deputado Ságuas Moraes (PT-MT), encontra-se atualmente em discussão na Comissão de Educação da Câmara dos Deputados.

REFERÊNCIAS

ABREU, M.; CORDIOLLI, M. (Org.). **Projeto de Lei do Plano Nacional de Educação (PNE 2011/2020):** projeto em tramitação no Congresso Nacional / PL no 8.035/2010/Brasília: Câmara dos Deputados, Edições Câmara, 2011. 106 p. – (Série ação parlamentar; n. 436).

AMARAL, N. C. Financiamento da educação básica e o PNE 2011-2020. **Retratos da Escola**, v. 4, n. 6, p. 123-141, jan./jun. 2010.

_____. **Para compreender o financiamento da educação básica no Brasil.** Brasília, DF: Liber Livro, 2012.

ARELARO, L. R. G. A municipalização do ensino no estado de São Paulo: antecedentes históricos e tendências. In: OLIVEIRA, C. et al. **Municipalização do ensino no Brasil**. Belo Horizonte: Autêntica, 1999, p. 61-90.

AZANHA, J. M. P. Planos e políticas de educação no Brasil: alguns pontos para reflexão. In: MENESES, J. G. C. et al. **Estrutura e funcionamento da educação básica:** leituras. São Paulo: Pioneira, 1998, p. 102-123.

BRANDÃO, C. da F. **PNE passo a passo:** Lei nº. 10.172/2001: discussão dos objetivos e metas do Plano Nacional de Educação. São Paulo: Avercamp, 2006.

BRASIL. Lei nº 13.005, de 25 de junho de 2014. Aprova o Plano Nacional de Educação e dá outras providências. **Diário Oficial da União**, Brasília, DF, 26. jun. 2014. Seção 1, p. 1.

BRASIL. Ministério da Educação. CONFERÊNCIA NACIONAL DE EDUCAÇÃO (CONAE). **Construindo o Sistema Nacional Articulado de Educação:** o Plano Nacional de Educação, diretrizes e estratégias; Documento Final. Brasília, DF: MEC, 2010. Disponível em: <http://portal.mec.gov.br/conae>. Acesso em: 12 jul. 2010.

_____. Lei nº. 10.172, de 9 de janeiro de 2001. **Aprova o Plano Nacional de Educação e dá outras providências.** Diário oficial da União, Brasília, DF, 10. jan. 2001. Seção 1, p. 1. Disponível em: <http://www.planalto. gov.br/ccivil_03/leis/leis_2001/l10172.htm>. Acesso em: 12 jul. 2010.

CALLEGARI, C. **O FUNDEB e o financiamento da educação pública no Estado de São Paulo**. 5. ed. atual. e ampl. São Paulo: Aquariana, 2010.

CONAE. Conferência Nacional dos Trabalhadores em Educação (CNTE). **PNE:** mais futuro para a educação brasileira. Brasília: CNTE, 2014.

DAVIES, N. **FUNDEB:** a redenção da educação básica? Campinas: Associados, 2008.

_____. **Financiamento da educação:** novos ou velhos desafios? São Paulo: Xamã, 2004.

GADOTTI, M. **Organização do trabalho na escola:** pressupostos. São Paulo: Ática, 1993.

GOUVEIA, A. B.; SOUZA, A. R. de. Perspectivas e desafios no debate sobre financiamento e gestão da educação: da CONAE a um novo PNE. **Educação e Sociedade**, Campinas, v. 31, n. 112, p. 789-807, set. 2010.

GUIMARÃES, J. L. Alguns impactos do Fundef: apontamentos e incertezas após a sua implantação. In: MARTINS, A. M; OLIVEIRA, C. de; BUENO, M. S. S. (Org.). **Descentralização do Estado e municipalização do ensino:** problemas e perspectivas. Rio de Janeiro: DP&A, 2004, p. 193-210.

HAIDAR, M. de L. M.; TANURI, L. M. A educação básica no Brasil: dos primórdios até a primeira Lei de Diretrizes e Bases. In: MEMESES, J. G. et al. **Estrutura e funcionamento da educação básica**. São Paulo: Pioneira, 1998.

LIBANEO, J. C.; OLIVEIRA, J. F. de; TOSCHI, M. S. **Educação Escolar:** políticas, estrutura e organização. São Paulo: Cortez, 2003.

MARTINS, P. de S. O financiamento da educação básica como política pública. **RBPAE**, v. 26, n. 3, p. 497-514, set./dez. 2010.

MELCHIOR, J. C. de A. **A política de vinculação de recursos públicos e o financiamento da educação no Brasil**. São Paulo: Feusp, 1981. (Estudos e documentos, v. 17).

MILITÃO, S. C. N. FUNDEB: mais do mesmo? **Nuances:** estudos sobre Educação. Presidente Prudente, v. 18, n. 19, jan/abr. 2011.

OLIVEIRA, C de. Algumas observações sobre o financiamento do ensino. In: MARTINS, A. M.; OLIVEIRA, C.; BUENO, M. S. S. (Org.) **Descentralização do Estado e municipalização do ensino:** problemas e perspectivas. Rio de Janeiro: DP&A, 2004. p. 129-142.

______. A municipalização do ensino brasileiro. In: OLIVEIRA, C. et al. **Municipalização do ensino no Brasil**. Belo Horizonte: Autêntica, 1999, p. 11-36.

OLIVEIRA, R. P. O financiamento da educação. In: OLIVEIRA, R. P.; ADRIÃO, T. orgs. **Gestão, financiamento e direito à educação:** análise da Constituição Federal e da LDB. 3. ed. São Paulo: Xamã, 2007, p. 83-122.

OLIVEIRA, R. P. FUNDEF: uma análise preliminar. **EDUCAÇÃO:** Teoria e Prática**,** v. 12, n. 22, p. 5-11, jan./jun. 2004

PINTO, J. M. de R.. A política recente de fundos para o financiamento da educação e seus efeitos no pacto federativo. **Educação e Sociedade**, Campinas, v. 28, n. 100 - Especial, p. 877-897, 2007a.

_____. O ensino médio. In: OLIVEIRA, R. P.; ADRIÃO, T. (Org.). **Gestão, financiamento e direito à educação:** análise da Constituição Federal e da LDB. 3. ed. São Paulo: Xamã, 2007b. p. 47-72.

_____; CARRERA, D. **Custo aluno qualidade inicial:** rumo a educação pública de qualidade. São Paulo: Global, 2007.

_____; ADRIÃO, T. Noções gerais sobre o financiamento da educação no Brasil. **EccoS**, São Paulo, v. 8, n. 1, p. 23-46, jul./dez. 2006.

ROMANELLI, O. **História da educação no Brasil**: 1930-1973. Petrópolis: Vozes, 1992.

SAVIANI, D. **Da nova LDB ao FUNDEB**: por uma outra política educacional. 2. ed. rev. e amp. Campinas, SP: Autores Associados, 2008.

_____. O Plano de Desenvolvimento da Educação (PDE): análise do projeto do MEC. **Educ. Soc.,** Campinas, v. 28, n. 100 - Especial, p. 1231-1255, out. 2007.

SENA, P. A história do PNE e os desafios da nova Lei. In: BRASIL. Câmara dos Deputados. **Plano Nacional de Educação 2014-2024**: Lei nº 13.005, de

25 de junho de 2014, que aprova o Plano Nacional de Educação (PNE) e dá outras providências. Brasília: Edições Câmara, 2014, p. 9-31.

VALENTE, I.; ROMANO, R. PNE: Plano Nacional de Educação ou carta de intenção? **Educação e Sociedade**, Campinas, v. 23, n. 80, p. 97-108, set. 2002.

VELLOSO, J. Pesquisas no país sobre o financiamento da educação: para onde vamos? In: WITTMANN. L. C.; GRACINDO, R. V. (Coord.). **O Estado da arte em política e gestão da educação no Brasil**: 1991 a 1997. Brasília: ANPAE, 2001.

CAPÍTULO III

IMPLICAÇÕES DO PLANO NACIONAL DE EDUCAÇÃO NA RESPONSABILIDADE EDUCACIONAL

Danilo Trombetta Neves[19]
Cristiano Amaral Garboggini Di Giorgi[20]

Nas últimas décadas, o Brasil presenciou o processo de democratização do ensino, entendido como o acesso da ampla maioria da população jovem, e também daqueles que não tiveram oportunidade na idade adequada, aos estabelecimentos de ensino público. Do mesmo modo, o período do ensino obrigatório foi ampliado, assim como houve um aumento da permanência dos alunos nos bancos escolares.

Entretanto, para alguns, esta revolução educacional e social não veio acompanhada da devida política e estrutura para proporcionar aos seus beneficiários um padrão de qualidade, apontado pela Constituição Federal de 1988 e legislação educacional correlata, razão pela qual perduram as discussões em torno do tema, inserindo-se neste contexto o tema da responsabilidade educacional.

O atual Plano Nacional de Educação (PNE), Lei 13.005, de 26 de junho de 2014, previu na estratégia 20.11 de seu anexo a aprovação, no prazo de 01 (um) ano, de uma "Lei de Responsabilidade Educacional, assegurando padrão de qualidade na educação básica, em cada sistema e rede de ensino, aferida pelo processo de metas de qualidade por institutos oficiais de avaliação educacional" (BRASIL, 2014).

Desta forma, percebe-se que o objetivo do estabelecimento de uma "Lei de Responsabilidade Educacional" é o atingimento de um padrão de qualidade na educação básica em cada sistema e rede de ensino.

Assim, ao se pensar nas implicações do PNE na responsabilidade educacional emergem três temas: qualidade da educação, responsabilidade dos agentes públicos e apontamentos do Plano Nacional de Educação para uma eventual Lei de Responsabilidade Educacional.

19 Procurador Federal (Membro da Advocacia Geral da União – AGU). Mestre em Educação pela FCT/Unesp-Presidente Prudente. Email: danilotn@hotmail.com

20 Universidade Estadual Paulista – Campus de Presidente Prudente. E-mail: digiorgi@fct.unesp.br

1. Qualidade e Responsabilidade no Campo da Educação

Partindo da Constituição Federal do Brasil (1988), nota-se que a **qualidade da educação** relaciona-se com o **pleno desenvolvimento da pessoa, seu preparo para o exercício da cidadania e sua qualificação para o trabalho** (artigo 205, grifo nosso).

Na concepção do catedrático Vitor Henrique Paro (2007, p. 33) a função da escola sintetiza-se na formação do cidadão em sua dupla dimensão: individual e social. "Enquanto a primeira dimensão exige a assunção do homem como sujeito (autor, portador autônomo de vontade), a segunda assume a necessidade de convivência livre (entendida a liberdade como construção histórica) entre os sujeitos individuais e coletivos".

Discorrendo sobre a qualidade da educação, acrescenta:

> A qualidade da educação oferecida deve referir-se, portanto, à *formação* da personalidade do educando em sua integralidade, não apenas à aquisição de conhecimentos em seu sentido tradicional. Certamente, não se trata de voltar-se contra os conteúdos das disciplinas que usualmente compõem os currículos, e sim de valorizar esses conteúdos, mas fazê-lo de acordo com sua contribuição integral, superando a função meramente "credencialista", na qual se tem pautado o ensino básico. Essa superação envolve o cuidado não apenas com o conteúdo (entendido em seu sentido usual de rol de conhecimentos e informações contidos nas disciplinas e programas), que deve incluir novos elementos promotores da educação integral, mas também com a *forma democrática* de ensinar, por meio da qual se promove a condição de sujeito do educando, forma essa que, como tal, reveste-se de notável potencial formador de personalidades democráticas e que, assim, deve ser entendida como conteúdo da educação (PARO, 2007, p. 34).

Esta formulação ancora-se no fato de que a educação é atualização histórico-cultural, supondo que os componentes de formação que ela propicia ao ser humano são algo muito mais rico e mais complexo do que simples transmissão de informações. "Como mediação para a apropriação histórica da herança cultural a que supostamente tem direito os cidadãos, o fim último da educação é favorecer uma vida com maior satisfação individual e melhor convivência social" (Ibid, 2007, p. 21).

A discussão sobre a qualidade da educação pública é marcada por posições antagônicas. A primeira posição pode ser descrita como civil democrática por considerar a educação em geral e a escolar em particular como processo de formação cidadã, visando ao exercício de direitos e obrigações típicos da democracia. Já a segunda posição é descrita como produtivista, por conceber a educação escolar como simples preparação dos indivíduos para o ingresso, da melhor forma possível, na divisão social do trabalho. Educar consistiria em instruir e desenvolver faculdades que habilitem o educando a integrar o mercado de trabalho o mais vantajoso possível (LEITE; DI GIORGI, 1995).

Desta forma, ao se pensar numa Lei de Responsabilidade Educacional deve-se ter em discussão o modelo ou tipo de qualidade almejada, como demonstrado no referencial teórico. Para a presente argumentação, adota-se a concepção civil democrática.

Com relação à responsabilidade, contribui para a construção do arcabouço conceitual Carlos Roberto Jamil Cury (2011, p. 3) ao definir:

> Por responsabilidade deve-se entender a obrigação que pesa sobre um sujeito em satisfazer uma prestação (social) que lhe é positivamente atribuída. Cumprir encargos, desempenhar atribuições confiadas a um administrador público é uma obrigação que não sendo fielmente cumprida responde, e (é responsabilizado) por eventuais omissões ou irregularidades (CURY, 2011, p. 3).

Para Luiz Carlos de Freitas (2011, p. 3), duas concepções de responsabilização estão presentes e permeiam os embates. A primeira concepção está voltada para a "responsabilização de cima para baixo, baseada em leis que regulam não só idoneidade das relações financeiras, mas que incluem o controle de metas na escola". Nesta perspectiva, a lei de responsabilidade educacional criará condições para que os estados possam produzir legislação específica que fiscalize a obtenção de metas pelas escolas e permita sua associação a consequências (bônus ou demissão, privatização, etc.). A segunda concepção está baseada em uma responsabilização "participativa e democrática, ancorada no envolvimento de todos os responsáveis pela questão educativa na escola e nos sistemas educacionais. Para esta visão, a lei de responsabilidade educacional não deveria tratar do controle de metas acadêmicas".

Ao aprofundar sua argumentação, destaca:

> A primeira formulação de responsabilização é uma transferência de responsabilidade para a escola, associada a premiações ou punições. Muito conveniente para os governos em todos os níveis. A segunda propõe uma responsabilização que exija de cada ator do sistema educacional sua parcela de responsabilidade, em um processo de negociação liberal em que a escola, protagonista do processo, tem suas responsabilidades delimitadas, assim como

> também os responsáveis pela administração do sistema – em especial, na questão da criação das condições adequadas de funcionamento do sistema educacional – carreira, salários, infraestrutura, capacidade administrativa, etc. Nesse caso, o indicador de sucesso não é apenas o desempenho do aluno em um teste padronizado. Este é apenas um dos componentes da avaliação do desempenho da escola e, além disso, há indicadores para os gestores cumprirem também (carreira, tamanho de turma, piso salarial, recursos, infraestrutura, custo-aluno etc.) (FREITAS, 2011, p. 4)

A relevância do direito fundamental à educação, frente ou em concorrência com outros direitos sociais, não afasta a educação pública da categoria serviço público, inclusive para que se possa sobriamente aplicar-lhe novas propostas condizentes com sua envergadura, direitos, responsabilidades e também prerrogativas de seus agentes (políticos ou profissionais da educação em geral), genericamente considerados.

Neste compasso, uma eventual Lei de Responsabilidade Educacional necessitará alinhar-se com todo o conjunto de direitos e garantias públicas, não apenas especificamente do campo educacional, mas em total consonância com os direitos fundamentais, em busca de uma equalização de políticas e ações que acima de tudo estejam voltadas para a promoção da qualidade da educação básica pública. O Plano Nacional de Educação traz em seu bojo importantes delineamentos.

2. Promoção da Educação

Para a promoção da educação, a Lei 13.005/2014, que instituiu o Plano Nacional de Educação (PNE), já nas suas diretrizes, previu no inciso VIII do artigo 1º. o estabelecimento de meta de aplicação de recursos públicos em educação como proporção do Produto Interno Bruto (PIB), que assegure atendimento às necessidades de expansão, com padrão de qualidade e equidade.

Do mesmo modo, o artigo 10 do PNE é diretivo ao prenunciar que o plano plurianual, as diretrizes orçamentárias e os orçamentos anuais da União, dos estados, do Distrito Federal e dos municípios serão formulados de maneira a assegurar a consignação de dotações orçamentárias compatíveis com as diretrizes, metas e estratégias do PNE e com os respectivos planos de educação, a fim de viabilizar sua plena execução.

Estas medidas foram anteriormente preanunciadas por expertos do assunto. No ponto, é conveniente mencionar a preocupação de ilustre doutrinador Cândido Alberto Gomes (2008, p. 11), ao trazer os fundamentos de uma

Lei de Responsabilidade Educacional, enfatizando a imprescindível reforma do Estado, com adoção de condições simples, palpáveis e visíveis, para que toda escola funcione:

> 1 – Profissionais titulados, desde que os títulos representem competência;
> 2 – Instalações e equipamentos mínimos, em bom estado de conservação e funcionamento;
> 3 – Materiais indispensáveis: livros, inclusive didáticos, e material escolar;
> 4 – Cumprimento de tempo letivo necessário para a aprendizagem.

O segundo aspecto a ser considerado reporta-se ao Princípio Constitucional da Eficiência aplicado à Administração Púbica. No ponto, calha a lição da doutrinadora administrativista Maria Sylvia Zanella Di Pietro (2009, p. 82) ao distinguir o **modo de atuação do agente público**, do qual se espera o melhor desempenho possível de suas atribuições, para lograr os melhores resultados, do **modo de organizar, estruturar e disciplinar a Administração Pública**, também com o mesmo objetivo de alcançar os melhores resultados na prestação do serviço público.

Como mencionado, a **Administração Pública** enquanto poder público em toda a sua amplitude necessita prover a organização e a estrutura elementar para a garantia de um padrão mínimo de qualidade da educação básica pública. Isto implica a adoção de medidas de impacto na política, na administração, no orçamento, na comunicação e em setores correlacionados dos entes federados no que toca ao serviço público denominado educação.

Nesse sentido encontra-se também a Meta 7 do PNE visando fomentar a qualidade da educação básica em todas as etapas e modalidades, com melhoria do fluxo escolar e da aprendizagem. Para assegurar o fomento, destacam-se algumas estratégias:

> 7.1) estabelecer e implantar, mediante pactuação interfederativa, diretrizes pedagógicas para a educação básica e a base nacional comum dos currículos, com direitos e objetivos de aprendizagem e desenvolvimento dos (as) alunos (as) para cada ano do ensino fundamental e médio, respeitada a diversidade regional, estadual e local;
> 7.5) formalizar e executar os planos de ações articuladas dando cumprimento às metas de qualidade estabelecidas para a educação básica pública e às estratégias de apoio técnico e financeiro voltadas à melhoria da gestão educacional, à formação de professores e professoras e profissionais de serviços e apoio escolares, à ampliação e ao desenvolvimento de recursos pedagógicos e à melhoria e expansão da infraestrutura física da rede escolar;

7.12) incentivar o desenvolvimento, selecionar, certificar e divulgar tecnologias educacionais para a educação infantil, o ensino fundamental e o ensino médio e incentivar práticas pedagógicas inovadoras que assegurem a melhoria do fluxo escolar e a aprendizagem, assegurada a diversidade de métodos e propostas pedagógicas, com preferência para softwares livres e recursos educacionais abertos, bem como o acompanhamento dos resultados nos sistemas de ensino em que forem aplicadas;
7.16) apoiar técnica e financeiramente a gestão escolar mediante transferência direta de recursos financeiros à escola, garantindo a participação da comunidade escolar no planejamento e na aplicação dos recursos, visando à ampliação da transparência e ao efetivo desenvolvimento da gestão democrática;
7.17) ampliar programas e aprofundar ações de atendimento ao (à) aluno (a), em todas as etapas da educação básica, por meio de programas suplementares de material didático-escolar, transporte, alimentação e assistência à saúde;
7.18) assegurar a todas as escolas públicas de educação básica o acesso a energia elétrica, abastecimento de água tratada, esgotamento sanitário e manejo dos resíduos sólidos, garantir o acesso dos alunos a espaços para a prática esportiva, a bens culturais e artísticos e a equipamentos e laboratórios de ciências e, em cada edifício escolar, garantir a acessibilidade às pessoas com deficiência;
7.19) institucionalizar e manter, em regime de colaboração, programa nacional de reestruturação e aquisição de equipamentos para escolas públicas, visando à equalização regional das oportunidades educacionais;
7.20) prover equipamentos e recursos tecnológicos digitais para a utilização pedagógica no ambiente escolar a todas as escolas públicas da educação básica, criando, inclusive, mecanismos para implementação das condições necessárias para a universalização das bibliotecas nas instituições educacionais, com acesso a redes digitais de computadores, inclusive a internet;
7.29) promover a articulação dos programas da área da educação, de âmbito local e nacional, com os de outras áreas, como saúde, trabalho e emprego, assistência social, esporte e cultura, possibilitando a criação de rede de apoio integral às famílias, como condição para a melhoria da qualidade educacional;

O tema responsabilidade educacional tramita na Câmara dos Deputados Federais por meio do PL 7.420/2006, de autoria da Professora e ex-Deputada Federal Raquel Teixeira (PSDB/GO), em torno do qual foram apensados outros dezessete projetos (projetos de lei nº 247/2007, nº 600/2007; nº 1.256/2007; nº 1.680/2007; nº 4.886/2009; nº 8.039/2010; nº 8.042/2010; nº 413/2011; nº 450/2011; nº 1.747/2011; nº 1.915/2011; nº 2.417/2011; nº

2.604/2011; nº 3.066/2011; nº 5.519/2013; nº 5.647/2013; e, nº 6.137/2013). Registre-se que o projeto principal e apensos tramitaram pela Coordenação de Comissões Permanentes (CCP), Comissão de Educação e Cultura (CEC), Comissão de Finanças e Tributação (CFT) e PLENÁRIO, todos da Câmara dos Deputados Federais. Por deliberação do PLENÁRIO, na sessão do dia teze de outubro de 2011 foi constituída uma Comissão Especial destinada a dar parecer sobre o Projeto de Lei nº. 7.420/2006 e demais projetos apensados. Designou-se o Deputado Federal Raul Henry (PMDB/PE) como relator.

Os projetos de lei 7.420/2006, 1.680/2007, 413/2011 e 450/2011, assim como o projeto substitutivo do relator da Comissão Especial e Deputado Federal Raul Henry, apresentaram medidas voltadas para a promoção da educação básica pública, contemplando formação e plano de carreira do magistério público, jornada de trabalho, plano de educação, infraestrutura escolar, gestão democrática e avaliação do desempenho dos profissionais do magistério.

A responsabilidade pelo padrão mínimo de qualidade não pode recair exclusivamente sobre aqueles agentes públicos reconhecidamente caracterizados como profissionais da educação que atuam na ponta do organograma/sistema.

É oportuno destacar o papel do Estado, representado pela autoridade política, como um ente estruturante e incumbido de prover condições para a materialização dos direitos. Nesse sentido Cury (2011) destaca que:

> Esse poder jurisdicional de uma autoridade pública existe para traduzir do melhor modo o que diz o termo *autoridade*. Etimologicamente, tal termo procede do verbo latino *augere* e quer dizer *crescer*. A autoridade pública está investida de poder a fim de gerar condições para que as pessoas, na qualidade de cidadãos, *cresçam* de modo a desenvolverem suas personalidades, participarem ativamente da sociedade em que vivem e serem profissionalmente inseridos no mundo do trabalho (CURY, 2011, p. 3).

Merece menção neste ponto a constatação de dados estatísticos relacionados com o rendimento escolar e a infraestrutura e funcionamento das escolas (DINIZ; FONTANIVE; KLEIN, 2013, p. 550):

> Como tem sido observado nas diferentes edições do SAEB/Prova Brasil, em geral, a média do desempenho dos alunos decresce daqueles que estudam em escolas com ótimas condições para aqueles em escolas com péssimas condições de infraestrutura e funcionamento.

Aqui não se está afastando a atribuição e responsabilidade quanto ao modo de atuação do agente público profissional da educação. Contudo, os dois aspectos sopesados influem diretamente na promoção da educação com padrão mínimo de qualidade.

Em suma, a questão da qualidade da educação e sua promoção envolve o enfrentamento doutrinário, político, administrativo, financeiro e organizacional, sem os quais as condições para sua efetivação não ocorrerão.

3. Avaliação, metas de desempenho e financiamento

Importante aspecto a ser considerado dentro da temática da responsabilidade educacional relaciona-se diretamente com a propositura de avaliações, metas de desempenho e financiamento da educação.

A Lei de Diretrizes e Bases da Educação Nacional (LDB) já previa em seu artigo 9º., inciso VI, a competência da União para "assegurar processo nacional de avaliação do rendimento escolar no ensino fundamental, médio e superior, em colaboração com os sistemas de ensino, objetivando a definição de prioridades e a melhoria da qualidade da educação".

Nesta temática insere-se a regulamentação introduzida no ordenamento jurídico pátrio por meio do Plano Nacional de Educação (PNE), datado de 25 de junho de 2014, estipulando que:

> Art. 11. O Sistema Nacional de Avaliação da Educação Básica, coordenado pela União, em colaboração com os Estados, o Distrito Federal e os Municípios, constituirá fonte de informação para a avaliação da qualidade da educação básica e para a orientação das políticas públicas desse nível de ensino.
> § 1o O sistema de avaliação a que se refere o caput produzirá, no máximo a cada 2 (dois) anos:
> I - indicadores de rendimento escolar, referentes ao desempenho dos (as) estudantes apurado em exames nacionais de avaliação, com participação de pelo menos 80% (oitenta por cento) dos (as) alunos (as) de cada ano escolar periodicamente avaliado em cada escola, e aos dados pertinentes apurados pelo censo escolar da educação básica;
> II - indicadores de avaliação institucional, relativos a características como o perfil do alunado e do corpo dos (as) profissionais da educação, as relações entre dimensão do corpo docente, do corpo técnico e do corpo discente, a infraestrutura das escolas, os recursos pedagógicos disponíveis e os processos da gestão, entre outras relevantes.
> § 2o A elaboração e a divulgação de índices para avaliação da qualidade, como o Índice de Desenvolvimento da Educação Básica - IDEB, que agreguem os indicadores mencionados no inciso I do § 1o não elidem a obrigatoriedade de divulgação, em separado, de cada um deles.

> § 3o Os indicadores mencionados no § 1o serão estimados por etapa, estabelecimento de ensino, rede escolar, unidade da Federação e em nível agregado nacional, sendo amplamente divulgados, ressalvada a publicação de resultados individuais e indicadores por turma, que fica admitida exclusivamente para a comunidade do respectivo estabelecimento e para o órgão gestor da respectiva rede.
> § 4o Cabem ao Inep a elaboração e o cálculo do Ideb e dos indicadores referidos no § 1o.
> § 5o A avaliação de desempenho dos (as) estudantes em exames, referida no inciso I do § 1o, poderá ser diretamente realizada pela União ou, mediante acordo de cooperação, pelos Estados e pelo Distrito Federal, nos respectivos sistemas de ensino e de seus Municípios, caso mantenham sistemas próprios de avaliação do rendimento escolar, assegurada a compatibilidade metodológica entre esses sistemas e o nacional, especialmente no que se refere às escalas de proficiência e ao calendário de aplicação.

O objetivo da regulamentação de um Sistema Nacional de Avaliação da Educação Básica está justamente no fornecimento de informações para a avaliação da qualidade da educação básica e para a orientação das políticas públicas desse nível de ensino. De modo mais preciso, só se justifica a existência de tais informações se se prestarem à **orientação das políticas públicas.** Assim, é imperioso concluir que as avaliações, por lei, estão direcionadas ao aperfeiçoamento e elaboração das políticas públicas.

Outrossim, evidencia-se este caráter democrático e republicano ao estatuir que o sistema será operacionalizado por meio de dois indicadores. Um indicador de **rendimento escolar**, referente ao desempenho dos (as) estudantes apurado em exames nacionais de avaliação, com participação de pelo menos 80% (oitenta por cento) dos(as) alunos(as) de cada ano escolar periodicamente avaliado em cada escola, e aos dados pertinentes apurados pelo censo escolar da educação básica. Outro indicador de **avaliação institucional**, relativo a características como o perfil do alunado e do corpo dos (as) profissionais da educação, as relações entre dimensão do corpo docente, do corpo técnico e do corpo discente, a infraestrutura das escolas, os recursos pedagógicos disponíveis e os processos da gestão, entre outras características relevantes.

O projeto de lei de responsabilidade educacional substitutivo do Relator da Comissão Especial e Deputado Federal Raul Henry previu no artigo 5°. a utilização do Índice de Desenvolvimento da Educação Básico (IDEB) como exame nacional a ser considerado na aferição da qualidade da educação nas redes.

Contudo, os §§ 1° e 2°, do artigo 11, do PNE, afastaram textualmente a indicação do IDEB como exclusivo instrumento de avaliação da qualidade, obrigando a existência e divulgação pormenorizada tanto dos indicadores de **rendimento escolar** quanto dos indicadores da **avaliação institucional.** O texto é explícito ao apontar o alcance limitado do IDEB tão somente aos indicadores de **rendimento escolar** (inciso I, § 1º, artigo 11, PNE).

Assim, os indicadores de **avaliação institucional**, compreendendo características como o perfil do alunado e do corpo dos (as) profissionais da educação, as relações entre dimensão do corpo docente, do corpo técnico e do corpo discente, a infraestrutura das escolas, os recursos pedagógicos disponíveis e os processos da gestão, entre outras relevantes, não poderão estar ausentes da previsão de institucionalização de avaliação nacional por uma eventual Lei de Responsabilidade Educacional.

Este tema foi muito bem analisado em artigo de referência da matéria, intitulado "IDEB: limites e ilusões de uma política educacional".

> O fator "desempenho" está associado ao aproveitamento cognitivo dos alunos, em especial em Língua Portuguesa e Matemática, e o fator "rendimento" ao fluxo escolar, determinado a partir da taxa de aprovação medida através da razão entre o tempo necessário para conclusão da etapa de escolarização e o tempo de duração efetivamente despendido para concluí-la.
>
> A pretensão do Ideb de sumarizar a qualidade de ensino oferecida a partir desses dois fatores não parece viável, já que incapaz de refletir a realidade das instituições, não apenas pelo que o índice deixa de considerar, em especial o NSE da população atendida, mas também pela forma como mede esses aspectos.
>
> [...]
>
> Observando-se a influência das diferenças sociais dos alunos no desempenho escolar e consequentemente no trabalho desenvolvido pela escola e sua eficácia, encontra-se nas análises de BOURDIEU (1998) outro fator importante: a questão cultural. Ele evidencia que, embora o aspecto econômico seja importante para a análise da questão, há também a dimensão cultural que, como um bem capaz de favorecer o desenvolvimento dos estudantes na escola, transforma-se em um tipo de capital que pode ser mobilizado para influenciar o sucesso escolar: aspecto que chamou de "capital cultural".
>
> Por este viés, entende-se que as diferenças socioeconômicas e culturais devem compor uma análise explicativa da diferença de desempenho dos alunos, já que não considerá-las significaria, muitas vezes, atribuir o título de boa escola a instituições que, como única e verdadeira diferenciação em relação a outras, possui alunos de maior capital socioeconômico e cultural (ALMEIDA; DALBEN; FREITAS, 2013, p. 1156).

Decorre desta análise que a elaboração dos índices deve contemplar o contexto em que a escola realiza seu trabalho, já que o nível socioeconômico (NSE) dos alunos é a variável que mais se relaciona com as notas, tendo a maior parte de sua variabilidade explicada pelos fatores externos à escola. Caminhou nesse sentido a previsão do artigo 11, § 1º, inciso II, do PNE.

Em arremate Almeida, Dalben e Freitas (2013), destacam:

> Em relação especificamente ao IDEB, nos chama a atenção a forma pela qual ele é apresentado (e divulgado) para a população, em que a escola aparece como única responsável pelo desempenho de seus alunos, sem qualquer vinculação à relação deste com seu entorno social, com a rede de ensino à qual pertence e com as políticas públicas às quais está, direta ou indiretamente, submetida, pois tal isolamento pode gerar a ideia de que a escola e seus profissionais são, sozinhos, responsáveis pelos resultados obtidos nas avaliações externas, induzindo de forma equivocada à ideia de perda da influência do entorno social e das políticas públicas sobre os resultados dessas avaliações, tendo como consequência a desresponsabilização, de forma branda, do sistema educativo e social mais amplo sobre tais resultados.
> Esse percurso é perigoso, pois acaba trazendo um movimento de responsabilização unidirecional da escola e de seus profissionais sem que a eles sejam dadas as condições objetivas de melhoria da qualidade do ensino ofertado à população (ALMEIDA; DALBEN; FREITAS, 2013, p. 1157).

Neste diapasão insere-se novamente o Princípio Constitucional da Eficiência aplicado ao **modo de organizar, estruturar e disciplinar** a Administração Pública, aqui entendida como a responsável pela educação básica pública.

Debruçaram-se sobre este assunto os projetos de lei nº. 7.420/2006, nº. 1.680/2007, nº. 413/2011, nº. 450/2011 e nº. 5.519/2013, assim como o mencionado projeto substitutivo. A proposta trazida pelo projeto de lei nº. 5.519/2013, do Deputado Federal Paulo Rubem Santiago (PDT/PE), enfatiza a criação do Sistema Nacional de Educação (SNE), pautado nos seguintes princípios:

> Art.2º O SNE será organizado obedecidos os seguintes princípios:
> a) unidade nacional, com respeito à autonomia dos entes federados;
> b) solidariedade federativa;
> c) diretrizes educacionais comuns a todo o território nacional, com a perspectiva a superação das desigualdades regionais, respeitadas e apoiadas as iniciativas locais;

> d) gestão democrática; através dos Conselhos Escolares nas unidades de ensino, Conselhos Municipais, Estaduais e as respectivas Conferências.
> e) regulação, normatização, supervisão e avaliação dos estabelecimentos de ensino públicos e privados, a partir de sistema nacional definido pelo Plano Nacional de Educação;
> f) justiça social, igualdade, inclusão e respeito à diversidade;
> g) transparência e submissão aos controles interno, externo e social;
> h) harmonização dos planos decenais de educação de todas as esferas federativas;
> i) estabelecimento de fóruns e instâncias intergovernamentais de discussão, negociação e deliberação;
> j) proibição do retrocesso, entendida como a garantia do direito às prestações educacionais já obtidas em cada sistema, vedada sua supressão ou diminuição.

Referido projeto de lei faz menção expressa à regulação, normatização, supervisão e avaliação dos estabelecimentos de ensino públicos e privados, a partir de sistema nacional definido pelo Plano Nacional de Educação (PNE). Sugere no artigo 3º, § 5º, do referido projeto de lei, que o Sistema Nacional de Avaliação da Educação Básica seja coordenado por instância tripartite, com representação da União, dos Estados e do Distrito Federal e dos Municípios e constituirá fonte básica de informação para a avaliação da qualidade da educação básica e para orientação das políticas públicas necessárias à sua melhoria e atendimento com equidade e qualidade.

Portanto, o projeto de lei acima citado, melhor se adapta aos preceitos estabelecidos pela doutrina, pela Constituição Federal de 1988, pela Lei de Diretrizes e Bases da Educação Nacional (LDB) e pelo PNE.

No tocante ao financiamento da educação, constou da LDB em seu artigo 74, *caput*, que a União, em colaboração com os Estados, o Distrito Federal e os Municípios, estabeleceria padrão mínimo de oportunidades educacionais para o ensino fundamental, baseado no cálculo do custo mínimo por aluno, capaz de assegurar ensino de qualidade.

Em complemento, o atual PNE trouxe importantíssimos avanços legislativos que deverão embasar a discussão de eventual Lei de Responsabilidade Educacional. A tão almejada colaboração da União com os demais entes federados está preconizada no artigo 7º:

> Art. 7º. A União, os Estados, o Distrito Federal e os Municípios atuarão em regime de colaboração, visando ao alcance das metas e à implementação das estratégias objeto deste Plano.

> § 1º. Caberá aos gestores federais, estaduais, municipais e do Distrito Federal a adoção das medidas governamentais necessárias ao alcance das metas previstas neste PNE.
> § 2º. As estratégias definidas no Anexo desta Lei não elidem a adoção de medidas adicionais em âmbito local ou de instrumentos jurídicos que formalizem a cooperação entre os entes federados, podendo ser complementadas por mecanismos nacionais e locais de coordenação e colaboração recíproca.
> § 3º. Os sistemas de ensino dos Estados, do Distrito Federal e dos Municípios criarão mecanismos para o acompanhamento local da consecução das metas deste PNE e dos planos previstos no art. 8o.
> § 4º. Haverá regime de colaboração específico para a implementação de modalidades de educação escolar que necessitem considerar territórios étnicoeducacionais e a utilização de estratégias que levem em conta as identidades e especificidades socioculturais e linguísticas de cada comunidade envolvida, assegurada a consulta prévia e informada a essa comunidade.
> § 5º. Será criada uma instância permanente de negociação e cooperação entre a União, os Estados, o Distrito Federal e os Municípios.
> § 6º. O fortalecimento do regime de colaboração entre os Estados e respectivos Municípios incluirá a instituição de instâncias permanentes de negociação, cooperação e pactuação em cada Estado.
> § 7º. O fortalecimento do regime de colaboração entre os Municípios dar-se-á, inclusive, mediante a adoção de arranjos de desenvolvimento da educação.

O ato normativo em questão previu ainda a criação de uma instância permanente de negociação e cooperação entre a União, os estados, o Distrito Federal e os municípios (parágrafo 5º), bem como incumbiu aos gestores federais, estaduais, municipais e do Distrito Federal a adoção das medidas governamentais necessárias ao alcance das metas previstas no PNE (parágrafo 1º).

Para efetivação do financiamento estabeleceu a Meta 20 do anexo (PNE), com intuito de ampliar o investimento público em educação pública de forma a atingir, no mínimo, o patamar de 7% (sete por cento) do Produto Interno Bruto - PIB do País no quinto ano de vigência desta Lei e, no mínimo, o equivalente a 10% (dez por cento) do PIB ao final do decênio. Adotou as seguintes estratégias:

> 20.1) garantir fontes de financiamento permanentes e sustentáveis para todos os níveis, etapas e modalidades da educação básica, observando-se as políticas de colaboração entre os entes federados, em especial as decorrentes do art. 60 do Ato das Disposições Constitucionais

Transitórias e do § 1º. do art. 75 da Lei no 9.394, de 20 de dezembro de 1996, que tratam da capacidade de atendimento e do esforço fiscal de cada ente federado, com vistas a atender suas demandas educacionais à luz do padrão de qualidade nacional;

20.2) aperfeiçoar e ampliar os mecanismos de acompanhamento da arrecadação da contribuição social do salário-educação;

20.3) destinar à manutenção e desenvolvimento do ensino, em acréscimo aos recursos vinculados nos termos do art. 212 da Constituição Federal, na forma da lei específica, a parcela da participação no resultado ou da compensação financeira pela exploração de petróleo e gás natural e outros recursos, com a finalidade de cumprimento da meta prevista no inciso VI do caput do art. 214 da Constituição Federal;

20.4) fortalecer os mecanismos e os instrumentos que assegurem, nos termos do parágrafo único do art. 48 da Lei Complementar no 101, de 4 de maio de 2000, a transparência e o controle social na utilização dos recursos públicos aplicados em educação, especialmente a realização de audiências públicas, a criação de portais eletrônicos de transparência e a capacitação dos membros de conselhos de acompanhamento e controle social do Fundeb, com a colaboração entre o Ministério da Educação, as Secretarias de Educação dos Estados e dos Municípios e os Tribunais de Contas da União, dos Estados e dos Municípios;

20.5) desenvolver, por meio do Instituto Nacional de Estudos e Pesquisas Educacionais Anísio Teixeira - INEP, estudos e acompanhamento regular dos investimentos e custos por aluno da educação básica e superior pública, em todas as suas etapas e modalidades;

20.6) no prazo de 2 (dois) anos da vigência deste PNE, será implantado o Custo Aluno-Qualidade inicial - CAQi, referenciado no conjunto de padrões mínimos estabelecidos na legislação educacional e cujo financiamento será calculado com base nos respectivos insumos indispensáveis ao processo de ensino-aprendizagem e será progressivamente reajustado até a implementação plena do Custo Aluno Qualidade - CAQ;

20.7) implementar o Custo Aluno Qualidade - CAQ como parâmetro para o financiamento da educação de todas etapas e modalidades da educação básica, a partir do cálculo e do acompanhamento regular dos indicadores de gastos educacionais com investimentos em qualificação e remuneração do pessoal docente e dos demais profissionais da educação pública, em aquisição, manutenção, construção e conservação de instalações e equipamentos necessários ao ensino e em aquisição de material didático-escolar, alimentação e transporte escolar;

20.8) o CAQ será definido no prazo de 3 (três) anos e será continuamente ajustado, com base em metodologia formulada pelo Ministério da Educação - MEC, e acompanhado pelo Fórum Nacional de

> Educação - FNE, pelo Conselho Nacional de Educação - CNE e pelas Comissões de Educação da Câmara dos Deputados e de Educação, Cultura e Esportes do Senado Federal;
> 20.9) regulamentar o parágrafo único do art. 23 e o art. 211 da Constituição Federal, no prazo de 2 (dois) anos, por lei complementar, de forma a estabelecer as normas de cooperação entre a União, os Estados, o Distrito Federal e os Municípios, em matéria educacional, e a articulação do sistema nacional de educação em regime de colaboração, com equilíbrio na repartição das responsabilidades e dos recursos e efetivo cumprimento das funções redistributiva e supletiva da União no combate às desigualdades educacionais regionais, com especial atenção às regiões Norte e Nordeste
> 20.10) caberá à União, na forma da lei, a complementação de recursos financeiros a todos os Estados, ao Distrito Federal e aos Municípios que não conseguirem atingir o valor do CAQi e, posteriormente, do CAQ;
> 20.11) aprovar, no prazo de 1 (um) ano, Lei de Responsabilidade Educacional, assegurando padrão de qualidade na educação básica, em cada sistema e rede de ensino, aferida pelo processo de metas de qualidade aferidas por institutos oficiais de avaliação educacionais;
> 20.12) definir critérios para distribuição dos recursos adicionais dirigidos à educação ao longo do decênio, que considerem a equalização das oportunidades educacionais, a vulnerabilidade socioeconômica e o compromisso técnico e de gestão do sistema de ensino, a serem pactuados na instância prevista no § 5º do art. 7º desta Lei (grifo nosso).

No ponto, cabe frisar que o CAQ foi referenciado como parâmetro para instrumentalizar o financiamento da educação de todas etapas e modalidades da educação básica, a partir do cálculo e do acompanhamento regular dos indicadores de gastos educacionais com investimentos em qualificação e remuneração do pessoal docente e dos demais profissionais da educação pública, em aquisição, manutenção, construção e conservação de instalações e equipamentos necessários ao ensino e em aquisição de material didático-escolar, alimentação e transporte escolar. Com esta preocupação, o PNE demonstra o interesse em ver melhoradas, dentro do decênio, diversas condições estruturantes que se relacionam diretamente com a elevação do padrão mínimo de qualidade, para além do binômio professor-aluno.

Registre-se ainda a importante previsão contida na estratégia 20.10 do PNE no sentido de que "caberá à União, na forma da lei, a complementação de recursos financeiros a todos os Estados, ao Distrito Federal e aos Municípios que não conseguirem atingir o valor do CAQi e, posteriormente, do CAQ" (BRASIL, 2014).

Em que pese tratar-se de norma programática, passível de ponderação com o Princípio da Reserva do Possível por parte do Poder Executivo, a previsão legal impulsiona a articulação política e econômica no sentido de se efetivar a cooperação e complementação da União aos Estados, ao Distrito Federal e aos Municípios.

Na esteira da argumentação está o projeto de lei nº. 5.519/2013, aludido:

> Art. 4º A política de financiamento da educação básica, nos termos do Sistema Nacional de Educação, deverá, obrigatoriamente:
> I - amparar-se na definição do custo aluno-qualidade (CAQ), construído com a participação da sociedade civil, capaz de mensurar todos os insumos necessários à educação de qualidade e à superação das desigualdades regionais;
> II - assegurar o investimento na valorização dos profissionais da educação básica, nas dimensões de:
> a) fixação de salário digno, equivalente aos profissionais de mesma formação e carreira;
> b) formação inicial e continuada;
> c) construção de ambiente de trabalho saudável.
> Art. 5º Os entes federados deverão estabelecer formas de colaboração, de forma democrática e em consonância com os planos de educação.

Percebe-se que toda a construção do Plano Nacional de Educação (PNE), contida também no projeto supracitado de responsabilidade educacional, não vincula o financiamento da educação com o atingimento de metas de desempenho. A razão, implícita nestes documentos, reside na própria fundamentalidade do direito à educação, não permitindo retrocessos legislativos ou fáticos-orçamentários.

O (crescente) financiamento educacional não pode sofrer retrocessos por conta da existência ou criação de metas de desempenho. A vinculação, neste particular, é medida perversa ao direito fundamental à educação (sob pena de ferir o princípio da proibição do retrocesso).

Consta do projeto de lei inaugural nº 7.420/2006 a vinculação das transferências voluntárias da União à comprovação de esforços realizados e às melhorias de desempenho evidenciadas pelo processo de avaliação nacional (artigo 3º), com previsão de suspensão das transferências voluntárias da União ao Estado ou Município caso haja descumprimento do disposto no projeto (artigo 5º).

O Relator da Comissão Especial, no tópico relacionado com a constitucionalidade, juridicidade e adequação orçamentária e financeira, apresentou a ressalva em relação ao aspecto orçamentário e financeiro, para afastar os artigos dos projetos de lei 7.420/2006, 1.680/2007, 413/2011 e 450/2011 no tocante à penalidade de suspensão de transferência voluntárias da União voltadas para a educação, aos entes federados que não cumprirem as disposições previstas nas normas propostas:

> Há, portanto, um dispositivo de lei complementar que busca salvaguardar, entre outros, o setor educacional dessa penalização como decorrência da inadequada gestão fiscal dos entes federados. Esse espírito legal leva a ponderar a conveniência de adotar sanção dessa natureza no âmbito da própria legislação educacional. Por isso mesmo, o Substitutivo a seguir apresentado não considera essa possibilidade.

O voto embasou-se na Lei Complementar nº 101, de 04 de maio de 2000 (Lei de Responsabilidade Fiscal), que excepciona no artigo 25, § 3º, a suspensão das transferências voluntárias para as ações na área de educação, saúde e assistência social, no caso de não cumprimento das exigências prescritas no § 1º, do mesmo artigo mencionado.

A não acolhida da referida penalização está em total consonância com a garantia, a promoção e a proteção do direito fundamental à educação básica pública, merecendo registro. A previsão de suspensão das transferências voluntárias macula diretamente o direito fundamental à educação, obstaculizando todo o processo de ampliação deste direito e influindo negativamente nas conquistas políticas, sociais e jurídicas.

Com sensibilidade, Salomão Barros Ximenes (2012, p. 358) chama a atenção para esta incongruente proposta:

> Se algumas das medidas previstas podem parecer interessantes, principalmente a previsão de elevação do gasto por aluno, outras **acabam punindo duplamente a coletividade, e não exatamente os responsáveis, como fica evidente na hipótese de suspensão das transferências voluntárias aos entes federados que não alcancem as metas acadêmicas ou não respeitem as demais disposições** (grifo nosso).

A *mens legis* objetivou proteger os direitos fundamentais da educação, saúde e assistência social, ainda que os ocupantes dos cargos públicos não desempenhem a contento, em algum momento histórico, a função administrativa. Agiu bem o legislador ao estabelecer esta salvaguarda, bem como o relator da Comissão Especial, ao afastar do Substitutivo tal previsão encontrada equivocadamente naqueles projetos de lei.

De todo modo, eventual projeto de lei deve debruçar-se sobre as hipóteses de financiamento e promoção da educação, sem vinculação a metas de desempenho, como esboçado no PNE e no projeto de lei nº 5.519/2013.

4. Responsabilização dos Agentes Públicos

De início, oportuno se faz mencionar a existência de diversas formas de responsabilidade dos agentes públicos e colaboradores da Administração Pública. Merece menção as previsões no plano administrativo e cível (CF/88, Código Civil, LDB e Estatuto da Criança e do Adolescente (ECA), Lei da Ação Civil Pública, dentre outros).

Nos casos de descumprimento de obrigações, a Lei da Ação Civil Pública tem sido utilizada em larga escala para a efetivação do direito fundamental à educação, com respaldo judiciário impondo algumas obrigações de fazer, notadamente quanto ao acesso e condições no ensino público fundamental, e mais recentemente à educação infantil pública.

Considerando a gama de legislação relacionada com punibilidade dos agentes públicos, o projeto inaugural 7.420/2006[21] remetia a responsabilização pela infração político-administrativa e pelo ato de improbidade administrativa às correlatas legislações, apenas prevendo a aplicação de pena de multa ou com prazo definido em dobro.

A proposta substitutiva apresentada pelo relator Raul Henry prende-se às obrigações exigíveis por meio da Ação Civil Pública, acolhendo a proposta da banca governista (PL 8.039/2010) para especificar a criação de uma "Ação Civil Pública Educacional". Para melhor entendimento, transcreve-se os capítulos 3 e 4 do referido projeto substitutivo:

> **Capítulo 3**
> **Da responsabilização**
> Art. 4º A responsabilização pelo cumprimento das metas definidas no Plano Nacional de Educação em vigência, no âmbito das responsabilidades de atuação prioritária de cada ente federado em matéria educacional, será proporcional à relação entre o tempo de mandato do chefe do Poder Executivo e o tempo total previsto para atingimento das metas.

21 Projeto de Lei 7.420/2006:
Art. 4º O descumprimento do disposto nesta Lei caracteriza-se como:
I – crime de responsabilidade por violação patente contra o exercício de direitos individuais e sociais, nos termos do art. 7º, número 9, da Lei nº 1.079, de 10 de abril de 1950;
II – infração político-administrativa por deixar de defender direitos e interesses do Município, nos termos do art. 4º, VIII, do Decreto-lei nº 201, de 27 de fevereiro de 1967;
III – ato de improbidade administrativa, especialmente nos termos do art. 11, II, da Lei nº 8.429, de 2 de junho de 1992.
Parágrafo único. Na hipótese de infrações sujeitas a penalidades de multa ou com prazo definido, os valores e prazos serão aplicados em dobro em relação ao estabelecido na respectiva legislação.

Art. 5º O retrocesso injustificado na qualidade da rede de educação básica, decorrente da falta de cumprimento dos requisitos de padrão de qualidade definidos na legislação, ensejará a aplicação do disposto no art. 6º desta lei.

§ 1º O retrocesso da qualidade da educação básica, referido no "caput", será medido objetivamente pela comparação do Índice de Desenvolvimento da Educação Básica (IDEB), calculado pelo Ministério da Educação, atingido no final de cada gestão do Chefe do Poder Executivo com o IDEB do final da gestão imediatamente anterior.

§ 2º Os exames nacionais periódicos realizados pela União para a obtenção do IDEB ocorrerão, necessariamente, em anos ímpares, com a obrigatória divulgação dos resultados até o dia 31 de dezembro do respectivo ano.

§ 3º É dever dos estados, do Distrito Federal e dos municípios assegurar a participação de, no mínimo, 80% (oitenta por cento) dos alunos de cada escola de sua rede pública nos exames de avaliação utilizados para a aferição do IDEB.

§ 4º Não importará na aplicação do disposto no "caput" o retrocesso na qualidade da educação básica decorrente de força maior ou de caso fortuito, desde que comprovado simultaneamente que:

a) houve priorização na alocação dos recursos públicos para o aprimoramento da qualidade da educação básica pela respectiva unidade de Federação;

b) foram garantidos todos os insumos e processos mencionados no art. 1º desta lei.

§ 5º É dever da União assegurar assistência técnica aos estados e municípios cujo valor do IDEB apresentar declínio em relação ao observado na avaliação anterior.

Capítulo 4

Da Ação Civil Pública de Responsabilidade Educacional

Art. 6º A Lei nº 7.347, de 24 de julho de 1985, passa a vigorar acrescida do seguinte artigo:

"Art. 3º-A. Caberá ação civil pública de responsabilidade educacional para cumprimento de obrigação de fazer ou não fazer, sempre que ação ou omissão da União, dos Estados, do Distrito Federal e dos Municípios comprometa ou ameace comprometer a plena efetivação do direito à educação básica pública.

Parágrafo único. A ação civil pública de responsabilidade educacional tem como objeto o cumprimento das obrigações constitucionais e legais relativas à educação básica pública, bem como a execução de convênios, ajustes, termo de cooperação e instrumentos congêneres celebrados entre a União, os Estados, o Distrito Federal e os Municípios, observado o disposto no art. 211 da Constituição".

A previsão de responsabilização reforça a ideia punitiva, em contraposição à proposta de promoção, posto que qualquer desvio de conduta do agente público encarregado de garantir uma educação básica pública com padrão de qualidade já é passível de responsabilização administrativa, civil, política e penal.

Do exposto, o projeto substitutivo encampou a ênfase no caráter sancionatório, ainda que por meio da adoção da responsabilidade genuinamente civil, por meio da tipificada ação civil pública.

A promoção da educação básica pública com padrão mínimo de qualidade merece a adoção de medidas de financiamento, infraestrutura, cooperação técnica e gestão democrática, tendo nestes pilares os esteios de uma mudança estrutural no panorama educacional, afastando-se a motivação do empenho em virtude de eventual responsabilização.

Pode-se concluir, portanto, que eventual Lei de Responsabilidade Educacional (LRE) deve se ater precipuamente a articular elementos políticos, financeiros, administrativos, tecnológicos, organizacionais e pedagógicos para a promoção da educação básica pública com padrão mínimo de qualidade, afastando-se da ênfase punitiva como vetor de transformação.

A qualidade almejada virá da promoção da educação, e é nesse sentido que o Plano Nacional de Educação aponta.

REFERÊNCIAS

ALMEIDA, L. C.; DALBEN, A.; FREITAS, L. C. de. O ideb: limites e ilusões de uma política educacional. **Educação e Sociedade**. Campinas, v. 34, n. 125, p. 1153-1174, out./dez. 2013. Disponível em http://www.cedes.unicamp.br. Acesso em 06.11.2014.

BRASIL. **Constituição da República Federativa do Brasil**, promulgada em 05 de outubro de 1988.

_____. **Lei de Diretrizes e Bases da Educação Nacional** – Lei nº 9.394, de 20 de dezembro de 1996.

_____. **Projeto de Lei 7.420/2006**. Câmara dos Deputados. Disponível em: <http://www.camara.gov.br/proposicoesweb/fichadetramitacao?idproposicao=332457>. Acesso em: 06 nov. 2014.

_____. **Projeto de Lei 8.039/2010**. Câmara dos Deputados. Disponível em: <http://www.camara.gov.br/proposicoesweb/fichadetramitacao?idproposicao=490172>. Acesso em: 06 nov. 2014.

_____. **Projeto de Lei 5.519/2013**. Câmara dos Deputados. Disponível em: <http://www.camara.gov.br/proposicoesweb/prop_mostrarintegra?codteor=1086133&filename=pl+5519/2013>. Acesso em 06 nov. 2014.

CURY, C. R. J. **Lei de responsabilidade educacional**. Fórum Nacional de Educação. Brasília, 2011. Disponível em: <http://fundacaopadrealbino.org.br/facfipa/ner/pdf/ed07dirpsite.pdf#page=10>. Acesso em: 07 nov. 2014.

DINIZ, H. D. de M.; FONTANIVE, N. S.; KLEIN, R. Indicadores de qualidade na educação básica. In: **ABMP, Todos pela educação** (organização). São Paulo: Saraiva, 2013.

DI PIETRO, M. S. Z. **Direito Administrativo**. 22ª. ed. São Paulo: Atlas, 2009.

FREITAS, L. C. de. Lei de responsabilidade educacional? **ComCiência**, n. 132, Campinas, 2011. Disponível em: <http://comciencia.scielo.br/scielo.php?script-sci_arttext&pid=S1519-76542011000800009&lng=en&nrm=iso>. Acesso em: 09 out. 2013.

_____. Os reformadores empresariais da educação: da desmoralização do magistério à destruição do sistema público de educação. **Educação & Sociedade**. Campinas, v. 33, nº 119, p. 379-404, abr.-jun. 2012. Disponível em http://www.cedes.unicamp.br. Acesso em: 06 nov. 2014.

GOMES, C. A. Fundamentos de uma lei de responsabilidade educacional. **UNESCO**. **Série Debates X**, Brasília, Agosto de 2008. Disponível em: <http://unesdoc.unesco.org/images/0016/001618/161897por.pdf>. Acesso em: 09 out. 2013.

LEITE. Y. U. F.; DI GIORGI, C. A. G. **Qualidade na e da escola pública**. Série-Estudos. Campo Grande: UCDB, 1995.

PARO, V. H. **Gestão escolar, democracia e qualidade do ensino**. São Paulo: Ática, 2007.

XIMENES, S. Responsabilidade educacional: concepções diferentes e riscos iminentes ao direito à educação. **Educação & Sociedade**, v. 33, n. 119, p. 353-377, 2012.

CAPÍTULO IV

O PLANO NACIONAL DA EDUCAÇÃO: mais do mesmo

Andréia da Cunha Malheiros Santana[22]

1. Introdução

Neste capítulo, analisaremos o papel atribuído às avaliações externas nos dois planos nacionais de educação promulgados após a Lei de Diretrizes e Bases da Educação (LDB) 9.394/96. Neles, enfatizaremos a presença de características comuns ao que chamamos de "Estado Avaliador" e, assim, demonstraremos que esta concepção de avaliação está associada à ideia de controle e competição.

O Plano Nacional de Educação de 2001, doravante chamado de PNE I[23], vigorou até 2010, já o PNE de 2014, doravante chamado de PNE II[24], foi aprovado apenas em 2014, após quase três anos de discussão. O plano que, primeiramente, teria sua vigência no período de 2011 a 2020, responderá pelo período de 2014 a 2023, desta forma, ficamos cerca de quatro anos sem um plano educacional desta amplitude.

Após todo este período de espera pelo PNE II, poderíamos supor que o documento trouxesse mudanças significativas para a educação, sobretudo no que diz respeito ao papel das avaliações externas. Ledo engano, o documento corrobora com outros e promove o crescimento e valorização dos sistemas de avaliação externa como um instrumento promotor da qualidade.

Muitas vezes, apontada como principal instrumento para se aferir a qualidade do ensino ministrado, a avaliação externa vem ganhando espaço desde a implantação da LDB 5.692, de 1971[25]. Nesta lei, já aparecia a intenção de avaliar os projetos educacionais e os planos de ensino. Embora a ideia ainda não estivesse suficientemente desenvolvida, ela abriu espaço para a

22 Universidade Estadual de Londrina. E-mail: santanaam@ig.com.br
23 Lei n° 10.172, de 09 de janeiro de 2001.
24 Lei nº 13.005, de 25 de junho de 2014.
25 "Parágrafo único. A assistência técnica incluirá colaboração e suprimento de recursos financeiros para preparação, acompanhamento e avaliação dos planos e projetos educacionais [...]" (BRASIL, 1971).

questão da avaliação da educação. Desta forma, a temática da avaliação foi inserida na legislação gradativamente, o que fez com que o seu processo de implantação parecesse algo natural.

A partir do respaldo legal fornecido pela Constituição de 1988 e reforçada pela LDB 9.394/96, a avaliação foi regulamentada, deixando explícita a função do Estado de avaliar a educação básica:

> Art. 9º A União incumbir-se-á de: [...]
> VI - **assegurar processo nacional de avaliação** do rendimento escolar no ensino fundamental, médio e superior, em colaboração com os sistemas de ensino, objetivando a definição de prioridades e a melhoria da qualidade do ensino;[...]
> VIII - assegurar processo nacional de avaliação das instituições de educação superior [...] (BRASIL, 1996) (grifo nosso).

Os sistemas de ensino passaram a ser alvo de uma série de processos externos de avaliação como meio de reforçar o controle dos resultados e assegurar a competência e a qualidade da educação. A justificativa dada para a implantação dos sistemas de avaliação foi a busca pela qualidade, para Enguita (1994), "se existe hoje uma palavra em moda no mundo da educação, essa palavra é, sem dúvida, 'qualidade'. Desde as declarações dos organismos internacionais até às conversas de bar [...]" (ENGUITA, 1994, p. 95). Complementando esta ideia, Sá (2009) afirma que os termos "avaliação" e "qualidade" são vistos como "amuletos" capazes de afastar qualquer problema. Basta realizar uma avaliação externa em nome da qualidade que teremos um ensino melhor.

Esta concepção está presente nos dois PNEs, neles, é possível perceber um aumento gradual da importância atribuída à avaliação externa, nos dois documentos, ela aparece associada à qualidade, sem que este termo seja melhor discutido ou definido. A natureza política da avaliação é simplesmente ignorada, ela aparece como a "redentora" da educação, "as avaliações operam como instrumentos quase científicos, quase técnicos, sempre sociais e éticos de consolidação e denegação de valores" (DIAS SOBRINHO, 2002, p. 91).

Atrelar a avaliação à qualidade sem questionar as modalidades e os sentidos atribuídos contribui para a despolitização da própria avaliação e faz dela muito mais um instrumento de controle do que de qualidade. Aumentar o número de avaliações não melhorará o ensino oferecido, pois isto depende, entre outras coisas, de um maior investimento na educação e de outras políticas que visem à valorização do professor e da própria função da escola na sociedade.

Neste sentido, a ênfase dada às avaliações externas nos dois planos apenas comprova que tais documentos estão atrelados a uma concepção de sociedade que valoriza a competição, a superficialidade e o atendimento às necessidades do mercado.

Acreditamos que a melhor maneira de evidenciarmos esta crescente importância atribuída à avaliação externa dentro das políticas educacionais brasileiras seja comparando os dois PNEs.

2. PNE I e II: o importante é avaliar

No PNE I, a avaliação externa estava presente, o que nos permite dizer que mantinha consonância com outros documentos da área educacional, como a própria LDB 9394/96 por isso, afirmamos que os dois PNEs corroboram com o discurso já existente na nossa sociedade, discurso este que atrela a avaliação à qualidade.

A ideia de avaliação presente no PNE I foi reforçada na segunda versão:

> Art. 5º A execução do PNE e o cumprimento de suas metas serão objeto de monitoramento contínuo e de avaliações periódicas, realizados pelas seguintes instâncias:
> I - Ministério da Educação - MEC;
> II- Comissão de Educação da Câmara dos Deputados e Comissão de Educação, Cultura e Esporte do Senado Federal;
> III - Conselho Nacional de Educação - CNE;
> IV - Fórum Nacional de Educação.
> § 1º Compete, ainda, às instâncias referidas no caput:
> I - divulgar os resultados do monitoramento e das avaliações nos respectivos sítios institucionais da internet;
> II - analisar e propor políticas públicas para assegurar a implementação das estratégias e o cumprimento das metas;
> III - analisar e propor a revisão do percentual de investimento público em educação (BRASIL, 2014).

Desta vez, a referência à avaliação está explicitamente associada ao monitoramento. O próprio PNE será alvo de avaliação. A concepção de avaliação é afetada pela política adotada por cada sociedade, por isso "[...] as funções da avaliação têm que ser [...] compreendidas no contexto das mudanças educacionais e das mudanças economicas e políticas mais amplas [...] a avaliação é ela própria uma atividade política" (AFONSO, 2009, p. 19). Essa avaliação gera efeitos políticos, como o ranqueamento das instituições de ensino, diferentes recursos para as escolas e a aceitação de níveis diferentes de ensino dentro de um mesmo sistema.

No PNE II, o Estado assumiu, explicitamente, a sua função de avaliar, o que denominadmos de Estado Avaliador[26] em pleno vigor. Desta forma, a avaliação se consolidou como uma política de Estado e não mais de governo e, embora já aparecesse em outros dispositivos legais, ela foi reafirmada no novo PNE:

> Art. 11. O Sistema Nacional de Avaliação da Educação Básica, coordenado pela União, em colaboração com os Estados, o Distrito Federal e os Municípios, constituirá fonte de informação para a avaliação da qualidade da educação básica e para a orientação das políticas públicas desse nível de ensino. (BRASIL, 2014)

Tanto o PNE I como o II devem ser compreendido dentro do contexto no qual eles estão (e estiveram) inseridos. O interesse dos governos neoliberais pela avaliação se intensificou a partir da década de oitenta e passou a ser traduzido pela expressão Estado Avaliador, o que significa dizer que o Estado passou a implementar políticas públicas que valorizam a competição, o individualismo, o menor investimento público nas áreas sociais, as parcerias, a implantação da lógica privada nas escolas e da lógica de mercado, criando mecanismos de controle e responsabilização mais sofisticados. Tais medidas geraram direta ou indiretamente uma desresponsabilização do Estado.

Bauer (2010) afirma que o aumento na preocupação em realizar avaliações nos países da América Latina, incluindo o Brasil, se deve aos organismos multilaterais. Normalmente, estes países tiveram uma experiência inicial patrocinada pelo Banco Mundial.

O Banco Mundial (BM) tem uma ligação muito densa entre financiamento e avaliação. Ao financiar qualquer projeto se pressupõe a sua avaliação de acordo com a ideologia do banco, que visa o controle e a racionalidade econômica. Ao emprestar alguma quantia financeira, impõe que a educação se adeque às restrições orçamentárias, se una a empresas, assumindo a racionalidade do mercado tornando-se produtivo e útil.

> A ideia de avaliação que daí se deriva é a da medida da eficiência. Por isso, a avaliação acaba sendo uma correlação entre custos e rendimentos, privilegiando os produtos ou resultados, que se quantificam

26 A expressão "Estado Avaliador" foi criada por Guy Neave (1988) e designa um Estado que associa o controle exercido por ele a estratégias de autonomia e autorregulação das instituições. Para situar o Estado Avaliador, consideramos a década de 1980 como sendo uma referência para estas mudanças, com a publicação pelo governo norteamericano do relatório "Nation at Risk", houve uma diminuição de investimento nas áreas sociais, um decréscimo das avaliações qualitativas e a propagação de um discurso de racionalidade técnica e adoção/criação de sistemas de avaliação externa para subsidiar políticas públicas.

> e permitem comparações. Nessa lógica eficientista, qualidade corresponde à racionalização e otimização dos processos, que no fundo significam **diminuição de gastos** e obrigação de incremento da quantidade de produtos (DIAS SOBRINHO, 2002, p. 36, grifo nosso).

Desta forma, o BM é um aliado importante para ressaltar a função controladora da avaliação, conforme os objetivos do Estado Avaliador. A atuação do Banco Mundial aparece combinada à atuação do estado mínimo, que se preocupa em oferecer à população o acesso, também mínimo, à educação, à saúde, e a outros setores sociais (FONSECA, 2003).

Outro organismo internacional de grande influência no cenário nacional é a Organização de Cooperação e de Desenvolvimento Econômico (OCDE). A OCDE, de caráter intergovernamental, tem objetivos na área econômica e se interessa pela educação, à medida que esta representa um "capital econômico", pois é responsável por formar mão de obra qualificada, o que interfere na relação entre emprego e desenvolvimento.

Na área da avaliação, a OCDE teve uma influência bastante grande, pois financiou pesquisas e publicou trabalhos nesta área que vieram para consolidar o modelo de avaliação que temos hoje. Através destas pesquisas, ela promove o ranqueamento e a comparação do desempenho de diferentes países.

A avaliação defendida pela OCDE é quantitativa, pois tem como objetivo coletar informações sobre a educação oferecida, realizar comparações e propiciar a tomada de decisões. Nessa lógica, a avaliação tem papel de ressaltar a responsabilidade contábil da educação (checando recursos e custos), sua eficiência e sua competitividade.

> As palavras de ordem das reformas educacionais iniciadas na década de 1980 são o gerencialismo eficiente, a privatização, a excelências, a produtividade, a seletividade, os interesses e a satisfação do consumidor, enfim um conjunto de expressões que identificam a educação com a cultura de empresa (DIAS SOBRINHO, 2002, p. 32).

Para Afonso (2007), esta forma de conceber a avaliação, própria do Estado Avaliador, tem se legitimado com um retrocesso político, porque valorizou técnicas positivistas e quantitativas e desvalorizou os processos educativos e sociais.

O PNE I, fruto do seu momento histórico, trabalha com a ideia de cumprir metas, termo este comum em outras áreas e que, ao ser utilizado no campo educacional, nos permite desconfiar do discurso que o sustenta. Tal como um banco (ou outra instituição mercadológica), a educação, para ter qualidade, precisa atingir as metas estipuladas externamente.

Sendo assim, além das metas, o PNE I nos apresenta diversas estratégias para alcançá-las. O objetivo de tais metas era elevar o nível e a qualidade da escolaridade dos brasileiros, reduzir as desigualdades e democratizar a gestão do ensino. Para objetivos tão nobres, a avaliação assumiu um papel de destaque.

Neste sentido, uma das prioridades do plano foi o

> 5. Desenvolvimento de sistemas de informação e de avaliação em todos os níveis e modalidades de ensino, inclusive educação profissional, contemplando também o aperfeiçoamento dos processos de coleta e difusão dos dados, como instrumentos indispensáveis para a gestão do sistema educacional e melhoria do ensino (BRASIL, 2001).

A avaliação passa a ser um instrumento promotor da qualidade para qualquer nível. Enfim, encontrou-se a solução para todos os problemas educacionais brasileiros. Quer apareça de modo direto ou indireto, podemos perceber que a ideia de avaliação está presente no plano e permeia todos os níveis de ensino, desde a educação básica até os cursos de pós-graduação.

> A avaliação do Plano Nacional de Educação deve valer-se também dos dados e análises qualitativas e quantitativas fornecidos pelo sistema de avaliação já operado pelo Ministério da Educação, nos diferentes níveis, como os do Sistema de Avaliação do Ensino Básico - SAEB; do Exame Nacional do Ensino Médio-ENEM; do Sistema de Avaliação do Ensino Superior (Comissão de Especialistas, Exame Nacional de Cursos, Comissão de Autorização e Reconhecimento), avaliação conduzida pela Fundação Coordenação de Aperfeiçoamento de Pessoal de Nível Superior-CAPES (BRASIL, 2001).

A avaliação aparece como a solução para os males da educação brasileira, como se a criação e ampliação dos sistemas de avaliação fossem garantir uma melhor qualidade do ensino oferecido, por isso o plano também será medido por esse critério, a partir dos dados sobre os diferentes níveis de ensino.

Um exemplo da crescente importância da avaliação pode ser vista na educação infantil. O PNE I já defendia: "Estabelecer parâmetros de qualidade dos serviços de educação infantil, como referência para a supervisão, o controle e a avaliação [...]" (BRASIL, 2001). O PNE II, por sua vez, vai além e prevê: "implantar, até o segundo ano de vigência deste PNE, avaliação da educação infantil, a ser realizada a cada dois (dois) anos, com base em parâmetros nacionais de qualidade [...]" (BRASIL, 2014). Todos serão avaliados e com metas a serem cumpridas.

O conceito de qualidade depende do contexto no qual ele aparece, podendo servir a diferentes propósitos e legitimar políticas públicas incapazes de garantir que toda a população tenha um ensino igualitário e justo. Embora, muitas vezes, o termo apareça mais no discurso que nas ações, a sua inclusão na fala educacional é um fator marcante, por isso é necessário pensar na relação entre a concepção e a sociedade que a propaga.

Para Santana e Rothen (2013), o discurso neoliberal vem disseminando um conceito de qualidade equivocado, vista como algo consensual e unívoco, atrelado a um discurso hegemônico que veicula uma versão monossêmica (e mercadorizada) do termo, na qual, uma educação de qualidade é aquela que faz os alunos tirarem boas notas nas avaliações externas, por isso estas são tão importantes.

O ensino fundamental também foi agraciado com a mesma lógica, no primeiro PNE, a ideia de avaliar o ensino fundamental aparece como a necessidade de construção de um "Sistema Nacional de Avaliação da Educação Básica [...]" (BRASIL, 2001).

No PNE II, a referência à esta necessidade é mais explícita. Vejamos a meta 5:

> Meta 5: alfabetizar todas as crianças, no máximo, até o final do 3º (terceiro) ano do ensino fundamental (BRASIL, 2014).
> 5.2) instituir instrumentos de avaliação nacional periódicos e específicos para aferir a alfabetização das crianças, aplicados a cada ano, bem como estimular os sistemas de ensino e as escolas a criarem os respectivos instrumentos de avaliação e monitoramento, implementando medidas pedagógicas para alfabetizar todos os alunos e alunas até o final do terceiro ano do ensino fundamental (BRASIL, 2014).

Como estratégia para garantir a alfabetização das crianças foi adotado mais um sistema de avaliação nacional, como se este ato fosse capaz de garantir a aprendizagem de todas as crianças brasileiras, independente do contexto no qual elas estejam inseridas. Para Afonso (2007), a criação de diversos processos avaliativos não representa uma melhoria do ensino.

Segundo o autor, a qualidade não pode ser só científica, deve ser pedagógica e democrática, não pode ficar restrita às avaliações externas; por isso, por enquanto, não é possível defender mecanismos que pretendem apenas medir o desempenho cognitivo deixando de lado todo o contexto no qual estas crianças estão inseridas.

Complementando a meta 5, temos a meta número 7, que trabalha com a ideia de melhoria nas notas obtidas e a diminuição da repetência.

> Meta 7: fomentar a qualidade da educação básica em todas as etapas e modalidades, com melhoria do fluxo escolar e da aprendizagem, de modo a atingir as seguintes médias nacionais para o Ideb: 6,0 nos anos iniciais do ensino fundamental; 5,5 nos anos finais do ensino fundamental; 5,2 no ensino médio (BRASIL, 2014).

Esta mesma ideia já estava presente no PNE I, naquele momento, era importante "Regularizar o fluxo escolar reduzindo em 50%, em cinco anos, as taxas de repetência e evasão [...]" (BRASIL, 2001) e "Assegurar a elevação progressiva do nível de desempenho dos alunos mediante [...] indicadores do Sistema Nacional de Avaliação da Educação Básica e dos sistemas de avaliação dos Estados e Municípios [...]" (BRASIL, 2001).

Os PNEs ratificam a visão de outros documentos legais que atrelam a qualidade da educação básica à obtenção de notas e fixam metas a serem atingidas no IDEB (Índice de Desenvolvimento da Educação Básica), uma melhra da educação seria caracterizada apenas pelo bom desempenho dos alunos numa avaliação externa com baixa reprovação e evasão.

Neste sentido, Souza e Oliveira (2003) afirmam que a lógica do capital e do mercado passou a influenciar a educação, desta forma valores como competição, ranqueamento e a ideia de qualidade associada a resultados quantitativos foram se tornando centrais nas políticas públicas, em decorrência deste processo, os mecanismos de avaliação se tornaram comuns e associados à ideia de qualidade.

A implantação da avaliação pode ser vista sob dois aspectos: por um lado, ela controla o produto sem se preocupar com o processo, deste modo a "nota" obtida nas provas reflete a qualidade (ou não) da educação. Por outro lado, ela legitima valores importantes dentro da lógica capitalista, isto ocorre por meio da elaboração de rankings que acirram a competição entre uma escola e outra, reforçando a ideia de que nem todas as escolas públicas tem a mesma qualidade (SOUZA; OLIVEIRA, 2003).

Ao atrelar a lógica educacional à do mercado, a primeira saiu perdendo. Na maioria das vezes, em nome de uma "qualidade total" acontece um controle severo que impede a autonomia dos professores, o que enfraquece a própria comunidade escolar. Muitas vezes, o objetivo dos sistemas de ensino passa a ser atingir metas, o que não significa, necessariamente, um aprendizado, uma vez que é possível (e mais barato) treinar estudantes para fazer provas do que desenvolver um ensino que o leve ao pensamento crítico[27].

O controle exercido pela avaliação externa vem acompanhado do desenvolvimento da tecnologia e, por isso, é divulgado como se fosse algo

27 Para maiores detalhes sobre as formas não nobres de se obter boas notas nas avaliações ver Stecher (2002).

moderno, algo que resolverá os problemas da educação e de outras áreas sociais, discurso este que muitas vezes vem reforçado pela mídia.

Para Dias Sobrinho (2002), o campo da avaliação é ao mesmo tempo produto e produtor das relações de poder do sistema educativo. A avaliação ultrapassou "os muros da escola" (DIAS SOBRINHO, 2002, p. 14) e se tornou uma política pública emanada do centro do poder e que produz efeitos em toda a sociedade. Para o autor, a avaliação se tornou um instrumento de controle ou tecnologia do poder. Através de sua pretensa neutralidade, a avaliação impõe as suas regras e seus valores para todo o sistema de ensino, naturalizando a sua lógica excludente, uma vez que ao promover a ideia de ranqueamento evidencia que nem todos podem estar em primeiro lugar e que há escolas públicas de níveis e qualidades diferentes para estudantes também diferentes.

As mudanças estruturais que o capitalismo tem passado explicam as reformas educacionais ocorridas nos últimos anos, o sistema educacional "está sendo submetido às mesmas regras que regem a esfera da produção e do comércio" (TORRES SANTOMÉ, 2003, p. 27), um exemplo prático desta realidade é a redução de investimentos nas áreas educacionais, ou ainda, a falta de recursos para investir na melhoria da qualidade da educação. Dentro deste modelo de Estado, a educação tem um papel fundamental, por isso é importante se manter a estrutura do sistema escolar e controlar os conteúdos trabalhados em sala de aula.

A razão para associar a educação ao mercado é dada por um discurso que defende a ideia de que os níveis escolares estão baixos e que esta queda na qualidade acontece por culpa dos professores que não estão trabalhando os conhecimentos e habilidades valorizados pela nossa sociedade. Os conteúdos adotados por este modelo de Estado têm como base o não questionamento à estrutura da sociedade existente para Torres Santomé (2003), os conteúdos valorizados pelas avaliações externas não devem promover a análise e a avaliação crítica da sociedade, nem buscar mudanças. É importante que o aluno seja alfabetizado e que tenha habilidades necessárias para a sua inserção no mercado de trabalho, mas não é importante que ele desenvolva o raciocínio crítico.

Para o autor, a educação nunca é neutra. Através de tarefas e exercícios, alguns conteúdos são cobrados e outros excluídos, são valorizados alguns pontos de vista e outros negados, algumas habilidades são trabalhadas e outras suprimidas, o que acontece é uma *Walt Disneyzação*, os verdadeiros problemas da sociedade capitalista não são discutidos a contento na escola. Desta forma, cria-se um universo paralelo para os estudantes, sem aprender a refletir sobre a vida real, acompanhado de uma "mcdonaldização", processo através do qual a escola deve trabalhar de forma superficial e homogeneizadora, marcada pela eficiência, por princípios quantitativos e pelo controle rigoroso, por isso há uma tendência a um currículo único e a uma avaliação igual para todos.

> Nesta situação, as metáforas industriais teriam certa razão de ser, pois a diferença entre fabricar carros, lavadoras e televisões e formar pessoas seria mínima. Ambas as instituições fariam com que o mercado exige; as instituições de ensino construiriam pessoas com habilidades e conhecimentos exigidos pelo mercado (TORRES SANTOMÉ, 2003, p. 226).

A avaliação é sempre baseada num determinado currículo, normalmente, unificado, que valoriza um determinado tipo de ser humano, neste caso, um ser humano que possa se tornar consumidor e ser inserido no mercado.

Ao pensar a educação de uma forma mercadológica, a sociedade tem valorizado os conhecimentos que servem ao mercado, por isso há a valorização de algumas disciplinas (como Português e Matemática) e a consequente desvalorização das demais. Valores como solidariedade, responsabilidade e justiça, embora importantes para a construção de um cidadão consciente, são desvalorizados.

Ainda falando da educação básica, é possível perceber a influência da avaliação externa no ensino médio, neste sentido, podemos destacar a meta 3, que postula a ampliação deste nível de ensino, tendo a avaliação externa como uma de suas estratégias e atrelando-a a questão curricular. A avaliação está ligada aos conhecimentos trabalhados na educação básica, ou seja, o que é pedido na avaliação é o que deve ser ensinado nas escolas.

> 3.6) universalizar o Exame Nacional do Ensino Médio - ENEM, fundamentado em matriz de referência do conteúdo curricular do ensino médio e em técnicas estatísticas e psicométricas que permitam comparabilidade de resultados, articulando-o com o Sistema Nacional de Avaliação da Educação Básica - SAEB, e promover sua utilização como instrumento de avaliação sistêmica, para subsidiar políticas públicas para a educação básica, de avaliação certificadora, possibilitando aferição de conhecimentos e habilidades adquiridos dentro e fora da escola, e de avaliação classificatória, como critério de acesso à educação superior (BRASIL, 2014).

Cabe à avaliação decidir o que deve ser trabalhado nas escolas e não o contrário ao estipular uma avaliação única, definimos um currículo único para todo o país, currículo este definido externamente.

Para Natércio Afonso (2009), todo processo de avaliação passa pela existência de padrões de referência que são selecionados e hierarquizados de acordo com o contexto e com a sociedade, na qual a avaliação está sendo disseminada. A escolha por indicadores quantitativos (número de alunos por sala, número de retidos, resultados escolares) depende dos objetivos de quem avalia. No nosso caso, quem tem solicitado as avaliações é o Estado, por isso é ele quem decide o que vem a ser avaliado. Desta forma, a avaliação, embora pareça neutra e imparcial, é subjetiva e tendenciosa, pois as escolhas que são feitas nela conduzem a determinados juízos e resultados.

> [...] não pode ignorar-se que a legitimação da avaliação decorre sobretudo do exercício do poder: avalia quem "pode" avaliar e é avaliado quem "deve" ser avaliado. E quanto mais poder tem quem "pode", mais a avaliação "é" (parece) objectiva (N. AFONSO, 2009, p. 152).

Natércio Afonso (2009) corrobora com as ideias de Madaus (1988) ao afirmar que a avaliação tem um poder simbólico. Para o autor, "na realidade, não há avaliação neutra e objetiva: tem sempre um cliente e uma agenda" (AFONSO, 2009, p. 153).

O autor ressalta que o Estado tem continuado a reforçar o seu poder coercitivo e a incentivar a lógica do mercado por meio da implantação de diversos sistemas de avaliação. Para o autor, as políticas neoliberais e neoconservadoras fundamentaram políticas híbridas, o Estado continuou a exercer seu controle através do currículo e na definição das competências a serem avaliadas, através das avaliações externas.

A crescente proliferação das avaliações externas não se restringe à educação básica. O ensino superior também deve ser avaliado. No primeiro PNE, esta ideia aparecia de modo pouco desenvolvido: "Institucionalizar um amplo e diversificado sistema de avaliação interna e externa que englobe os setores público e privado, e promova a melhoria da qualidade do ensino, da pesquisa, da extensão e da gestão acadêmica [...]" (BRASIL, 2001).

No PNE II, a meta 13 postula que é preciso "elevar a qualidade da educação superior [...]" (BRASIL, 2014). Uma das estratégias recomendadas para cumprir esta meta é o aperfeiçoamento do SINAES (Sistema Nacional de Avaliação da Educação Superior), "fortalecendo as ações de avaliação, regulação e supervisão (Estratégia 13.1)" (BRASIL, 2014). A avaliação aparece, explicitamente, como um instrumento promotor desta qualidade tão almejada.

A avaliação que permeia todos os níveis de ensino também encontra espaço na formação continuada dos professores. Ela é colocada como um dos critérios que deve constar no plano de carreira de cada ente da federação, "avaliação de desempenho" (BRASIL, 2014), palavra-chave que denota a importância da avaliação para o plano de carreira do professor.

A avaliação está presente nos diferentes níveis de ensino e nas diferentes esferas governamentais. Temos avaliações federais, estaduais e municipais. Não é por falta de avaliação que a educação brasileira não vai bem.

A avaliação externa não é boa ou ruim por si só, ela deve ser apenas uma das fontes de informação sobre a realidade do ensino e não uma ferramenta responsável por garantir a sua qualidade. A avaliação externa é uma necessidade do estado democrático e um direito dos cidadãos, mas é necessário que se avalie também as políticas públicas educacionais, como está previsto nos PNEs.

3. Enfim, há uma luz no fim do túnel

O papel do Estado como responsável pelo monitoramento e avaliação da qualidade da educação é visto nos dois PNEs, embora tenhamos percebido que teve maior destaque no segundo. A avaliação propagada nos dois planos se assemelha a um monitoramento. Tal concepção de avaliação favorece a ideia de controle, entretanto, a avaliação externa tem potencial para muito mais.

Ela cumpre um papel fundamental para guiar mudanças no sistema educacional, o que a coloca num ponto de destaque dentro das políticas educacionais e como a primeira coisa a se fazer antes de qualquer intervenção, o importante é pensar as ações a partir dela, e isto não fica claro nos PNEs.

É preciso que a avaliação externa passe a olhar o processo de ensino-aprendizagem e não apenas o produto. Avaliação e exclusão não podem ser parceiros, por isso a visão de qualidade defendida pelo modelo neoliberal e pela nossa legislação, incluindo os PNEs, precisa ser revista. Trata-se de uma visão reducionista e parcial, servindo apenas aos objetivos do mercado, sem a intenção de promover uma escola igualitária para todos, uma vez que se apoia numa pseudoparticipação da comunidade e na obtenção de índices que não levam em conta o processo de ensino, apenas o produto final.

O processo de avaliar tem uma natureza política e para gerar um aumento da qualidade de ensino deve ser integradora. Não pode aparecer desconectada do contexto, ao contrário, a avaliação externa deve ser holística e integrar o sistema de ensino. Para que isto aconteça, deve ser assumida pelos professores. Caso não seja, assumida como prática integrada gerará resistência entre os docentes e produzirá imagens distorcidas da realidade.

A forma como a avaliação externa vem sendo realizada deve ser repensada, por isso é possível e necessário refletirmos sobre alternativas, entre elas, destacamos a autoavaliação que deveria ser desenvolvida na escola continuamente e fornecer dados que poderiam ser analisados juntamente com os da avaliação externa, conforme aponta Nevo (1989a; 1989b; 2006).

Dentro desta concepção holística da avaliação institucional, ela não pode ser reduzida a uns quantos procedimentos técnicos, ainda que sofisticados, orientados por obsessões métricas, por mais imperativas que estas se apresentem, por isso a intersecção das informações advindas das avaliações externas com as da autoavaliação é importante, pois uma complementa a outra.

Isoladamente, a criação de sistemas de avaliação não conduzirá a uma melhoria da educação brasileira, mas em parceria com outras políticas públicas, e a partir da adoção de um papel dialógico, ela pode ser um instrumento bastante útil para uma educação que realmente contribua para uma sociedade mais igualitária e humanista.

REFERÊNCIAS

AFONSO, A.J. Estado, Políticas Educacionais e Obsessão Avaliativa. **Contrapontos**. v. 7, n. 1, p. 11-22. Itajaí, jan/abr 2007.

______. **Avaliação Educacional:** Regulação e Emancipação: para uma sociologia das políticas avaliativas contemporâneas. São Paulo: Cortez, 2009.

AFONSO, N. Avaliação e Desenvolvimento organizacional da Escola. **Revista Meta: Avaliação,** Rio de Janeiro, v. 1, n. 2, p. 150-169, mai./ ago. 2009.

BAUER, A. Usos dos Resultados das Avaliações de Sistemas Educacionais: Iniciativas em curso em alguns países da América. In: **Revista Brasileira de Estudos Pedagógicos**. Brasília, 2010. Disponível em: <http://rbep.inep.gov.br/index.php/RBEP/article/viewFile/1690/1341>. Acesso em: 21 mar. 2012.

BRASIL. **Lei nº 13.005**, de 25 de junho de 2014. Aprova o Plano Nacional de Educação-PNE e dá outras providências. Disponível em: <http://www.planalto.gov.br/CCIVIL_03/_Ato2011-2014/2014/Lei/L13005.htm>. Acesso em: 29 abr. 015.

_____. **Lei n° 10.172**, de 9 de janeiro de 2001. Aprova o Plano Nacional de Educação e dá outras providências. Disponível em: <http://www.planalto.gov.br/ccivil_03/leis/leis_2001/l10172.htm>. Acesso em: 28 abr. 2015.

_____. **Lei n.° 9.394**, de 20 de dezembro de 1996. Estabelece as diretrizes e bases da educação nacional. Disponível em: <http://www.planalto.gov.br/ccivil/LEIS/L8069.htm>. Acesso em: 08 fev. 2012.

_____. **Lei no. 5.697**, de 11 de agosto de 1971. Fixa diretrizes e bases para o ensino de 1º. E 2º. Graus. Disponível em: <http://www.planalto.gov.br/ccivil_03/leis/l5692.htm>. Acesso em: 29 abr. 2015.

DIAS SOBRINHO, J. Campo e Caminhos da Avaliação: a avaliação da educação superior no Brasil. In: FREITAS, L. C. (Org.). **Avaliação:** construindo o campo e a crítica. Florianópolis: Insular, 2002.

FONSECA, M. A Gestão da Educação Básica na Ótica da Cooperação Internacional: um Salto para o Futuro ou para o Passado? In: VEIGA, Ilma P. A; FONSECA, Marília. **As dimensões do projeto político-pedagógico:** novos desafios para a escola. Campinas: Papirus, 2003.

ENGUITA, M. F. O Discurso da Qualidade e a Qualidade do Discurso. In: GENTILI, P. A. A.; SILVA, T. T. (Org.). **Neoliberalismo, Qualidade Total e Educação**. Petrópolis: Editora Vozes, 1994.

MADAUS, G. F. The Influence of Testing on the Curriculum. In: TANNER, L N. **Critical Issues In Curriculum:** Eighty-Seventh Yearbook of the National Society for the Study of Education. Chicago, Illinois: NSSE, 1988.

NEAVE, G. On the cultivation of quality, efficiency and enterprise: an overview of recent trends in higher education in Western Europe, 1986-1988. **European Journal of Education**. v. 23, n. 1-2, p. 7-23, 1988.

NEVO, D. Avaliação por Diálogos: uma contribuição possível para o aprimoramento escolar. In: TIANA, A. (Coord.). **Anais do Seminário Internacional de Avaliação Educacional**. Tradução de John Stephen Morris. Brasília: Instituto Nacional de Estudos e Pesquisas Educacionais (Inep), 1998a.

_____. La Evaluación Mediante el Dialogo: Una Contribución Posible Al Perfeccionamiento de la escuela. In: **Perspectivas**, v. XXVIII, n. 1, marzo 1998b.

_____. Evaluation In Education. In: SHAW, I. F.; GREENE, J.C.; MARK. **Handbook of Evaluation:** Policies, Programs and Practices. London: SAGE Publications, 2006.

SÁ, V. A (auto)avaliação das escolas: "virtudes" e "efeitos colaterais". **Revista Ensaio:** Avaliação Politicas Públicas Educacionais. Rio de Janeiro, v. 17, n. 62, p. 87-108, jan./mar. 2009.

SANTANA, A. C. M.; ROTHEN, J. C. O Conceito de Qualidade Implícito no Discurso que Legítima os Sistemas de Avaliação. In: OLIVEIRA, S.F.P.; SILVA, H.M.G. (Org.). **Educação e políticas públicas:** desafios, reflexões e possibilidades. Franca: Uni-FACEF; UNESP, 2013.

SOUSA, S. Z. L.; OLIVEIRA, R. P. Políticas de Avaliação da Educação e Quase Mercado no Brasil. In: **Educação e Sociedade**, Campinas, 2003. Disponível em: <http://www.scielo.br/pdf/es/v24n84/a07v2484.pdf>. Acesso em: 21 mar. 2012.

STECHER, B. M. Consequences Of Large-Scale, High-Stakes Testing on School And Classroom Practice. In: Hamilton, L.S; Stecher, B. M.; Klein,

S. P. (editors) **Making Sense of Test Based Accountability in Education**. Santa Monica: CA, 2002.

TORRES SANTOMÉ, J. **A Educação em Tempos de Neoliberalismo**. Porto Alegre: Artmed, 2003.

CAPÍTULO V

PLANO NACIONAL DE EDUCAÇÃO (2014-2024): uma análise sobre a visibilidade conferida à temática da diversidade

Marcos Vinicius Francisco[28]
Silvio Cesar Nunes Militão[29]
Andréia Nunes Militão[30]
Fabio Perboni[31]

1. A formulação das políticas públicas educacionais e seus impactos na elaboração do Plano Nacional de Educação (2014-2024)

Analisar o lugar/importância do atual Plano Nacional de Educação (PNE) com vigência de 2014-2024 frente à formulação das políticas públicas requer, preliminarmente, uma conceituação/recuperação histórica, ainda que breve, acerca das políticas públicas.

É lugar-comum o entendimento de políticas públicas como sendo o Estado em ação e a materialidade da intervenção do Estado na sociedade. Como bem explica Höfling (2001, p. 31), "[...] é o Estado implantando um projeto de governo, através de programas, de ações voltadas para setores específicos da sociedade [...]".

Dentro do quadro mais amplo das políticas públicas sociais, aquelas que se voltam para a distribuição dos benefícios sociais visando à diminuição das desigualdades estruturais produzidas pelo desenvolvimento econômico são denominadas de políticas sociais. De maneira mais simples, trata-se do esforço planejado do Estado para redução das desigualdades sociais. Assim, educação, saúde e previdência, dentre outras, são entendidas como políticas públicas de corte social, de total responsabilidade do Estado e de caráter universalista.

28 Universidade do Oeste Paulista. E-mail: marcos_educa01@yahoo.com.br
29 Universidade Estadual Paulista - Presidente Prudente. E-mail: nmsilvio@ig.com.br
30 Universidade Estadual de Mato Grosso do Sul. E-mail: andreiamilitao@uems.br
31 Universidade Federal da Grande Dourados. E-mail: fabioperboni@ufgd.edu.br

Nas sociedades capitalistas, onde o Estado atua como elemento regulador das relações sociais de exploração a serviço da manutenção do *status quo*, as políticas públicas sociais surgiram "a partir das mobilizações operárias sucedidas ao longo das primeiras revoluções industriais" (VIEIRA, 1992, p. 19).

Portanto, antes de traduzirem-se em estratégia governamental, as políticas públicas sociais são antes de qualquer coisa "ganhos conquistados em duras lutas e resultados de processos complexos de relações de forças". Essas políticas "não caem do céu, nem são um presente ou uma outorga do bloco do poder" (FALEIROS, 1991, p. 62).

Na história do capitalismo, em geral, o Estado acaba convertendo parte dos reclamos populares/trabalhistas em políticas públicas sociais, dentro dos limites daquilo que é aceitável para o grupo dirigente do momento.

> [...] as leis sociais não respondem a todas as reivindicações dos movimentos sociais, pois são elaboradas numa complexa relação de forças na qual a burguesia exerce pressão para conceder apenas um mínimo de benefícios, com um mínimo de custos (FALEIROS, 1991, p. 67).

Embora muitos países tenham implantado em diferentes momentos e circunstâncias diversas suas políticas públicas sociais, de acordo com as conjunturas e pressões sociais locais, pode-se afirmar que tal processo generalizou-se após o final da 2ª Guerra Mundial, com o advento do Estado de Bem-Estar Social, que possibilitou aos cidadãos de países muito ou pouco industrializados acesso a direitos sociais básicos: saúde, educação, previdência, dentre outros.

Há que se registrar que as agências regulatórias internacionais, tais como o Banco Mundial (BM) e o Fundo Monetário Internacional (FMI), criadas em 1944, impactaram nesse processo. Embora a primeira tivesse como pressuposto auxiliar na reconstrução e desenvolvimento dos países membros no período pós-guerra e a segunda supervisionar o sistema monetário internacional, a fim de garantir uma estabilidade do sistema cambial, as mesmas cumpriram e ainda cumprem um papel mais amplo. Ao estarem articuladas com a globalização econômica internacional, tais agências direcionam a implementação de políticas, em especial as de cunho educacional. Quando os países fazem acordos ou empréstimos com o FMI são obrigados a assinar uma série de responsabilidades. Na mesma linha, desde meados dos anos de 1990, o BM vem estabelecendo temáticas prioritárias e de cunho economicista sobre as políticas educacionais. O grande problema desses direcionamentos aos países do 3º. mundo é que na maioria dos casos eles são vistos como receituários que cada vez mais estão sendo naturalizados (HADDAD, 2008).

Ainda que não tenha se consolidado na maioria dos países, o Estado de Bem-Estar Social passou a sofrer fortes e crescentes ataques do ideário neoliberal, hegemônico em escala mundial, a partir da década de 1990. Em tal quadro, os governos de inspiração neoliberal, interessados em desincumbir-se do financiamento das políticas públicas sociais colocam então em xeque os direitos sociais universais.

Nesse sentido, torna-se extremamente importante a conquista de espaços, ainda que institucionalizados, para que a sociedade civil também participe da formulação de políticas públicas sociais mais consoantes com suas reivindicações/aspirações históricas, independentemente da conjuntura sociopolítica e do grupo dirigente do momento.

Nessa perspectiva, as conferências se constituem em "[...] processos de formulação de políticas públicas e de acompanhamento de sua implementação, inseridas assim, em processos participativos mais amplos [...]" (QUEIROZ, 2013, p. 60).

No duplo mandato do Presidente Luiz Inácio Lula da Silva (2003/2010), inúmeras conferências foram organizadas, notadamente na educação, entre elas a CONAE/2010, realizada de 28 de março a 1º. de abril em Brasília-DF, sob o tema central "Construindo o Sistema Nacional Articulado de Educação: O Plano Nacional de Educação, Diretrizes e Estratégias de Ação". Contabilizando as etapas municipais, intermunicipais, estaduais e distrital que a precederam, a CONAE/2010 mobilizou cerca de 3,5 milhões de participantes, com 450 mil delegados/as, envolvendo praticamente 2% da população do país, com o objetivo precípuo de participar da definição dos rumos da educação brasileira dos próximos dez anos (BRASIL, 2012).

Sem dúvida, a CONAE/2010 foi um importante acontecimento na vida democrática do país e espaço inédito de interlocução entre o governo e a sociedade civil no campo educacional. Desta feita, resultou o Documento Final da CONAE/2010 (BRASIL, 2010), constituindo-se em importante conjunto de deliberações consensuadas – tanto pelos representantes do governo quanto pelos diversos (e, por vezes, antagônicos) segmentos/setores da sociedade civil que a compuseram.

A profícua parceria entre o governo e a sociedade civil para a formulação de políticas de Estado para a educação nacional, nos diferentes níveis, etapas e modalidades, teve a sua continuidade assegurada com a CONAE/2014. "O PNE na Articulação do Sistema Nacional de Educação: Participação Popular, Cooperação Federativa e Regime de Colaboração". Decorrente desse movimento, no dia 25 de junho de 2014, a presidenta da república Dilma Rousseff sancionou a lei nº. 13.005, por meio da qual aprovou o Plano Nacional da Educação com vigência de dez anos (2014-2024). As dez diretrizes que compõem o documento são:

I. erradicação do analfabetismo;
II. universalização do atendimento escolar;
III. superação das desigualdades educacionais, com ênfase na promoção da cidadania e na erradicação de todas as formas de discriminação;
IV. melhoria da qualidade da educação;
V. formação para o trabalho e para a cidadania, com ênfase nos valores morais e éticos em que se fundamenta a sociedade;
VI. promoção do princípio da gestão democrática da educação pública;
VII. promoção humanística, científica, cultural e tecnológica do país;
VIII. estabelecimento de meta de aplicação de recursos públicos em educação como proporção do Produto Interno Bruto – PIB, que assegure atendimento às necessidades de expansão, com padrão de qualidade e equidade;
IX. valorização dos (as) profissionais da educação;
X. promoção dos princípios do respeito aos direitos humanos, à diversidade e à sustentabilidade socioambiental (BRASIL, 2014, art. 2º.)

Nesse capítulo, elegeu-se o inciso X do art. 2º. com destaque para a temática da diversidade, objeto de análise nesta investigação.

2. O lugar da diversidade nas políticas públicas educacionais

Durante o século XX, as políticas públicas educacionais brasileiras foram marcadas por intensas transformações. Considerando-se o início e o final desse período são notáveis algumas diferenças. No campo educacional houve a ampliação do acesso ao sistema formal de ensino, em especial, por intermédio das novas perspectivas de políticas inclusivas e compensatórias presentes nas práticas internas, bem como na legislação educacional.

Ao analisar de forma mais detida à legislação e a normatização das políticas públicas educacionais, verificam-se avanços significativos que, entretanto, não se apresentam com o mesmo vigor na prática. Cury (2005, p. 12) observa que as "[...] possibilidades e os limites das políticas inclusivas e compensatórias no âmbito da educação básica no Brasil [...]" expressam limites históricos de nossa política educacional.

Nesse sentido, ganha relevo a reflexão do conceito de cidadania, entendida como práticas "[...] que se constroem [em] políticas duradouras em vista de uma democratização de bens sociais, aí compreendida a educação escolar" (CURY, 2005, p. 12). Considera-se que os conceitos de direitos humanos e de cidadania são a base sobre a qual se desenvolvem perspectivas de inclusão e de educação para a diversidade no espaço escolar brasileiro. Ao tratar da inclusão, há que se atentar ao sentido do termo que anseia dar acesso aos excluídos.

Portanto, ao abordar a temática da inclusão faz-se necessário discutir o conceito de igualdade e de direitos. Para Marshall (1967), a igualdade pode ser entendida em três dimensões que historicamente se sucedem: a igualdade civil, a igualdade política e a igualdade social, que juridicamente se materializam como direitos consolidados nas leis.

Para Cury (2005, p. 14-15), as políticas inclusivas podem:

> [...] ser entendidas como estratégias voltadas para a universalização de direitos civis, políticos e sociais. Elas buscam, pela presença interventora do Estado, aproximar os valores formais proclamados no ordenamento jurídico dos valores reais existentes em situações de desigualdade.

Assim, a inclusão se assenta no ordenamento jurídico como direito de todos, se constituindo em política universal promovida pelo Estado, a fim de garantir a igualdade dos cidadãos, especialmente numa sociedade marcada pela desigualdade social e econômica.

Tais políticas podem, noutro sentido, serem voltadas para segmentos específicos da população, entendidos como vulneráveis, constituindo-se, portanto, em políticas focalizadas, ou seja, "tais políticas afirmam-se como estratégias voltadas para a focalização de direitos para determinados grupos marcados por uma diferença específica", não acessíveis a todos os cidadãos, objetivando garantir igualdade e corrigir as desigualdades existentes na realidade (CURY, 2005, p. 15).

Há que se considerar que a decisão entre implantar políticas universais ou políticas focalizadas não se constitui em tarefa simples, pois enquanto as primeiras são acessíveis a todos, as segundas são destinadas apenas aos grupos minoritários selecionados por suas especificidades e vulnerabilidade social. Contudo, ambas têm como objetivo proclamado garantir a igualdade e o direito à cidadania de todos.

Decidir quais grupos sociais e em quais dimensões serão desenvolvidas políticas focalizadas envolve múltiplas definições políticas, administrativas e financeiras, tanto no âmbito governamental como no social, o que requer legitimação social historicamente determinada. Por outro lado, as políticas universais demandam definições da mesma forma complexa, porém necessitam ainda de mais recursos.

Na educação tem-se mais nitidamente a dimensão excludente e desigual entre grupos sociais, étnicos, regionais. Essa questão se torna mais complexa porque se mescla às situações de preconceito e discriminação que "[...] atingiu e continua atingindo negros, índios, migrantes e trabalhadores braçais. Trata-se de uma herança histórica associada a formas específicas de colonização que potencializaram a já existente exclusão maior [...]" (CURY, 2005. p. 22). Outros segmentos podem ser acrescentados a esta lista como o das pessoas com deficiência, comunidade LGBTT (Lésbicas, *Gays*, Bissexuais, Travestis e Transexuais), dentre outras minorias, até então, invisíveis na educação brasileira.

No cenário contemporâneo emerge um posicionamento no sentido de considerar as desigualdades para a definição de políticas públicas, com o objetivo de se atingir uma condição de igualdade e uma educação para a promoção da cidadania. Assim, nas últimas décadas, muitas iniciativas vêm corroborando com esse entendimento, tanto no âmbito do ordenamento jurídico como na agenda dos movimentos sociais organizados, abrangendo a esfera federal e provocando rebatimentos nos sistemas estaduais e municipais.

Em âmbito nacional, a partir da Carta de 1988, foi incorporada fortemente a afirmação dos direitos humanos, levando o Estado brasileiro a um esforço sistemático, orientando a defesa e proteção dos direitos fundamentais. Tais aspectos vêm ampliando progressivamente a inclusão de novos temas em suas preocupações. Dessa forma, a atualidade é marcada por um significativo conjunto normativo e de políticas públicas centradas na proteção e promoção dos direitos humanos (CANDAU, 2012, p. 717).

A ideia de igualdade universalista, característica do Estado de Bem-Estar Social, teve em nosso país muitas lacunas "[...] dando margem à separação da defesa do direito à diferença de sua base fundante no direito à igualdade. Sem esse último, o direito à diferença corre o risco de políticas erráticas e flutuantes ao sabor de cada diferença [...]" (CURY, 2005, p. 29).

Ficam claros os limites que se impõem a uma política social mais ampla e igualitária, alguns inerentes à própria escola e outros que são externos ao seu funcionamento, característicos de uma sociedade desigual.

A questão da diversidade presente na agenda social não se constituiu enquanto preocupação da sociedade e, consequentemente, não se inseriu nas ocupações e ações do Estado. Esse cenário sofreu algumas alterações somente na segunda metade do século passado, momento em que a Declaração Universal dos Direitos dos Homens desencadeou uma série de debates e acordos internacionais dos quais o Brasil foi signatário.

Dentro de um amplo espectro de grupos excluídos pode-se destacar alguns segmentos que passaram a ser priorizados pelo Estado na formulação de políticas públicas, tais como os que visavam eliminar o preconceito étnico-racial. Theodoro (2014) afirma que o racismo naturaliza a desigualdade, além de contribuir para a manutenção e engessamento da hierarquia social, aliado à falta de mobilidade racial que ainda caracteriza o país.

Conforme Theodoro (2014) o Movimento Negro teve atuação destacada, sobretudo a partir dos anos finais da década de 1970, com a criação do Movimento Negro Unificado (MNU) em 1978, frente ao ativismo pela igualdade racial. Entretanto, a bandeira da igualdade racial não foi plenamente assumida pelos demais segmentos organizados da sociedade brasileira naquele momento, a não ser em medidas pontuais em alguns governos ou até mesmo em nível federal. Como exemplos desse processo, destacam-se a criação da Fundação Cultural Palmares em 1988, ligada ao Ministério da Cultura; a Constituição Federal de 1988, que favoreceu iniciativas no campo legislativo, a fim de regulamentar o texto constitucional que na ocasião reconheceu o racismo como crime inafiançável e imprescritível, com destaque para a Lei Caó, aprovada no ano de 1989; e o Grupo de Trabalho Interministerial (GTI) de Valorização da população negra em 1995.

Entretanto, foi apenas nos anos iniciais do século XXI que esta temática se constitui como objeto efetivo de políticas públicas, impactada pela III Conferência Contra o Racismo, a Discriminação Racial, a Xenofobia e Outras Formas de Intolerância, realizada pela Organização das Nações Unidas (ONU) em 2001. Em 2003, o então presidente Lula, cria a Secretaria Especial de Políticas de Promoção da Igualdade Racial (SEPPIR), sendo que a partir de sua criação vários avanços, por intermédio de ações afirmativas foram concretizados. Conforme Theodoro, essa ação induziu a criação de propostas semelhantes em alguns estados e municípios:

> Governos estaduais também criam secretarias de promoção da igualdade racial e centenas de prefeituras municipais, notadamente nas cidades de maior contingente populacional, também estabelecem instâncias municipais congêneres. Esta rede de instituições passou a ser organizada, desde 2010, no Fórum Intergovernamental de Promoção da Igualdade Racial (FIPIR). A instituição do Conselho Nacional da Igualdade Racial, composta por representantes governamentais e não governamentais também constitui marco relevante (THEODORO, 2014, p. 211-212).

Ainda merece ênfase a Conferência Nacional de Promoção da Igualdade Racial (CONAPIR), antecedida das conferências estaduais e locais, já realizada nos anos de 2005, 2009 e 2013. Por fim, destaca-se a criação do Estatuto da Igualdade Racial em 2010, tido como um "[...] instrumento legal que busca consolidar a legislação sobre a temática, além de normatizar a Política Nacional de Igualdade Racial [...]" (THEODORO, 2014, p. 212).

Outro movimento que adquiriu visibilidade, principalmente, a partir da última década do século XX, se refere aos grupos de diversidade sexual. Inicialmente denominado de "movimento gay", sendo que na atualidade há aqueles que o classificam como LGBTTIQ (lésbico, gay, bissexual, transexual, transgênero/travesti, intersexual e queer) (ALTMANN, 2013, p. 72). Todavia, considerando que se trata de um campo de disputas teóricas, assume-se nesse texto a expressão LGBTT, oriunda dos movimentos sociais e empregada no Documento-Referência (DR) da CONAE 2014, como expressão de consenso dos movimentos organizados presentes no Fórum Nacional de Educação (FNE).

No campo educacional, a temática da diversidade sexual também vem se fazendo presente, com o intuito de se garantir não apenas o direito de manifestação da diferença, mas também de criar uma cultura da tolerância ao diferente. Conforme Miranda (2012, p. 369), "[...] identidade, diversidade e diferença são dimensões que compõem o cenário atual das políticas educacionais brasileiras, se não de forma central, de maneira persistente [...]". Neste sentido, a Lei de Diretrizes e Bases da Educação (LDB), lei n. 9.394/1996, aponta que a Educação Básica inclui: a Educação de Jovens e Adultos; Educação Especial; Educação Profissional; Educação Indígena; Educação do Campo e Ensino à Distância.

Apesar desse cenário e do aparente consenso em torno da necessidade do trabalho com a diversidade no contexto escolar, já consignado em acordos internacionais, leis específicas dos sistemas de ensino, do ordenamento maior da educação nacional e dos PCN's, o que se percebe é que na prática ainda existe muito a ser feito.

3. Concepção de diversidade: das Conferências Nacionais de Educação à sanção do Plano Nacional de Educação (2014-2024)

Nesse tópico, a partir das considerações feitas anteriormente, pretende-se analisar os avanços e retrocessos presentes desde o processo de realização das Conferências Nacionais de Educação (CONAEs) nos anos de 2010 e 2014, até à aprovação do Plano Nacional de Educação (2014-2024).

Iniciando pela análise das CONAEs, é condição *sine qua non* enfatizar que no Documento Final da CONAE 2010 a diversidade foi contemplada no eixo intitulado "Justiça Social, Educação e Trabalho: inclusão, diversidade e igualdade". No DR da CONAE 2014, a temática foi abordada no eixo:

"Educação e Diversidade: justiça social, inclusão e direitos humanos". Se na versão de 2010 a diversidade era vista como coadjuvante da "justiça social, educação e trabalho", na versão do documento de 2014 ela aparece abarcando as temáticas contidas no documento anterior. Destaca-se a visibilidade que a temática da diversidade passou a ter.

Embora os dois documentos apresentem os eixos nominados distintamente, ambos são destacados como centrais à educação, devendo os mesmos ser objeto da política educacional. Laplane e Prieto (2010), ao analisarem o documento final (DF) da CONAE/2010, evidenciam que o eixo ora analisado foi constantemente mencionado e articulado aos demais, como condição para a construção do Sistema Nacional de Educação. Por vez, tal articulação foi percebida novamente no DR da CONAE/2014.

O documento de 2010 teve papel fundamental, ao ser pioneiro e contemplar os temas "Justiça Social, Educação e Trabalho: inclusão, diversidade e igualdade", sobretudo porque, embora presentes ao longo do desenvolvimento histórico da esfera educacional, nem sempre foram reconhecidos pelo poder público por meio da formulação e implementação de políticas públicas.

Mesmo que esse reconhecimento tenha sido ampliado e melhor delimitado no DR da CONAE/2014, entende-se que os temas ainda permaneceram aglutinados, uma vez que vários conceitos foram apresentados sem fazer referência aos seus principais teóricos. Também há que se destacar que as mudanças em determinadas terminologias ocorreram a partir da mobilização dos movimentos sociais (feminista, indígena, negro, quilombola, LGBTT, ambientalista, do campo, povos das florestas, das águas, dentre outros), e o documento não conferiu visibilidade a esse processo de conquistas históricas. Entende-se que isso é problemático, pois quando se abre o espaço para a deliberação e participação coletiva envolvendo os vários segmentos da sociedade, torna-se imperioso que as pessoas possam ter clareza do que está sendo discutido, a fim de contribuírem efetivamente e criticamente na construção das políticas de Estado.

No que tange às temáticas abarcadas no DF da CONAE/2010, no eixo "Justiça Social, Educação e Trabalho: inclusão, diversidade e igualdade" apresenta-se um total de 196 propostas. É importante destacar que há uma diferença considerável no número de propostas de uma categoria para outra. Tal aspecto se deve pelo intermédio e pela força política dos movimentos sociais organizados com diferentes níveis de participação na fase final da CONAE/2010. Ressalta-se, ainda, que dentre as 196 propostas existem repetições de propostas que ocupam mais de um item.

Em linhas gerais, conforme Laplane e Prieto (2010, p. 925-926), o DF da CONAE/2010 difunde:

> [...] uma visão que, ao menos no plano da enunciação, admite a necessidade de trabalhar com as diferenças em todos os níveis e modalidade de ensino, de reconhecer e valorizar a diversidade, de transformar os sistemas educacionais em inclusivos, de formar professores na perspectiva da inclusão, de estudar e difundir conhecimentos sobre todos os temas que dizem respeito às diferenças, de alocar recursos financeiros de maneira diferenciada, de acordo com as prioridades preestabelecidas e de atender toda demanda educacional em instituições públicas.

Por vez, no DR da CONAE/2014, o eixo "Educação e Diversidade: justiça social, inclusão e direitos humanos" contêm apenas 41 propostas. Entretanto, a maioria das propostas contempla a diversidade e inclusão dos diferentes segmentos sociais dentro de um mesmo item.

A concepção de diversidade presente no eixo destacado anteriormente no DR da CONAE/2014 objetivou romper com o histórico de invisibilidade destinado às chamadas minorias sociais. O documento explicitou uma concepção de diversidade entendida como "a construção histórica, social, cultural e política das diferenças que se expressa nas complexas relações sociais e de poder" (BRASIL, 2013, p. 28). Nesse sentido, o debate sobre o direito à igualdade se colocou diante do reconhecimento de uma sociedade desigual.

A preocupação em nomear a diversidade e especificar quais são esses grupos esteve presente no DR da CONAE/2014, conferindo visibilidade aos grupos obliterados por uma lógica hegemônica de dominação histórica.

O trato das questões da diversidade se coloca para além "[...] do trato ético e democrático das diferenças, da superação de práticas pedagógicas discriminatórias e excludentes [...]" se constituindo em articulação para "[...] a construção da justiça social, a inclusão e os direitos humanos [...]" (BRASIL, 2013, p. 28). Segundo o DR da CONAE/2014, essa construção se articula com a luta dos movimentos sociais organizados politicamente para a afirmação do direito à diferença, como afirmação da igualdade de direitos.

É importante destacar a emergência de alguns segmentos sociais não contemplados no documento anterior, tais como os povos das florestas, povos das águas, comunidades tradicionais e ciganos. Há que se destacar ainda que o DR da CONAE/2014 amplia algumas concepções do documento anterior. Como exemplo, pode-se mencionar as propostas que contemplam a categoria gênero e diversidade sexual. Ao serem ampliadas e estarem amparadas no Manual de Comunicação da Associação Brasileira de Lésbicas, Gays, Bissexuais, Travestis e Transexuais (ABGLT) trazem à tona a necessidade de construição de uma sociedade democrática, que supere situações de “sexismo, homofobia, lesbofobia e transfobia”, até mesmo porque nenhuma pessoa deverá ser submetida a qualquer forma de coerção, discriminação e violência, tendo em vista sua orientação sexual e identidade de gênero.

Outro exemplo refere-se ao conceito de inclusão que, no Documento Final de 2010, foi apresentado de maneira mecânica e incipiente, como se a educação inclusiva perpassasse apenas pelo acesso, permanência e sucesso na educação básica e superior dos estudantes com deficiência, transtornos globais do desenvolvimento, altas habilidades e superdotação. Com uma visão mais qualitativa, o DR da CONAE/2014 trouxe à tona a concepção de que uma sociedade/escola inclusiva deve agregar todos os segmentos sociais.

Para Mantoan (2006), a sociedade precisa alavancar sua concepção de inclusão e entender que ela não se restringe somente à inserção das pessoas com deficiências à sociedade ou ao espaço escolar. Todavia, é preciso ter cautela com esse tipo de discurso, até mesmo porque em uma sociedade excludente como a capitalista, a desigualdade social e as diferentes formas de apropriação dos bens materiais e saberes produzidos culturalmente e socialmente nunca ocorreram de forma pacífica e homogênea. Daí a importância de não se perder a mobilidade da busca pela transformação social.

Como já destacado, as propostas ao estarem centradas numa concepção que apregoa a importância das políticas públicas de valorização da diversidade e inclusão escolar/social têm como principais focos:

1. Implementar e assegurar que os Decretos, Diretrizes, Leis, Resoluções e recursos disponibilizados pelo Estado contemplem os direitos humanos; as relações étnico-raciais; povos do campo; pessoas com deficiência; povos indígenas, das águas e das florestas; a educação ambiental; a educação quilombola; a Educação de Jovens e Adultos (EJA); as pessoas em situação de privação ou liberdade assistida; as crianças e adolescentes que se encontram em situação de risco ou vulnerabilidade; as questões de gênero e a diversidade sexual; os ciganos; as comunidades tradicionais e os trabalhadores de baixa renda.
2. Garantir a concretização de núcleos de estudo e pesquisa que auxiliem na formação profissional; formação de professores e gestores; bem como na elaboração, disseminação de materiais didáticos e pedagógicos, a fim de que conhecimentos sólidos sejam produzidos sobre cada um dos segmentos sociais destacados no tópico anterior e estejam ao alcance de todos.
3. Oportunizar o acesso e a permanência no ensino público regular e superior para as pessoas com deficiência, negros, indígenas, quilombolas, povos do campo, povos das águas e das florestas,

comunidades tradicionais, gays, lésbicas, bissexuais, travestis, transexuais; crianças e em situação de risco e segmentos menos favorecidos economicamente na sociedade.
4. Implementar políticas de ações afirmativas para a inclusão dos diferentes segmentos historicamente marginalizados e excluídos.
5. Assegurar a oferta da Educação de Jovens e Adultos para aqueles que não puderam ou tiveram dificuldades de frequentar a educação regular, ou ainda que se encontram em privação de liberdade.

O horizonte apontado pelo DR da CONAE (2014) está situado no rompimento com o modelo tradicional de organização social "[...] que nega a diversidade e reforça um determinado padrão de humano: branco, masculino, de classe média, adulto, heterossexual, ocidental e sem deficiência [...]". Nesse modelo tradicional de sociedade a "[...] diversidade é colocada como um problema e não como um dos principais eixos da experiência humana [...]" (BRASIL, 2013, p. 29).

A síntese do DR da CONAE/2014 elaborado para o debate da CONAE/2014 deixou evidente uma visão do processo educacional em que a antiga educação tradicional, elitista e excludente, é, ou deveria ser, de acordo com o documento, substituída por uma educação articulada com a sociedade, por meio de uma prática democrática e participativa. Esse modelo é colocado como forma de superação da violência, da discriminação e da garantia dos direitos.

Denota-se, portanto, que o texto submetido inicialmente à consulta da sociedade civil e da sociedade política já nasce contendo certos avanços em relação ao anterior, tal como destacado no corpo deste texto. Entretanto, sabe-se que como se trata de temáticas em disputa na sociedade, algumas sofreram retrocessos e outras avançaram um pouco mais no PNE (2014-2024) sancionado por meio da lei nº. 13.005, traduzindo as intenções e concepções da sociedade brasileira.

Um exemplo de retrocessos refere-se ao debate sobre as temáticas de gênero e sexualidade, que mesmo após serem proclamadas como fundamentais durante os documentos das CONAEs, no que tange à promoção da igualdade de gênero e de orientação sexual, foram retiradas da lei que aprovou o atual PNE (2014-2024). Houve uma forte pressão de grupos religiosos, aliado aos deputados que compõem a bancada evangélica no Congresso para que toda e qualquer menção a diversidade fosse desvinculada de gênero e sexualidade (MOREIRA et al., 2015).

Na lei que sancionou o PNE (2014-2024), o termo diversidade aparece mencionado em apenas dois momentos, ou seja, nos artigos 2º e 8º, sendo inclusive, minimizado frente à abrangência conquistada durante as CONAEs

(ALMEIDA, 2014). Apresenta-se, assim, a redação dos seguintes artigos para que o leitor possa visualizar um pouco mais esse processo:

> Art. 2º São diretrizes do PNE: [...] X – promoção dos princípios do respeito aos direitos humanos, à diversidade e à sustentabilidade socioambiental.
> Artigo 8º Os Estados, o Distrito Federal e os Municípios deverão elaborar seus correspondentes planos de educação, ou adequar os planos já aprovados em lei, em consonância com as diretrizes, metas e estratégias previstas neste PNE, no prazo de 1 (um) ano contado da publicação desta lei incisos. 1º Os entes federados estabelecerão nos respectivos planos de educação estratégias que: I- assegurem a articulação das políticas sociais, particularmente as culturais; II- considerem as necessidades específicas das populações do campo e das comunidades indígenas e quilombolas, asseguradas a equidade educacional e a diversidade cultural; III- garantam o atendimento das necessidades específicas na educação especial, assegurado o sistema educacional inclusivo em todos os níveis, etapas e modalidades (BRASIL, 2014).

O inciso X do art. 2º deixa claro que o tema da diversidade ficou secundarizado, inclusive, ao ser alocado junto à temática da sustentabilidade ambiental. Por sua vez, os incisos I, II e III do art. 8º, ao referirem-se à diversidade cultural, abarcam apenas as comunidades indígenas e quilombolas e à educação especial, o que se entende como um retrocesso, se comparado ao que vinha sendo anunciado, inclusive no DR da CONAE (2014).

Posteriormente, no texto do anexo que apresenta as vinte metas e respectivas estratégias para a consolidação do PNE (2014-2024), a palavra diversidade apareceu mais seis vezes. Contudo, faz duas referências a importância de se garantir uma diversidade de métodos e propostas pedagógicas no processo de ensino aprendizagem dos alunos e alunas dos diferentes segmentos que compõem os sistemas de ensino. Aparecem ainda nas seguintes estratégias:

> 7.1) estabelecer e implantar, mediante pactuação interfederativa, diretrizes pedagógicas para a educação básica e a base nacional comum dos currículos, com direitos e objetivos de aprendizagem e desenvolvimento dos (as) alunos (as) para cada ano do ensino fundamental e médio, **respeitada a diversidade regional, estadual e local**;
> 7.25) garantir nos currículos escolares conteúdos sobre a história e as **culturas afro-brasileira e indígenas** e implementar ações educacionais, nos termos das Leis nos 10.639, de 9 de janeiro de 2003, e 11.645, de 10 de março de 2008, assegurando-se a implementação das respectivas diretrizes curriculares nacionais, por meio de **ações**

> **colaborativas com fóruns de educação para a diversidade étnico-racial**, conselhos escolares, equipes pedagógicas e a sociedade civil;
> 13.4) promover a melhoria da qualidade dos cursos de pedagogia e licenciaturas, por meio da aplicação de instrumento próprio de avaliação aprovado pela Comissão Nacional de Avaliação da Educação Superior - CONAES, integrando-os às demandas e necessidades das redes de educação básica, de modo a permitir aos graduandos a aquisição das qualificações necessárias a conduzir o processo pedagógico de seus futuros alunos (as), combinando formação geral e específica com a prática didática, além da **educação para as relações étnico-raciais, a diversidade e as necessidades das pessoas com deficiência**;
> 14.14) estimular a pesquisa científica e de inovação e promover a formação de recursos humanos que valorize a **diversidade regional** e a biodiversidade da região amazônica e do cerrado, bem como a gestão de recursos hídricos no semiárido para mitigação dos efeitos da seca e geração de emprego e renda na região (BRASIL, 2014, negritos dos autores).

No que tange aos vários movimentos e/ou segmentos sociais que ganharam visibilidade no DR da CONAE/2014, destacam-se o feminista, o indígena, o LGBTT, o negro, o quilombola, o ambientalista, das populações do campo, dos povos das florestas, dos povos das águas, das comunidades tradicionais e ciganos.

Vale apontar que os povos das águas, povos das florestas e ciganos aparecem nominados como populações itinerantes em três estratégias, ao lado das populações tradicionais, que em linhas gerais visam à alfabetização dessas populações com materiais específicos se necessários e respeitando todas as especificidades que houver, além da oferta da Educação de Jovens e Adultos com a educação profissional, em cursos presencias e à distância. Embora seja pontual a ênfase a esses povos, compreende-se como um avanço, diante de sua invisibilidade recente nas diferentes políticas públicas educacionais do Brasil.

Por fim, constata-se que apenas o movimento feminista e o LGBTT não foram mencionados no PNE (2014-2024). Como destacado acima, a busca pela promoção da igualdade de gênero e de orientação sexual, foi mitigada diante do enfrentamento de grupos religiosos, aliada aos deputados que compõem a bancada evangélica no Congresso. Salienta-se que todo este retrocesso culmina num problema maior, *pari passu*, reforça e naturaliza formas de discriminação e de preconceito instaurados ao longo da história humana.

4. Considerações finais

O presente capítulo teve como objetivo analisar os avanços e retrocessos presentes desde o processo de realização das Conferências Nacionais de Educação em 2010 e 2014, até a aprovação do Plano Nacional de Educação com vigência de uma década (2014-2024) frente à temática da diversidade. Não há como negar os ganhos que o país teve ao aprovar o presente PNE. Contudo, diante das disputas políticas e de grupos organizados socialmente, algumas temáticas que o eixo diversidade contempla avançaram, enquanto outras perderam força e/ou visibilidade no PNE.

A temática da diversidade de maneira geral foi secundarizada, sendo alocada num mesmo inciso com o tema da sustentabilidade ambiental. E, quando o documento menciona a diversidade cultural, abrange apenas as comunidades indígenas e quilombolas, além da educação especial neste processe, o que se entende como um retrocesso, se comparado ao que vinha sendo anunciado, inclusive no DR da CONAE (2014). Anteriormente havia propostas e interlocuções a partir de vários movimentos e/ou segmentos sociais, tais como o feminista, indígena, LGBTT, negro, quilombola, ambientalista, do campo, povos das florestas, povos das águas, comunidades tradicionais e ciganos.

O maior retrocesso ficou por conta do debate sobre as temáticas de gênero e sexualidade, que mesmo após serem proclamadas como fundamentais durante os documentos das CONAEs, no que tange à promoção da igualdade de gênero e de orientação sexual, foram retiradas da lei que aprovou o atual PNE (2014-2024). Este processo, decorrente da pressão de grupos religiosos, em consonância com o posicionamento dos deputados que compõem a bancada evangélica no Congresso invisibilizou toda e qualquer menção às temáticas de gênero e sexualidade.

Entende-se que todo esse processo apenas reforça e naturaliza formas de discriminação, de violência e de desrespeito aos direitos humanos. A diversidade em conformidade com a esfera educacional deve ser o foco das políticas públicas educacionais que anseiam contribuir para a superação de toda forma de fundamentalismo e preconceito instaurados ao longo do desenvolvimento histórico do gênero humano.

REFERÊNCIAS

ALMEIDA, L.C. Avaliação da educação básica e qualidade da educação: comparando o texto da CONAE e do PNE sancionado. In: **Anais do Seminário Internacional do GREPPE.** "Privatização da educação básica na América Latina", IV, 2014, Campinas: Faculdade de Educação da Unicamp, 2014, p. 32-37.

ALTMANN, H. Diversidade sexual e educação: desafios para a formação docente. Sexualidad Salud y Sociedad. **Revista Latinoamericana**, n. 13, p. 69-82, 2013. Disponível em: <http://www.scielo.br/scielo.php?script=sci_arttext&pid=S1984-64872013000100004&lng=pt&nrm=iso>. Acesso em: 11 ago. 2013.

BRASIL. **Lei nº 9.394**, de 20 de dezembro de 1996. Estabelece as diretrizes e bases da educação nacional. Brasília, DF. Disponível em: <http://www.planalto.gov.br/ccivil_03/leis/l9394.htm>. Acesso em: 24 nov. 2014.

_____. **Conferência Nacional de Educação 2014: documento referência**. Brasília, DF: FNE, 2013. Disponível em: <http://fne.mec.gov.br/images/pdf/documentoreferenciaconae2014publicacao_numeraa3.pdf>. Acesso em: 20 ago. 2013.

_____. **Conferência Nacional de Educação (CONAE) 2010**. Construindo o Sistema Nacional Articulado de Educação: o Plano Nacional de Educação, diretrizes e estratégias; Documento Final. Brasília, DF: MEC, 2010. Disponível em: <http://portal.mec.gov.br/conae>. Acesso em: 12 jul. 2010.

CANDAU, V. M. F. Direito à Educação, Diversidade e Educação em Direitos Humanos. **Educação & Sociedade**, v. 33, n. 120, p. 715-726, 2012.

CURY, C. R. J. Políticas inclusivas e compensatórias na educação básica. **Cadernos de Pesquisa**, v. 35, n. 124, p. 11-32, 2005.

FALEIROS, V. P. **O que é política social**. 5. ed. São Paulo: Brasiliense, 1991.

HADDAD, S. **Banco Mundial, OMC e FMI:** o impacto nas políticas educacionais. São Paulo: Cortez, 2008.

HÖFLING, E. M. Estado e políticas (públicas) sociais. **Cadernos CEDES**, v. 21, n. 55, p. 30-41, 2001.

LAPLANE, A. L. F.; PRIETO, R.G. Inclusão, diversidade e igualdade na CONAE 2010: perspectivas para o novo plano nacional de educação. **Educação & Sociedade**, v. 31, n. 112, p. 919-938, 2010.

MANTOAN, M. T. E. Igualdade e diferenças na escola como andar no fio da navalha. **Educação –PUCRS**, v. 58, n. 1, p. 55-64, 2006.

MARSHALL, T. H. **Cidadania, Classe Social e Status**. Rio de Janeiro: Zahar, 1967.

MIRANDA, S. A. Educación escolar quilombola en Minas Gerais: entre ausências e emergências. **Revista Brasileira de Educação**, v. 17, n. 50, p. 369-383, 2012. Disponível em: <http://www.scielo.br/scielo.php?script=sci_arttext&pid=S1413-24782012000200007&lng=pt&nrm=iso>. Acesso em: 11 ago. 2013.

MOREIRA, M. F. S.; et al. A temática da diversidade sexual nas Conferências Nacionais de Educação e seus desdobramentos no Plano Nacional de Educação (2014 -2024). In: COUTINHO, A. S. **CONAE Paraná:** reflexões e provocações - LIVRO 4 – Qualidade da Educação: democratização do acesso, permanência, avaliação, condições de participação e aprendizagem. Curitiba: Editora Appris, ano 2015 (no prelo).

QUEIROZ, A. C. Melhoria da escola pública: financiamento e o II PNE. In: LEITE, Y. U. F.; MILITÃO, S. C. N.; LIMA, V. M. M. **Políticas educacionais e qualidade da escola pública**. Curitiba: CRV, 2013, p. 43-76.

THEODORO, M. Relações raciais, racismo e políticas públicas no Brasil contemporâneo. **Revista de estudos e pesquisas sobre as Américas**, Brasília, v. 8, n. 1, p. 205-219, jan./jun. 2014.

VIEIRA, E. **Democracia e política social**. São Paulo: Cortez, 1992.

CAPÍTULO VI

A DIVERSIDADE ÉTNICO-RACIAL E O NOVO PLANO NACIONAL DE EDUCAÇÃO (2011-2020): desafios para a pedagogia crítica e decolonial

Eugenia Portela de Siqueira Marques[32]

1. Introdução

O texto se propõe a analisar os desafios presentes na educação brasileira para a implementação das políticas educacionais que tem como foco a garantia do direito a diversidade, no contexto do PNE (2011-2020). As metas propostas, embora não contemplem todas as expectativas, são frutos do protagonismo de Movimento Negro Brasileiro que desencadeou fecundas discussões no cenário político administrativo do Brasil, sobre a urgência da adoção de políticas educacionais de promoção da igualdade racial e de enfrentamento ao preconceito, a discriminação racial presente no currículo, nas práticas pedagógicas e no cotidiano escolar.

Na década de 1990 de Movimentos Sociais Negros centralizaram as suas reivindicações por políticas especificas voltadas para a população negra, sem negarem a necessidade de articulação destas, com as políticas de cunho universalistas igualitárias e educação de qualidade para todos. As demandas por garantia de direitos para a população negra passaram a ocupar a pauta oficial do governo e abriram canais para a criação de Conselhos do Negro, órgãos do governo com representação dos movimentos sociais e, especialmente, a inserção do debate sobre a diversidade étnico-racial no Conselho Nacional de Educação. Com a promulgação da Lei nº 10.639/2003, abriram-se novas expectativas no sentido de subverter a lógica hegemônica do conhecimento e possibilitou a discussão sobre a necessidade de superação dos currículos monoculturas por meio dos componentes curriculares História e

32 Universidade Federal da Grande Dourados. E-mail: eumar13@terra.com.br

Cultura Afro-brasileira e, posteriormente, com a inserção da História e cultura indígena, a partir das alterações trazidas pela Lei 11.645/2008.

O reconhecimento da importância de descolonizar[33] o conhecimento e as práticas pedagógicas representou um avanço significativo no campo do currículo, na medida em que instiga outras epistemologias para a educação e a formação de educadores, para romper com a visão homogênea e padronizada de cultura, por meio de diálogo intercultural que identifique e potencialize as concepções das diferenças presentes no cotidiano escolar. Nesse sentido "não se trata de, para afirmar a igualdade, negar a diferença, nem de uma visão diferencialista absoluta, que relativize a igualdade. A questão está em como trabalhar a igualdade na diferença [...]" (CANDAU, 2008, p. 49).

Sob essa ótica, a formação inicial e continuada dos professores, para a decolonização epistêmica, com a visibilidade de outras lógicas (MIGNOLO, 2003), deve ser uma das estratégias que possibilitarão a pedagogia decolonial.[34] O estudo sobre as diferenças culturais de cada povo e de cada etnia para dar sentido e tornar possível a discussão da diferença no cotidiano escolar é o desafio a ser enfrentado na educação brasileira.

O texto se inicia a introdução, em seguida apresentamos uma breve abordagem sobre os avanços das políticas públicas para a igualdade racial e educacional, resultante do processo de luta histórica do Movimento Negro. No segundo subitem, problematizamos as contribuições das legislações educacionais e as contribuições das vertentes teóricas do inter/multiculturalismo na educação; na terceira parte, tecemos algumas considerações sobre os desafios e limites para a implementação das metas de diversidade, previstas no novo Plano.

2. O protagonismo do Movimento Negro Brasileiro por políticas públicas de promoção da igualdade racial

O Brasil se destaca como uma das maiores sociedades multirraciais do mundo e abriga um contingente significativo de descendentes de africanos dispersos na diáspora. Do ponto de vista étnico-racial 50,7% da população brasileira possui ascendência negra e africana, que se expressa na cultura, na corporeidade e na construção da sua identidade. Verifica-se que a autodeclaração dos afro-brasileiros (a soma de pretos e pardos) tem aumentado significativamente, desde o Censo de 1991. Muitos que se autodeclaravam

33 É o repúdio ao colonialismo e à colonialidade que resultou no processo de desumanização dos subalternizados A pedagogia decolonial cruza as vertentes contextuais, do "pensar a partir da" condição ontológico-existencial-racializada dos colonizados e do "pensar com" outros setores populares, são capazes de fazer insurgir, reviver e reexistir (WALSH, 2009).

34 É uma Pedagogia Antirracista por contrapor à geopolítica hegemônica monocultural e monorracial, que busca dar visibilidade à luta dos que foram silenciados pela colonialidade, com suas origens nas Pedagogias dos Movimentos Sociais (ARROYO, 2012).

brancos agora se identificam como pardos, e outros que se autoclassificavam como pardos agora se denominam pretos. Essa mudança pode ser atribuída às políticas afirmativas, de afirmação identitária, pela valorização da raça negra e, consequentemente, ao aumento da autoestima dessa população, no entanto "[...] 'o Brasil ainda é racista e discriminatório'. Não é que da noite para o dia o país tenha deixado de ser racista, mas existem políticas. As demandas [da população negra], a questão da exclusão, tudo isso começou a fazer parte da agenda política" (MARIANO, 2014).

Todavia, as desigualdades entre brancos e negros ainda permanecem em todos os setores da sociedade e na educação, apesar das políticas públicas de promoção da igualdade racial e ações afirmativas, em curso há mais de uma década.

A tendência à universalização do ensino fundamental com a educação obrigatória e gratuita no Brasil teve avanços significativos e beneficiou negros e brancos. Todavia os investimentos na educação, os projetos e programas ainda não foram suficientes para combater a repetência, e consequentemente o atraso escolar entre esses grupos que começa ainda nas primeiras séries do ensino fundamental. Percebe-se que a desigualdade socioeconômica que marca o Brasil também reflete no sistema educacional, na medida em que negros têm processos mais tortuosos na trajetória escolar desde as séries iniciais.

Os estudos sobre fracasso escolar realizado por Louzano (2013) demonstram que:

> [...] diferença no acesso à escola entre brancos e negros diminuiu drasticamente nos últimos anos. De fato, atualmente, no início do processo de escolarização, brancos e negros têm igual acesso à Educação. O processo de exclusão acontece dentro da escola. Quando os estudantes chegam ao segundo ciclo do Ensino Fundamental (6º ao 9º ano), apenas metade dos alunos negros se encontram na idade adequada ao ano em que estão matriculados. Enquanto 7% dos brancos têm mais de dois anos de atraso escolar, entre os negros esse indicador chega a 14%. Portanto, podemos argumentar que a repetência e a evasão dificultam mais o processo de escolarização de algumas crianças brasileiras do que de outras (LOUZANO, 2013, p. 118).

Os dados apontam maior probabilidade de fracasso em função da cor/raça. Os dados da Prova Brasil 2011, aplicada nacionalmente e respondido por 2,3 milhões de alunos do 5º ano mostram essa realidade. No item de reprovação ou abandono da escola, um terço dos alunos declarou que já haviam passado por essa situação. Desses, 43% se autodeclararam pretos, 34% pardos e 27% brancos (LOUZANO, 2013).

Essas dificuldades permanecem em toda a trajetória escolar dos alunos negros e comprovada anualmente pelos institutos de pesquisas oficiais, e, também pelos pesquisadores da área. Dados do IBGE mostram que distorção entre a idade série de estudantes negros e brancos ainda é grande. Enquanto apenas 4,5% dos estudantes brancos de 18 a 24 anos ainda tentam terminar o ensino fundamental e a grande maioria (65,7%) já cursa o ensino superior, 11,8% dos jovens pretos e pardos frequentam o ensino fundamental. A maioria (45,2%) ainda está no ensino médio e 35,8% chegou à faculdade. Isso reflete no ensino superior, pois considerando a faixa etária entre 15 e 24 anos, 31,1% da população branca frequentava a universidade. Em relação aos pardos e pretos, os índices são de 13,4% e 12,8%, respectivamente (IBGE, 2010).

Essa realidade tem sido denunciada pelo Movimento e demonstra que as desigualdades socioeconômicas e educacionais entre brancos e negros provocou, gradativamente, distanciamento do Brasil dos padrões reconhecíveis no cenário mundial como razoáveis em termos de justiça distributiva. A taxa de escolarização entre negros e brancos se mostra equivalente até o término do Ensino Fundamental, a partir do Ensino Médio, ocorre um distanciamento a cada ano, o qual se acentua no Ensino Superior.

Os avanços na educação superior são resultantes dos debates sobre as políticas de ações afirmativas e sobre a necessidade de implementação de políticas públicas voltadas para a inclusão social dos negros, bem como a adesão a estas políticas por parte de muitas universidades federais e estaduais. Contudo a correção da distorção dessa trajetória escolar ainda é um desafio a ser enfrentado.

Nesse contexto, o Movimento Negro teve um papel fundamental e a atuação concretizada entre os inúmeros eventos que marcaram a luta por reconhecimento de direitos. Na década de 1990 de Movimentos Sociais Negros assumem uma nova prática, no sentido centralizar as suas reivindicações por políticas especificas voltadas para a população negra, sem negarem a necessidade de articulação destas, com as políticas de cunho universalistas igualitárias.

A "Marcha Zumbi dos Palmares contra o Racismo Pela Cidadania e a Vida", realizada pelas entidades negras brasileiras, em 20 de novembro de 1995, em Brasília, é reconhecidamente o evento do movimento social mais importante pela inserção das reivindicações na agenda oficial do governo que foram formalmente efetivadas por meio de medidas legais visando à promoção da igualdade racial. A marcha reuniu cerca de trinta mil participantes que entregaram ao então presidente da República Fernando Henrique Cardoso, o "Programa para Superação do Racismo e da Desigualdade Racial".

A instituição do Programa Nacional dos Direitos Humanos, por intermédio do Decreto nº 1.904, de 13 de maio de 1996 é outro marco importante, no qual são propostas inúmeras ações afirmativas em prol da população negra, entre as quais se destacou a formulação de políticas compensatórias que visando a promoção social e econômica (BRASIL, 1996, p. 29).

Outras conquistas alcançadas no âmbito do executivo ocorreram com a criação da Secretaria Especial de Promoção de Políticas de Igualdade Racial (SEPPIR), um órgão federal específico para a promoção da igualdade racial, a criação de conselhos, comissões, programas e a realização de fóruns. O ano de 2005 foi declarado como sendo o ano da Igualdade Racial e no mês de maio foi realizado em Brasília a I Conferência Nacional de Promoção da Igualdade Racial. O documento apresentou seis diretrizes centrais: apoio às comunidades remanescentes de quilombos, implementação de um modelo de gestão das políticas de promoção da igualdade racial, ações afirmativas, desenvolvimento e inclusão social, relações internacionais e produção de conhecimento.

No campo do currículo, destacam-se avanços significativos em 1997 com os Parâmetros Curriculares Nacionais (PCNs), que incluiu a Pluralidade Cultural como um de seus temas transversais, ainda que sem dar o devido tratamento à questão da diversidade étnico-racial. O processo de preparação e mobilização para a 3ª Conferência Mundial contra o Racismo, a Discriminação Racial, a Xenofobia e Formas Correlatas de Intolerância que foi organizada pelas Nações Unidas (ONU) que aconteceu em Durban, na África do Sul em 2001 fortaleceu as entidades do Movimento Social Negro demonstrando a necessidade de se implantar ações afirmativas no Brasil e as políticas de combate ao racismo e as desigualdades étnico-raciais.

O Estatuto da Igualdade Racial (Lei nº 12.288/2010) representou um marco legal da política de promoção da igualdade racial e visa garantir à população negra a efetivação da igualdade de oportunidades, a defesa dos direitos étnicos individuais, coletivos e difusos e o combate à discriminação e às demais formas de intolerância étnica.

Sobre a educação o Estatuto estabelece que:

> Artigo 11 - Nos estabelecimentos de ensino fundamental e de ensino médio, públicos e privados, é obrigatório **o estudo da história geral da África e da história da população negra no Brasil, observado o disposto na Lei no 9.394, de 20 de dezembro de 1996.**
> § 1º. Os conteúdos referentes à história da população negra no Brasil serão ministrados no âmbito de todo o currículo escolar, resgatando

> sua contribuição decisiva para o desenvolvimento social, econômico, político e cultural do País.
> § 2º. O órgão competente do Poder Executivo fomentará a formação inicial e continuada de professores e a elaboração de material didático específico para o cumprimento do disposto no *caput* deste artigo (Grifo nosso).

Apesar de identificarmos avanços significativos para a população negra, especialmente garantidos por meio de legislações, iniciados no octênio de FHC e fortalecidos nos mandatos de Luis Inácio Lula da Silva, a desigualdade entre negros e brancos permaneceu. A ideologia etnocêntrica e hegemônica impôs a colonialidade na educação brasileira por meio de currículos monoculturais que ignoraram as culturas "outras" e ocultaram a presença do preconceito e da discriminação racial no espaço escolar.

3. As vertentes pós-coloniais e a decolonialidade do currículo

Consideramos que a inserção do tema pluralidade cultural nos Parâmetros Curriculares Nacionais (BRASIL, 1997), inserido em todas as áreas do conhecimento no Ensino Fundamental nas escolas públicas brasileiras, representou marco de valorização da questão multicultural no currículo nacional, na perspectiva de construção de uma sociedade democrática e de respeito às diferenças culturais. Apesar dos estudiosos da área criticarem o documento pela abordagem conservadora do multiculturalismo a medida enfoca as diferenças psicológicas diversidade étnica sem considerar os aspectos sociológicos, na perspectiva de homogeneizar as diferenças silenciando-se sobre as desigualdade e diferenças sociais, culturais e étnicas, objetivando-se, assim, a construção de um contexto de consenso.

Embora haja divergência entre alguns autores sobre a implantação das propostas previstas nos Parâmetros Curriculares Nacionais e apesar do alerta para que o documento não se tornasse um discurso ideológico, lacunar do que efetivamente uma proposta curricular deve-se ressaltar que o fato de as questões das diferenças étnicas e raciais constarem em um documento que traçaram as diretrizes pedagógicas significou um grande avanço, pois só é possível criticar o que está materializado.

Portanto, a Pluralidade Cultural tornou-se uma diretriz curricular para a educação brasileira e o Ministério da Educação implementou o programa "Parâmetros em Ação", destinado à formação continuada de professores que objetivou "[...] contribuir para o debate e a reflexão sobre o papel da escola e do professor na perspectiva do desenvolvimento de uma prática de transformação da ação pedagógica. [...]" (BRASIL, 1999, p. 9). O fato de o MEC ter buscado a assessoria de professores espanhóis, que introduziram suas propostas sem uma reflexão consistente e abrangente sobre os saberes escolares e as diferenças presentes na realidade escolar brasileira também foram questionadas pelos estudiosos da educação e pelo Movimento Negro.

A ausência de uma discussão mais abrangente dificultou o aprofundamento e as reflexões necessárias para que os educadores desenvolvessem ação docente crítica e reflexiva, a respeito das questões denunciadas pelo Movimento Negro, principalmente no que tange aos currículos monoculturais, à subalternização da diferença, a discriminação racial e o preconceito. As contribuições trazidas pelos estudiosos do Multiculturalismo e do Interculturalismo possibilitaram inúmeros debates sobre essa lacuna curricular além de reflexões e pesquisas sobre educação e diferenças étnico-raciais na escola e no currículo.

Os estudos sobre multiculturalismo de Moreira (2002), Canen, Oliveira e Franco (2000) e o multiculturalismo crítico ou revolucionário de McLaren (2000) apontaram para a urgência de uma ressignificação da escola e do currículo, como um espaço de reinvenção das narrativas que forjaram as identidades homogêneas e a relevância do debate sobre a invisibilidade dos sujeitos sociais com representação minoritária nos currículos. As contribuições dos estudos sobre o multiculturalismo crítico de McLaren (2000) colocaram à educação o desafio de formar sujeitos-cidadãos conscientes da necessária relação intercultural que favoreça aos sujeitos a se reconhecerem heterogêneos. A educação intercultural propõe o desenvolvimento de "estratégias que promovam a construção de identidades particulares e o reconhecimento das diferenças, ao mesmo tempo em que sustentem a inter-relação crítica e solidária entre diferentes grupos" (FLEURI, 2001, p. 45). Nesse contexto, os estudos que fundamentaram as legislações antirracistas no Brasil objetivaram a superação do monoculturalismo e a visão essencialista de cultura e conhecimentos impostos pela colonialidade que subjulgaram e subalternizaram as minorias culturais e possibilitam a compreensão de que:

> [...] para além da oposição reducionista entre o monoculturalismo e multiculturalismo surge à perspectiva intercultural. Esta emerge no contexto das lutas contra os processos crescentes de exclusão social. Surgem movimentos sociais que reconhecem o sentido e a identidade cultural de cada grupo social. Mas, ao mesmo tempo, valorizam o potencial educativo dos conflitos. E buscam desenvolver a interação e a reciprocidade entre grupos diferentes como fatos de crescimento cultural e de enriquecimento mútuo. Assim, em nível das práticas

> educacionais, a perspectiva intercultural propõe novas estratégias de relação entre sujeitos e entre grupos diferentes. Busca promover a construção de identidades sociais e o reconhecimento das diferenças culturais. Mas, ao mesmo tempo, procura sustentar a relação crítica e solidária entre elas (FLEURI, 2001, p. 48).

O desafio apresentado à educação intercultural é o de compreender a formação de identidades culturais e o processo de integração das diferenças no Brasil, no contexto da luta contra-hegemônica dos Movimentos Sociais pela redução das desigualdades, da exclusão social e da discriminação racial. Ao refletir sobre essas vertentes e sobre o modo como os conhecimentos do colonizador foram legitimados no Brasil, questionamos os modelos teóricos eurocêntricos e as suas metanarrativas que silenciaram outras experiências políticas e epistêmicas dos povos africanos e afro-brasileiros, a partir dos Estudos Pós-coloniais Latino-americanos de Quijano (2005), Mignolo (2008) e Walsh (2008). A mobilização dos Movimentos Negros na luta pela construção de políticas públicas para a promoção da igualdade racial, por meio de políticas afirmativas na educação e de combate ao currículo monocultural, homogeneizado e eurocentrado edificaram um arcabouço jurídico que possibilitou uma desobediência epistêmica para a decolonização dos currículos escolares, por meio do pensamento de fronteira.

Destacamos que a implementação da Lei nº 10.639/2003 abriu caminhos para "olharmos" a cultura afro-brasileira nos espaços coloniais e pós-coloniais e compreender que apesar de subalternizada, os saberes da herança africana foi resistente, ao contrapor-se à hegemonia epistêmica colonial e, desse modo, possibilitou a decolonização curricular, com a visibilidade de outras lógicas (MIGNOLO, 2003). Nesse contexto, apontamos que os documentos elencados, a seguir no (quadro 1), possibilitarão a formação de educadores na perspectiva da interculturalidade Funcional e Crítica, a Educação Intercultural e a Pedagogia Decolonial (WALSH, 2009; CANDAU; OLIVEIRA, 2010).

Quadro 1 - Arcabouço jurídico para a Educação Intercultural e a Pedagogia Decolonial

1 - Lei n° 10.639/2003 que inseriu o ensino de História e Cultura Afro-Brasileira e Africana nos currículos escolares;
2 - Projeto de Lei n° 2.827/2003 que institui a Obrigatoriedade de Incluir o Quesito Cor/Raça nas Fichas de Matrícula e nos Dados Cadastrais das Instituições de Educação Básica e Superior, Públicas.
3 - Resolução CNE/CP n° 01 de 17 de março de 2004 que institui as Diretrizes Curriculares Nacionais para a Educação das Relações Étnico-Raciais e para o Ensino de História e Cultura Afro Brasileira e Africana;
4 - I Conferência Nacional de Promoção da Igualdade Racial: Brasília, 30 de junho a 2 de julho de 2005. Relatório Final. Brasília: Secretaria Especial de Políticas de Promoção da Igualdade Racial (SEPPIR), 2005.
5 - Plano Nacional de Implementação das Diretrizes Curriculares Nacionais para Educação das Relações Étnico-raciais e para o Ensino de História e Cultura Afro-brasileira e Africana. Brasília, MEC 2009.
6 - Documento Final da Conferência Nacional de Educação. Brasília: MEC, 2010.
7 - Estatuto da Igualdade Racial (Lei nº 12.288/2010).

Fonte: Marques (2014, p. 133).

Em relação aos indígenas, a legislação garantiu o direito de serem reconhecidos legalmente em suas diferenças e peculiaridades. A LDBEN nº. 9394/96 (1996) estabelece, em seu artigo 78, a recuperação das memórias históricas, a reafirmação de suas identidades étnicas e a valorização de suas línguas e ciências. A eles devem ser garantidos o acesso às informações e os conhecimentos técnicos e científicos da sociedade nacional e das demais sociedades indígenas e não indígenas.

A inclusão da História e da Cultura Africana, Afro-Brasileira e Indígena no currículo escolar rompeu com o silêncio da escola sobre a subalternização dos saberes dos indígenas e afro-brasileiros e com o mito da democracia racial. Essa inclusão, tensionou os docentes a adotarem práticas pedagógicas interculturais e a refletirem sobre o monocutluralismo que historicamente privilegiou os conhecimentos eurocêntricos por meio de currículos escolares hegemônicos.

4. A diversidade no novo Plano Nacional de Educação: limites e perspectivas

A diversidade tem sido empregada em diferentes legislações e no contexto político brasileiro, desde a década de 1990, no sentido de atender os acordos dos organismos internacionais e às pressões sociais para minimizar as desigualdades abissais presentes na sociedade brasileira.

Todavia, conforme ressalta Gomes (2011),

> Vivemos uma contradição: uma apologia à diversidade e uma prática social estruturada na hierarquização social, no racismo, na desigualdade de renda, na falta de garantia das condições básicas de sobrevivência que incide principalmente sobre uma parcela do povo brasileiro. Ao olhar essas duras condições de vida, sob o prisma da diversidade, veremos que elas incidem ainda de maneira mais intensa sobre determinados coletivos diversos: população LGBT, mulheres, negros, quilombolas, indígenas, pessoas deficiência, povos do campo entre outros. Estamos nos referindo a padrões hegemônicos e elitistas de trabalho, conhecimento, raça, gênero, diferença nos quais o Brasil se estrutura desde a colonização. Trata-se da persistência da colonialidade entre nós, mesmo que colonização, enquanto regime e ordenamento da sociedade, já tenha acabado (GOMES, 2011, p. 246).

Essa contradição é um fator complicador que provoca certa hostilidade no trato da diversidade nas políticas educacionais, que em muitos aspectos é apresentada de forma transversal, isolada ou subalternizada, na medida em que não ocupa o mesmo lugar e prestigio de outras políticas.

O Plano Nacional de Educação é desafiador, na medida em que prevê, na meta 7.25:

> Garantir o ensino da história e cultura afro-brasileira e indígena, nos termos da Lei no 10.639, de 9 de janeiro de 2003, e da Lei no 11.645, de 10 de março de 2008, por meio de ações colaborativas com fóruns de educação para a diversidade étnico-racial, conselhos escolares, equipes pedagógicas e com a sociedade civil em geral (BRASIL, 2014, p. 28).

Para que essa meta se efetive é preciso romper com o currículo monocultural e a afirmação da diferença negra e indígena, como mecanismo de enfrentamento e resistência a pedagogia colonial, ainda presente na escola.

> Esses dispositivos legais entram em confronto direto com o imaginário e as práticas de racismo e com o mito da democracia racial extremamente arraigado no bojo do processo de escolarização e no imaginário de profissionais da educação em todos os níveis da educação brasileira. Esse contexto produz subjetividade, interfere na construção das identidades e autoestima dos sujeitos negros, brancos, indígenas e outros (GOMES, 2012, p. 24).

A formação de professores e o tratamento das temáticas que dizem respeito aos afro-brasileiros e indígenas estão disciplinados nas legislações educacionais, conforme demonstrado anteriormente, todavia é preciso vencer alguns obstáculos relacionados com a obediência epistêmica à matriz colonial, à crença no mito da democracia racial, que permite afirmar não haver racismo no Brasil. Para a formação inicial e continuada de professores, o Plano prevê:

> Meta 15 - Garantir, em regime de colaboração entre a União, os Estados, o Distrito Federal e os Municípios, no prazo de 1 ano de vigência deste PNE, política nacional de formação dos profissionais da educação de que tratam os incisos I, II e III do caput do art. 61 da Lei nº 9.394, de 20 de dezembro de 1996, assegurado que todos os professores e as professoras da educação básica possuam formação específica de nível superior, obtida em curso de licenciatura na área de conhecimento em que atuam. Meta 16 - Formar, em nível de pós-graduação, 50% (cinquenta por cento) dos professores da educação básica, até o último ano de vigência deste PNE, e garantir a todos (as) os (as) profissionais da educação básica formação continuada em sua área de atuação, considerando as necessidades, demandas e contextualizações dos sistemas de ensino (BRASIL, 2014, p. 44-45).

A formação inicial de docentes no Brasil ainda representa um dos grandes entraves na melhoria da qualidade da educação. Assim, a formação continuada de professores representa uma estratégia que possibilita suprir possíveis lacunas deixadas pela formação inicial, possibilitando, ao mesmo tempo, o aperfeiçoamento profissional.

Diante do exposto, cabe às secretarias estaduais e municipais de educação realizarem sistematicamente capacitação dos professores sobre educação e relações étnico-raciais, tais como: cursos, seminários, organização de coordenações ou equipes pedagógicas específicas para cuidar do processo de execução da lei e elaboração, perante os conselhos estaduais e municipais de educação, de diretrizes curriculares estaduais e municipais para pôr em prática a Lei nº 10.639/03 e 11645/2008 entre outras ações. A formação continuada de professores para combater o racismo e a discriminação racial na escola requer a reorientação epistemológica da interpretação da história da África

> [...] tratada em perspectiva positiva, não só de denúncia da miséria e discriminações que atingem o continente, nos tópicos pertinentes se fará articuladamente com a história dos afrodescendentes no Brasil e serão abordados temas relativos: - ao papel dos anciãos e dos gritos

> como guardiãos da memória histórica; - à história da ancestralidade e religiosidade africana; - aos núbios e aos egípcios, como civilizações que contribuíram decisivamente para o desenvolvimento da humanidade; - às civilizações e organizações políticas pré-coloniais, como os reinos do Mali, do Congo e do Zimbabwe; - ao tráfico e à escravidão do ponto de vista dos escravizados; - ao papel dos europeus, dos asiáticos e também de africanos no tráfico; - à ocupação colonial na perspectiva dos africanos; - às lutas pela independência política dos países africanos; - às ações em prol da união africana em nossos dias, bem como o papel da União Africana para tanto; - às relações entre as culturas e as histórias dos povos do continente africano e os da diáspora; - à formação compulsória da diáspora, vida e existência cultural e histórica dos africanos e seus descendentes fora da África; - à diversidade da diáspora, hoje, nas Américas, Caribe, Europa, Ásia; - aos acordos políticos, econômicos, educacionais e culturais entre África, Brasil e outros países da diáspora (BRASIL, 2004, p. 12).

Existem experiências e práticas pedagógicas interculturais sendo implementadas em escolas públicas brasileiras, desde a criação da Lei nº 10.639/2003. Algumas ações estão sendo desenvolvidas no coletivo das escolas, conforme preconiza a Gestão Democrática (LDBEN, 1996), previstas no Projeto Político Pedagógico ou em projetos interdisciplinares, com estudos sobre o Continente Africano, a comemoração do Dia 20 de novembro, Dia Nacional da Consciência Negra, algumas realizam a ressiginificação do Dia 13 de maio e os seus deslocamentos epistêmicos sobre o engodo da abolição; contudo pesquisas apontam para ações individuais e pontuais de docentes, desenvolvidas com NEABS, Movimento Negro e universidades. A diversidade cultural já chegou à escola, entretanto, trabalhar na perspectiva do que preconiza as legislações, ou seja, problematizando as diferenças, ainda aguarda leituras. Percebemos que os professores ainda não dão conta da complexidade posta pela diferença étnica e acabam por optar por esporadicamente contemplar a diversidade cultural em suas práticas pedagógicas. Educar na perspectiva da diversidade cultural e étnica demanda políticas públicas específicas e sobretudo tratamento adequado por parte dos professores. De acordo com dados do IBGE (2012), em 2010, cerca de 36,2% de indígenas residiam em área urbana, o que correspondia a mais de trezentos mil indígenas vivendo nas cidades. Há muitos indígenas que estudam em escolas públicas rurais, de periferias e também em escolas particulares. Isto requer práticas pedagógicas que identifiquem, respeitem e valorizem a diferença.

Afirmamos que o arcabouço jurídico decolonial exige dos docentes conhecerem as formas outras de viver, a relevância dos conhecimentos produzidos pelos povos africanos e indígenas, pois a obrigatoriedade da lei precisa ser alicerçada em princípios didáticos também outros.

Entendemos que não basta tratar a diversidade cultural de nosso país de forma contemplativa e folclorizada. Não basta também elaborar situações didáticas apenas para comemorar, são necessárias intervenções pedagógicas que problematizem as diferentes formas de ser e viver dos povos africanos e indígenas e para que isso aconteça, os docentes precisam de tempo para rever os conceitos aprendidos em seu processo de escolarização.

Walsh (2009, p. 37-38), referindo-se a um "[...] pensar e agir pedagógicos fundamentados na humanização e decolonização [...]" propõe "[...] duas vertentes contextuais [...]": uma "pensar a partir de" e a outra "pensar com". Que sejamos capazes de pensar a escola e seu currículo, tendo-os como espaços interativos de saberes. Tendo esse entendimento, a educação passará a ser percebida:

> [...] como o processo construído pela relação tensa e intensa entre diferentes sujeitos, criando contextos interativos que, justamente por se conectar dinamicamente com diferentes contextos em relação aos quais os diferentes sujeitos desenvolvem suas respectivas identidades, tornam - se ambientes criativos e propriamente formativos [...] (AZIBEIRO; FLEURI, 2010, p. 282-284).

Entendemos que pensar e incluir no currículo escolar temas culturais como a história e a cultura dos povos indígenas e africanos, como propõe a legislação, é abrir caminho para o reconhecimento das diferenças existentes em nossa sociedade. Por meio dessas análises dos processos coloniais, consoante Marques; Calderoni; Moraes, (2014) "o currículo escolar revela-se como uma construção epistêmica e cultural, permeada de relações de poder, ser e saber que acaba por impedir a produção de saberes outros" (MARQUES; CALDERONI; MORAES, 2014, p. 88).

5. Considerações finais

As políticas sobre a diversidade avançaram de forma significativa na última década. O desafio posto é implementar essas políticas num contexto marcado pela colonialidade que se traduz numa educação que historicamente privilegiou a matriz europeia e subalternizou as diferenças indígenas e africanas. De um modo geral são grandes as expetativas em torno da implementação do PNE em curso, no sentido de que "[...] supere as lacunas do primeiro e apresente-se mais sintonizado com as mudanças sociais. Que se configure como política de Estado e não como deste ou daquele governo" (GOMES, 2011, p. 257).

É importante salientar que o discurso em prol da diversidade e a defesa da igualdade racial foram incorporados pela retórica do governo, mas ainda possuem *status* de política de Estado. Diferentemente do Plano (2001-2010), a diversidade não está limitada apenas a uma modalidade de ensino. Todavia, conforme alerta (GOMES, 2011, p. 258), não pode ser transversalizada de forma marginal.

Assim, as mudanças vividas na América Latina e no Brasil, na última década e as insurgências no campo da política e do currículo, arquitetados pelos movimentos sociais e, em especial pelo Movimento Negro, colocam o desafio para a educação de subverter a herança colonizadora, por meio da pedagogia crítica e decolonial a fim de que dialoguem com o passado colonizador e enfrentem a hegemonia epistêmica.

REFERÊNCIAS

ARROYO, M. G. **Outros sujeitos, outras pedagogias**. Petrópolis: Vozes, 2012.

AZIBEIRO, N. E.; FLEURI, R. M. Paradigmas interculturais emergentes na educação popular. In: GARCIA, Regina Leite (Org.). **Diálogos Cotidianos**. Petrópolis: DP/FAPERJ, 2010.

BRASIL. **Estatuto da Igualdade Racial**. Lei 12.288 de 20 de julho de 2010. Disponível em: <http://www.planalto.gov.br/ccivil>. Acesso em: 16 mar. 2014.

_____. **Programa Nacional dos Direitos Humanos**. Decreto Lei nº. 1.904, de 13 de maio de 1996. Disponível em: <http://www2.camara.leg.br>. Acesso em: 21 mar. 2014.

_____. Secretaria de Educação Fundamental. **Parâmetros curriculares nacionais**: introdução aos parâmetros curriculares nacionais / Secretaria de Educação Fundamental. Brasília: MEC/SEF, 1997. 126p.

_____. Secretaria de Ensino Fundamental. Programa de Desenvolvimento Profissional Continuado: Alfabetização/ Secretaria de Ensino Fundamental - **Parâmetros em ação**. Brasília, 1999. 90p. Disponível em: <http://portal.mec.gov.br/seb/arquivos/pdf/pcn_acao/pcnacao_edui inf.pdf>. Acesso em: 18 mar. 2014.

_____. **Lei de Diretrizes e Bases da Educação**: Lei nº 9.394/96, de 24 de dezembro de 1996. Estabelece as diretrizes e bases da educação nacional. Brasília, 1998. Disponível em: <www.planalto.gov.br/ccivil_03/Leis/L9394.htm>. Acesso em: 19 mar. 2014.

_____. Ministério da Educação. Conselho Nacional de Educação. Parecer CNE/CP 003/2004. **Diretrizes Curriculares Nacionais para a educação das relações étnico-raciais e para o ensino da história afro-brasileira e africana**. Brasília: SECAD/ME, 2004.

_____. **Plano Nacional das Diretrizes Curriculares Nacionais para a educação das relações étnico-raciais e para o ensino de história e cultura afro-brasileira e africana**. Brasília: Secad/Seppir, 2009.

_____. **Projeto de Lei n° 2.827/2003**. Institui a Obrigatoriedade de Incluir o Quesito Cor/Raça nas Fichas de Matrícula e nos Dados Cadastrais das Instituições de Educação Básica e Superior, Pública ou privadas, em suas diversas modalidades de ensino. Disponível em: <http://www.camara.gov.br/proposicoes>. Acesso em: 17 mar. 2015.

CANDAU, V. M. Direitos humanos, educação e interculturalidade: as tensões entre igualdade e diferença. **Rev. Bras. Educ.**, Rio de Janeiro, v. 13, n. 37, abr. 2008.

CANEN, A.; OLIVEIRA, R. J.; FRANCO, M. Ética, multiculturalismo e educação – articulação possível? **Revista Brasileira de Educação**, n. 13, p. 113-126, 2000.

FLEURI, R. M. Desafios à educação intercultural no Brasil. **Educação, Sociedade e Cultura**, n. 16, p. 45-62, 2001.

GOMES, N. L. Diversidade étnico-racial, inclusão e equidade na educação brasileira: desafios, políticas e práticas. **RBPAE**, v. 27, n. 1, p. 109-121, jan./abr., 2011.

_____. O Plano Nacional de Educação e a diversidade: dilemas, desafios e perspectivas. In: DOURADO, L. F. (Org.). **Plano Nacional de Educação (2011-2020):** avaliação e perspectivas. Goiânia: Editora UFG; Belo Horizonte: Autêntica Editora, 2011.

_____. GOMES, N. L. (Org.). **Práticas pedagógicas de trabalho com relações étnico-raciais na escola na perspectiva da Lei nº 10.639/03**. Brasília: MEC; Unesco, 2012.

IBGE. Instituto Brasileiro de Geografia e Estatística. **Censo demográfico 2010**. Disponível em: <http://www.ibge.gov.br/home/estatistica/populacao/censo>. Acesso em: 20 mar. 2014.

LOUZANO, P. **Fracasso escolar e desigualdade no Ensino Fundamental**. Olho nas Metas Quinto relatório de monitoramento das 5 Metas do Todos Pela Educação. Editora Moderna, 2013, p. 114-126.

MARIANO, J. **Cresce o número de pessoas que se autodeclaram negras, segundo o IBGE**. Disponível em: <http://www.palmares.gov.br/2012/07/cresce-o-numero-de-pessoas-que-se-autodeclaram-negras-segundo-o-ibge>. Acesso em: 12 fev. 2014.

MARQUES, E. P. de S. Inter/mulculturalidade e formação continuada de educadores: o protagonismo do movimento social negro por uma Pedagogia Decolonial. In: **SÉRIE ESTUDOS**. Periódico do Programa de

Pós-Graduação em Educação da UCDB. Campo Grande -MS, n. 37, p. 1-332, jan./jun. 2014.

_____; CALDERONI, V. A. M; OLIVEIRA, V. A. M.; MORAES, W. C. S. de. Educação e elações étnico-raciais: a formação de professores em contextos pós- coloniais. In: MARQUES, E. P. de S.; MACHADO, V. de M. **Políticas públicas educacionais para a formação inicial e continuada de professores no Brasil**. Curitiba: CRV, 2014, p. 77-100.

MCLAREN, P. **Multiculturalismo crítico**. Tradução de Bebel Orofino Schaefer. São Paulo: Cortez, 2000.

MIGNOLO, W. D. Desobediência epistêmica: a opção decolonial e o significado de identidade em política. **Cadernos de Letras da UFF** - Dossiê: Literatura, língua e identidade, n. 34, p. 287-324, 2008.

_____. **Histórias locais:** projetos globais colonialidade, saberes subalternos e pensamento liminar. Tradução de Solange Ribeiro de Oliveira. Belo Horizonte: UFMG, 2003. 505p.

MOREIRA, A. F. B. Currículo, diferença cultural e diálogo. **Educação & Sociedade**, v. 23, n. 79, p. 15-38, ago. 2002.

OLIVEIRA, L. F. de; CANDAU, V. M. F. Pedagogia decolonial e educação antirracista e intercultural no Brasil. **Educação em Revista**, Belo Horizonte, v. 26, n. 1, abril, 2010.

QUIJANO, A. Colonialidade do Poder, Eurocentrismo e América Latina. In: LANDER, E. (Org.). **A Colonialidade do Saber:** Eurocentrismo e Ciências Sociais. Trad. Júlio César Casarin Barroso Silva. 3. ed. Buenos Aires: CLACSO, 2005, p. 227-278.

WALSH, C. Interculturalidade crítica e pedagogia decolonial: in-surgir, re--existir e re-viver. In: CANDAU, V. M. (Org.). **Educação intercultural na América Latina:** entre concepções, tensões e propostas. Rio de Janeiro: 7 Letras, 2009.

_____. Interculturalidad, Plurinacionalidad y Decolonialidad: Las Insurgencias Político-Epistémicas de Refundar el Estado. **Tabula Rasa**. Bogotá, Colombia, n. 9, p. 131-152, julio-diciembre, 2008.

CAPÍTULO VII

VALORIZAÇÃO DA PROFISSÃO PROFESSOR: dialogando sobre o Plano Nacional de Educação (2014-2024)

Tatiana Pinheiro de Assis Pontes[35]

1. Apresentação

Esse estudo promove reflexões e discussões sobre a organização de políticas públicas para a valorização profissional do professor a partir da análise do Plano Nacional de Educação – PNE – (2014 – 2024)[36].

Busca-se, portanto, inferir considerações sobre os impactos possíveis (ou não) representados por ocasião da aprovação do referido documento na carreira do magistério.

Há que se ter sempre em vista que o PNE traz como objetivo articular o sistema nacional de educação e que nesse intuito foram organizados, no documento, "diretrizes, objetivos, metas e estratégias de implementação para assegurar a manutenção e desenvolvimento do ensino, em seus diversos níveis, etapas e modalidades, por meio de ações integradas das diferentes esferas federativas" (BRASIL, 2014, p. 8). Ou seja, estão reunidos no PNE não apenas metas e objetivos (que podem ficar no plano ideal), mas, concomitantemente, são expostos os caminhos e as ferramentas norteadoras para o alcance de cada um deles. Além disso, e não menos importante, todas as esferas educacionais são colocadas em pauta em prol da efetivação desse PNE.

Entre as temáticas abordadas no PNE, destacamos neste texto as questões sobre *formação de professores e valorização profissional,* reconhecidas como aspectos essenciais no que se refere à busca por melhorias na qualidade da educação escolar no Brasil.

---

35 Secretaria Municipal de Educação de São José do Rio Preto. Doutoranda em Educação pela FCT/UNESP/Presidente Prudente. E-mail: tatiana.pinheiro2@hotmail.com

36 Aprovado em 25 de junho de 2014, a partir da publicação da Lei nº 13.005/2014.

2. Valorização da profissão professor: dialogando sobre o PNE (2014-2024)

No processo de transformações pelas quais a sociedade (no mundo todo) vem passando, ocasionando novas formas de organização, a educação escolar tem encontrado dificuldades enormes para (re) descobrir ou redefinir o seu papel diante das indigências desse novo modelo de sociedade (DI GIORGI, 2004).

O cenário educacional brasileiro já experimentou grandes mudanças, mas não conseguiu, ainda, transcender às críticas recorrentes ao modelo educativo vigente, que se mostra incapaz de cumprir suas tarefas básicas para o cumprimento do seu real papel, que consiste em garantir a formação integral do aluno para que se torne um cidadão emancipado.

Cabe lembrar que, por meio de leis, decretos, emendas, "desde a década de 1930, o Brasil experimentou cinco grandes reformas ou mudanças na estrutura da oferta de educação escolar, que implicaram, também, a ajustes, a alterações ou a reformas curriculares" (OLIVEIRA, 2009, p. 50). Nessas mudanças legais, "observa-se quase sempre preocupação acentuada em ajustar o sistema às transformações em curso no mercado de trabalho" (Ibid.).

Diante dessa afirmação, podemos inferir a concepção de que a função primordial da escola, que deveria ser a de promover a formação integral do ser humano, fica secundarizada, dando lugar central à formação para a geração de capital.

Nóvoa (2002) analisa alguns aspectos decorrentes das reformas na educação brasileira, ressaltando que alguns deles marcaram períodos, que, dividiram-se da seguinte forma:

> Os anos 70 foram marcados pela racionalização do ensino, a pedagogia por objectivos, a planificação. Os anos 80 pelas reformas educativas e pela atenção às questões do currículo. Os anos 90 pela organização, administração e gestão dos estabelecimentos de ensino. Agora, parece ter voltado o tempo dos professores (NÓVOA, 2002, p. 2).

Percebemos que as reformas e/ou medidas instituídas, principalmente nas transições de governos, não conseguiram democratizar o ensino público no Brasil, nem em relação ao acesso e, tampouco, no que diz respeito à qualidade.

Di Giorgi (2004, p. 154) sinaliza que "[...] tudo indica que educar não é apenas difícil, tende a tornar-se impossível [...]". Isto porque, diante de tantas complexidades, o descompasso entre a escola, tal como é atualmente, e o papel formador que ela deveria promover tem sido concretizado pelo que já se convencionou chamar de *fracasso escolar*. As pesquisas acadêmicas têm contribuído para a reflexão sobre esse *status* da educação escolar no Brasil.

Presenciamos ao longo dos anos "tentativas de mudanças", reformas promovidas, mas os resultados no que se refere ao desempenho escolar dos alunos continuam insatisfatórios.

Por meio de um breve rastreamento nessa história (de educação escolar), notamos que a década de 1980, para o Brasil, foi um período, de fato, importante quanto à redefinição de conceitos e de concepções a respeito da educação escolar de melhor qualidade. A busca por melhorias no setor educacional, especialmente na esfera pública, suscitou novos olhares para a temática e em meio aos aspectos considerados essenciais para a evolução e/ou transformação da escola, a questão da *formação de professores* encontrou solo fértil.

Sobre isso, Saviani (2009), *apud* Assis (2014), relembra que esse momento histórico foi marcado por profundos conflitos, principalmente porque havia divergentes interpretações acerca do perfil e do papel do professor, em especial do Pedagogo, e ainda sobre que tipo de instituição seria responsável pela formação/habilitação desse profissional (SAVIANI, 2009).

Podemos dizer que a promulgação da Lei Federal nº 9.394/96 (LDB)[37] na década de 1990 fortaleceu esse cenário de impasses, principalmente quando foi removida dos cursos de Pedagogia a incumbência de formar os professores de educação básica I (AGUIAR, 2009),

No entanto, passou a valer, até o presente momento, o que está regido no artigo 62 da referida lei:

> A formação de docentes para atuar na educação básica far-se-á em nível superior, em curso de licenciatura, de graduação plena, em universidades e institutos superiores de educação, admitida, como formação mínima para o exercício do magistério na educação infantil e nas quatro primeiras séries do ensino fundamental, a oferecida em nível médio, na modalidade Normal (BRASIL, 1996).

Na década de 1990, além de (re) pensar na habilitação profissional do professor, estudos sobre o tema passaram a considerar a necessidade um novo "olhar" acerca do "modelo ideal" do docente a ser formado. Assim, entraram em pauta também às concepções e as ideologias incorporadas ao trabalho pedagógico do professor e a crítica ao modelo da *racionalidade técnica* tornou-se crescente.

37 Lei de Diretrizes e Bases da Educação Nacional de 20 de dezembro de 1996.

A *racionalidade técnica*, em linhas gerais, concebe professor como o especialista em reprodução rigorosa de regras científicas e/ou pedagógicas (SCHÖN, 1992). Em outras palavras, ao professor (o técnico) cabe executar o projeto pedagógico que já está predeterminado.

Na compreensão de Freire (2002), esse modelo pedagógico, que dá corpo à *educação bancária,* ou seja, à prática de transmissão de conteúdos a seres, que se entendem como, desprovidos de conhecimento, contribui para a manutenção dos interesses das ideologias hegemônicas da classe dominante, que, ao que se sabe, busca ocultar verdades e impor a crença no fatalismo neoliberal (FREIRE, 2002, p. 142).

Em oposição a isso e apontando para a transformação da escola, estudiosos[38] passaram a defender a necessidade de superação dessa concepção pedagógica alienadora e um dos caminhos possíveis reconhecido e que se tornou objeto de estudos permeia a temática *formação de professores,* tanto no âmbito inicial como na formação continuada. Isto porque, reconheceu-se que não seria possível pensar em mudar a escola, em mudar a cara dela, como diz Freire (2002) sem investir na formação do professor, permanentemente.

É interessante trazer para o debate os sentidos intrínsecos ao termo *formação*. Para isso, recorremos à Araújo; Moura (2008, p. 76 - 77) que assim explanam,

> A palavra formação, no senso comum, é utilizada para designar um período de instrução escolar ao cabo do qual, via de regra, uma pessoa se forma, ou seja, "ganha uma nova capacitação". Expressões comuns como "sou formada em matemática", "formei-me no ano passado", "qual é a sua formação profissional?" manifestam uma das visões, a de certificação, que podemos atribuir ao termo formação. [...] Em nossa compreensão, a formação situa-se no paradigma do não acabado. [...] A formação – compreendida como aprendizagem permanente – afigura-se como um processo próprio dos seres vivos. Ocorre sempre, ainda que de diferentes formas, com diferentes intencionalidades e com diferentes qualidades.

Ainda nas palavras dos autores, "no que se refere à formação docente, a utilização do conceito de formação encerra dois momentos, costumeiramente nomeados formação inicial e formação contínua" (ARAÚJO; MOURA, 2008, p. 77). Essa concepção demonstra a existência de limitações em cada

38 Entre os estudiosos, podem ser citados: Donald Shön (como o precursor da ideia do profissional reflexivo), Kenneth M. Zeichner, Antônio Nóvoa, Isabel Alarcão, Paulo Freire, Selma Garrido Pimenta, Maria Amélia Santoro Franco, Evandro Ghedin, Henry A. Giroux.

um deles e, até mesmo, uma ruptura, que, assim como os autores, julgamos não existir (ASSIS, 2014).

Entre os termos citados anteriormente, destacamos que Paulo Freire (1991, 2002) utiliza o termo *formação permanente* para representar a continuação de estudos, os momentos de reflexão ou a reflexão contínua, as pesquisas e toda a formação (sem fim) que se faz necessária ao longo da trajetória profissional do professor.

Freire (1991, 2002) defende a essencialidade da *formação permanente de professores* para a evolução profissional e, do mesmo modo, afirma que essa prática é indispensável para a evolução de escola. Para o autor, não é possível pensar numa escola competente sem investir em formação permanente dos professores (FREIRE, 1991).

Concordando com Freire (1991, 2002) e com Araújo; Moura (2008), entendemos que a formação docente não pode ser "encerrada" após a formação inicial, tendo em vista, entre outros fatores, as múltiplas possibilidades de aquisições importantes ao longo da carreira.

Além das construções desenvolvidas no percurso profissional, a formação contínua docente pode contribuir para a formação do profissional emancipado, capaz de intervir na transformação da escola e da sociedade (FREIRE, 2002).

No entanto, pensar nessa questão requer pensar na (re) estruturação de bases sólidas que garantam o desenvolvimento do perfil profissional que se pretende formar. Por isso, as discussões sobre formação docente, principalmente, a partir da década de 1980 passaram a girar em torno dos investimentos fundamentais na carreira do magistério.

Apontando para isso, vale relembrar que, com o final da ditadura militar, em 1985, entre as diversas reformas educacionais que tivemos no Brasil, a promulgação da Constituição Federal (CF, 1988) abriu possibilidades importantes para o investimento na carreira do professor, determinando como um dos princípios do ensino a valorização dos profissionais do magistério, com a garantia de estabelecimento de planos de carreira, de piso salarial nacional, de obrigatoriedade de formação superior para todos os docentes, entre outros (ASSIS, 2014).

Todavia, ao reconhecer as esferas municipais, estaduais e federais como entes federativos, a CF reafirma o princípio da descentralização do campo educacional e de suas bases de desenvolvimento. Nesse cenário, regulamentar as ações de implantação e de implementação de medidas quanto ao investimento na carreira do magistério depende cada vez mais da (re) organização de cada ente federativo.

Sobre isso, Scheibe, 2010 adverte que,

> A inexistência de um Sistema Nacional de Educação no Brasil pode ser uma das razões pelas quais a profissão docente se apresenta, hoje, extremamente diferenciada e fragmentada. Estados e municípios, considerados entes autônomos, conforme a Constituição Federal de 1988, correspondem cada um a um sistema de ensino. Há professores federais, estaduais e municipais; professores concursados e não concursados; professores urbanos e rurais; professores das redes pública e particular e das redes patronais profissionais (Sistema S); e professores titulados e sem titulação. Essa situação origina planos de carreira distintos (ou ausência de planos), salários diferenciados e duplicação de jornada em carreiras diferentes: estadual/municipal; pública/privada; educação básica/educação superior (OLIVEIRA, 2010 *apud* SCHEIBE, 2010).

Revisitando a LDB, nota-se a tentativa de responsabilização de cada sistema de ensino pelo desenvolvimento dos princípios de valorização dos profissionais da educação tanto no que se refere à formação profissional como ao estabelecimento de planos de carreira. A fixação de diretrizes específicas referentes a isso ficou assim estabelecida,

> Os sistemas de ensino promoverão a valorização dos profissionais da educação, assegurando-lhes, inclusive nos termos dos estatutos e dos planos de carreira do magistério público: [...] II – aperfeiçoamento profissional continuado, inclusive com licenciamento periódico remunerado para esse fim; [...] [...] V – período reservado a estudos, planejamento e avaliação, incluído na carga de trabalho (BRASIL, 1996, artigo 67).

Na esteira concernente à valorização profissional, outras iniciadas da União tiveram o intuito de articular o cumprimento dos princípios fundamentais a essa questão. A título de exemplo, podemos destacar a criação do Fundo de Manutenção e Desenvolvimento do Ensino Fundamental e Valorização do Magistério (FUNDEF) pela lei nº 9.424/1996 e posteriormente transformado em Fundo de Manutenção e Desenvolvimento do Ensino Básico e Valorização do Magistério (FUNDEB)[39], regulamentado pela lei nº 11.494/2007. O FUNDEB, com vigência de 2007 – 2020, é proveniente de parcela financeira de recursos federais e da arrecadação de impostos e transferências dos Estados, Distrito Federal e Municípios. Institui a perspectiva de per capita para cada nível da educação básica e oferece beneficiamento exclusivamente à educação básica.

39 Informações sobre o FUNDEB disponíveis em <http://www.fnde.gov.br/financiamento/fundeb/fundeb-apresentacao>.

Outra iniciativa a ser destacada se refere à "Lei do Piso", regulamentada pela lei nº 11738/2008, que estabelece o piso salarial nacional aos profissionais do magistério e ainda normatiza o tempo de atividades pedagógicas em sala de aula que não devem ultrapassar a dois terços (2/3) da jornada de trabalho do professor.

Ademais, em 2009, são fixadas as Diretrizes Nacionais para os Planos de Carreira e Remuneração dos Profissionais do Magistério da Educação Básica (BRASIL/MEC/CNE, 2009).

Nesse ponto da discussão, tentarei direcionar as abordagens em torno de uma questão que parece um tanto óbvia, porém que ainda não foi satisfatoriamente tratada: falar em formação docente e em valorização profissional do professor significa por em pauta questões intrínsecas e complexas. Não é possível pensar na temática X sem avaliar os aspectos da temática Y.

O documento referência da Conferência Nacional da Educação (CONAE) – 2014[40] – destaca que "pensar em valorização dos profissionais da educação requer a discussão articulada entre formação, remuneração, carreira e condições de trabalho" (BRASIL, 2014a, p. 74). Não é possível garantir a valorização do profissional do magistério priorizando apenas um ou outro desses aspectos, pois são indissociáveis.

O mesmo documento introduz essa reflexão reconhecendo que,

> O Brasil tem uma grande dívida com os profissionais da educação, particularmente no que se refere à sua valorização. Para reverter essa situação, as políticas de valorização não podem dissociar formação, salários justos, carreira e desenvolvimento profissional (BRASIL, 2014, p. 74).

Embora no PNE a temática se encontre divida em metas e estratégias, falar em valorização docente significa, com certeza, entre outros aspectos investir na formação inicial e continuada do professor.

Analisando a Meta número quinze, não precisamos de um estudo aprofundado para percebemos que, apesar das determinações legais, a formação inicial em nível superior não é a realidade de todos os professores da educação básica no Brasil.

40 "CONAE 2014 – Conferência Nacional de Educação: O PNE na articulação do sistema nacional de educação: participação popular, cooperação federativa e regime de colaboração", trata-se do documento referência discutido nas Conferências Municipais, Regionais e Estaduais no ano de 2013 e a ser rediscutido na Conferência Nacional de Educação em 2014. Disponível em: <http://conae2014.mec.gov.br/images/pdf/doc_referencia.pdf>.

Confirmando isso, Scheibe, 2010 compartilha que,

> Com base no Censo Escolar de 2007, em estudo recentemente publicado pelo Instituto Nacional de Estudos e Pesquisas Educacionais Anísio Teixeira (INEP) (Brasil/MEC/INEP, 2009), o Brasil contava então com 1.882.961 de professores vinculados à educação básica, dos quais 1.288.688 com nível superior completo (68,4% do total). Destes, pelo menos 10% não possuem curso de licenciatura e um número expressivo de professores, mesmo com licenciatura, não tem a formação compatível com a disciplina que lecionam. É nos anos finais do ensino fundamental, etapa de ensino na qual as matérias começam a ser dadas por professores de áreas específicas e no ensino médio que esta proporção é maior. Os números revelam também que a maior distorção está na área de Ciências Exatas, na qual os profissionais formados nos cursos de licenciatura do país são insuficientes para suprir a demanda.

Buscando sanar essa problemática, o PNE traz como meta número 15,

> garantir, em regime de colaboração entre a União, os estados, o Distrito Federal e os municípios, no prazo de um ano de vigência deste PNE, política nacional de formação dos profissionais da educação de que tratam os incisos I, II e III do caput do art. 61 da Lei nº 9.394, de 20 de dezembro de 1996, assegurado que todos os professores e as professoras da educação básica possuam formação específica de nível superior, obtida em curso de licenciatura na área de conhecimento em que atuam (BRASIL, 2014).

Para que seja alcançada, a meta quinze são propostas estratégias de articulação entre as Gestões de Políticas Públicas, os sistemas de ensino e os profissionais docentes.

Em síntese, as estratégias indicadas para essa meta são:

- Apresentar diagnósticos da necessidade de formação dos profissionais da educação[41] e da capacidade de atendimento pelas instituições de ensino superior em regime de colaboração com os entes federativos.
- Facilitar os estudos dos estudantes de licenciaturas por meio de financiamentos estudantis com possibilidades de amortização do saldo devedor.
- Promover o aprimoramento profissional por meio de incentivo à docência aos estudantes de licenciaturas.
- Organizar a divulgação de ofertas e de matrículas em cursos de licenciaturas por meio de plataformas eletrônicas.

41 Por profissionais da educação a lei considera todos aqueles que estão em efetivo exercício na educação escolar básica, formados em cursos reconhecidos (BRASIL, 2012).

- Implementar programas específicos para formação de profissionais da educação no campo (para indígenas e quilombolas) e para a educação especial.
- Promover a reforma curricular dos cursos de licenciatura e estimular a renovação pedagógica.
- Garantir a plena implementação das respectivas diretrizes curriculares.
- Valorizar as práticas de ensino e os estágios nos cursos de formação de nível médio e superior dos profissionais da educação.
- Implementar cursos e programas especiais para assegurar formação específica na educação superior, nas respectivas áreas de atuação aos docente efetivos e não licenciados em nível superior.
- Fomentar a oferta de cursos técnicos de nível médio e áreas de atuação, dos (as) profissionais da educação de outros segmentos que não os do magistério.
- Implantar política nacional de formação continuada para os(as) profissionais da educação de outros segmentos que não os do magistério.
- Instituir programas que viabilizem a concessão de bolsa de estudos aos professores de línguas estrangeiras em países que tenham como nativo o idioma lecionado.
- Desenvolver cursos voltados à complementação e certificação didático-pedagógica de profissionais experientes.

Organizado em metas e estratégias, o desafio agora aponta para a concretização desse conjunto de princípios considerados fundamentais para a melhoria da qualidade da educação.

Dentro desse objetivo maior, o PNE, em concordância com outros documentos oficiais, assume compromisso com o aprofundamento dessa *formação inicial,* reconhecendo a essencialidade da continuação e/ou aprimoramento da formação profissional. Por isso, a meta de número 16 busca,

> formar, em nível de pós-graduação, cinquenta por cento dos professores da educação básica, até o último ano de vigência deste PNE, e garantir a todos(as) os(as) profissionais da educação básica formação continuada em sua área de atuação, considerando as necessidades, demandas e contextualizações dos sistemas de ensino (BRASIL, 2014).

Nessa intenção, é proposto um conjunto de estratégias, que, de maneira sucinta, apresentamos abaixo para fundamentar a nossa reflexão sobre o assunto. A saber:

- Realizar o planejamento estratégico para a promoção da formação continuada e fomentar a respectiva oferta por parte das instituições públicas de educação superior de maneira articulada aos entes federativos.
- Consolidar política nacional de formação de professores (as) da educação básica, definindo diretrizes nacionais, áreas prioritárias, instituições formadoras e processos de certificação das atividades formativas.
- Favorecer a construção do conhecimento e a valorização da cultura da investigação por parte dos professores por meio do incentivo e da garantia de acesso a acervos bibliográficos diversos.
- Disponibilizar gratuitamente materiais didáticos e pedagógicos suplementares, ampliando e consolidando o portal eletrônico.
- Ampliar a oferta de bolsas de estudo para pós-graduação dos professores (as) e demais profissionais da educação básica.
- Fortalecer a formação dos professores (as) das escolas públicas de educação básica, por meio da implementação das ações do Plano Nacional do Livro e Leitura e da instituição de programa nacional de disponibilização de recursos para acesso a bens culturais pelo magistério público.

Além da temática *formação profissional*, é importante ressaltar que o PNE toca na questão salarial do professor. Esse assunto tem sido cenário de conflitos profundos entre a classe do magistério e os entes federativos há anos.

Sobre isso, está exposto na meta número 17 que PNE buscará

> valorizar os (as) profissionais do magistério das redes públicas de educação básica de forma a equiparar seu rendimento médio ao dos(as) demais profissionais com escolaridade equivalente, até o final do sexto ano de vigência deste PNE (BRASIL, 2014b).

Para o alcance dessa meta, são apresentadas quatro estratégias específicas, que, em linhas gerais, indicam a necessidade de:

- Constituir, por iniciativa do Ministério da Educação, até o final do primeiro ano de vigência deste PNE, fórum permanente, com representação dos entes federativos e dos trabalhadores da educação, para acompanhamento da atualização progressiva do valor do piso salarial nacional para os profissionais do magistério público da educação básica;
- Constituir como tarefa do fórum permanente o acompanhamento da evolução salarial e a divulgação dos resultados pela Fundação Instituto Brasileiro de Geografia e Estatística (IBGE).

- Implementar, no âmbito dos entes federativos, planos de carreira para os (as) profissionais do magistério das redes públicas de educação básica, observados os critérios estabelecidos na lei do piso.
- Ampliar a assistência financeira específica da União aos entes federativos para a implementação de políticas de valorização dos(as) profissionais do magistério, em particular o piso salarial nacional profissional.

Observando essas metas (15, 16 e 17) e analisando brevemente as estratégias indicadas, percebemos criteriosa organização no conjunto de ações a serem postas em prática reciprocamente pelos atores presentes nesse cenário.

No entanto, conforme foi salientado, a CF e mais especificamente a LDB já previam a necessidade investimentos no âmbito da formação dos professores. Além disso, essa discussão foi manifestada no PNE anterior (2001 – 2011), na I CONAE (2010) e mostrou-se de maneira mais sólida no documento referência da II CONAE (2014). Ou seja, o reconhecimento de que investir na carreira do magistério é um aspecto legítimo é ponto comum entre todos os cidadãos brasileiros politicamente esclarecidos, independentemente de serem estudiosos no assunto ou não.

A questão a ser colocada em "estado de alerta" consiste na concretização do que é posto no papel e em discussões sucessivas em eventos e em publicações científicas/acadêmicas. Existe um acervo substancial teorizando e/ou selecionando o que é melhor ou não para a carreira do magistério. Mas, coloca-se em questão as seguintes reflexões:

O que significa concretizar as metas tratadas no PNE? Pensando nas metas 15, 16 e 17, seria somente viabilizar programas de formação inicial e continuada e cumprir a lei do piso salarial?

Reitero, muitos dos princípios, diretrizes, metas e determinações postos no PNE e em outros documentos não conseguiram ainda se efetivar. No entanto, penso que essa questão se torna mais complexa quando pensamos na questão da (co) participação dos atores escolares, nesse caso os professores, no desdobramento desse enredo.

Os estudos sobre as publicações científicas, os documentos oficiais e as legislações, têm contribuído muitíssimo para a reflexão acerca das problemáticas instaladas no histórico caso da profissão docente. No entanto, quando pensamos em todas essas publicações sobre a "vida" dos professores, cabe pensarmos também sobre a (co) participação deles no desenvolvimento das ações a serem concretizadas.

Sacristán (2005) fez importantes advertências em relação às *Tendências Investigativas na Formação de Professores* pelos pesquisadores acadêmicos,

> **A primeira** é de que os professores trabalham, enquanto nós fazemos discursos sobre eles. Não falamos de nossa própria prática mas sobre a prática de outros que não podem falar, que não tem capacidade de fazer discursos. [...] **A segunda** advertência é de que não é possível falar sobre professores, porque entre minha pessoa e um professor do ensino fundamental há muito poucas semelhanças. Diz-se que fazemos o mesmo tipo de trabalho, mas, na realidade fazemos coisas muito diferentes, a preços muito diferentes. [...]. **A terceira** advertência: quando consultamos os repertórios bibliográficos da produção científica em revistas e catálogos que editam livros sobre a nossa especialidade, encontramos o professorado como um dos temas de investigação preferidos. [...]. Suspeito que a maior parte da investigação sobre a formação de professores é uma investigação enviesada, parcial, desestruturada e descontextualizada, que não entra na essência do problema (SACRISTÁN, 2005, p. 81 – 82, grifo nosso).

O autor se refere à ausência de diálogo entre as pesquisas acadêmicas e os professores. Pois, ao que tudo indica, enquanto o professor trabalha no projeto educativo, outras pessoas, com "melhor preparo" e/ou "aptas" para tal função, elaboram, planejam, enfim, idealizam todo o aparelho educacional.

Em relação ao Plano Nacional de Educação, fico a pensar sobre como esse documento tem sido discutido nas escolas de educação básica, seja em momentos espontâneos (como os intervalos) ou em momentos dirigidos dedicados à formação contínua, como em Horário de Trabalho Pedagógico Coletivo (HTPC), por exemplo.

Penso, também, na questão do acesso dos professores em relação ao monitoramento e avaliação periódica pelos quais a execução do PNE deverá ser submetida, conforme consta em seu artigo 5º.

O presente PNE prevê como meta (número 19) "assegurar condições, no prazo de dois anos, para a efetivação da gestão democrática da educação". No entanto, penso que essa questão não seja assim tão simples.

Recorrendo à dissertação de mestrado de Assis (2014), a pesquisadora compartilha que ao investigar um grupo de professoras quanto à avaliação de um determinado programa de formação contínua em serviço do qual fazem parte, o grupo não soube o que responder na entrevista realizada em grupo. Disseram que não tinham conhecimento sobre a ocorrência de avaliação daquele programa e que jamais havia sido perguntado sobre o que achavam do mesmo (ASSIS, 2014).

Segundo consta na referida dissertação, surpresa com as respostas do grupo, a pesquisadora lança a seguinte questão: "Nunca passou pela cabeça de ninguém avaliar se o espaço está sendo proveitoso ou não? O que precisa ser melhorado ou se não precisa?" (ASSIS, 2014, p. 159). E entre outras respostas, segundo a autora, uma professora disse: "Acho que é exatamente o que você falou... Nunca passou pela cabeça de ninguém" (ASSIS, 2014, p. 159).

Ainda nessa discussão, segundo a autora, algumas professoras disseram que esperavam que essa avaliação viesse pronta da Secretaria de Educação.

Na mesma pesquisa, Assis (2014) questiona o grupo de professoras entrevistadas sobre as sugestões que gostariam de lançar às instâncias superiores quanto aos melhoramentos que julgam ser necessários em relação aos momentos de formação contínua na escola. Afinal, quem poderia avaliar melhor um determinado programa de formação profissional se não os próprios profissionais? Mas, a autora relata que entre as respostas, uma lhe chamou muito a atenção. Uma professora disse: "a gente não tem voz" (ASSIS, 2014, p. 165).

A frase acima carrega enorme carga de significados. Podemos traduzir que se trata de um quadro de desesperança por parte dos professores, que diante das adversidades se conformaram com a situação de "ser invisível".

Podemos pensar que o sistema educacional (a qual pertence esse grupo) é opressor e, como tal, não permite a participação dos atores da escola na organização do projeto educativo. O que seria um contrassenso aos princípios da gestão democrática, que se encontra presente nas legislações e nos discursos dos gestores educacionais.

Ainda, é possível concluir que, existem professores conformados com a situação de "oprimidos", talvez porque assumir o papel político do professor emancipado requer a assunção de muitos riscos e isso é muito trabalhoso.

Pensar que não se tem voz pode significar que tal professor não se reconhece como intelectual capaz de transformar realidades.

Diante dessas constatações e voltando à discussão quanto à (co) participação dos professores na execução do PNE, receio que as metas e estratégias lançadas em seu texto não consigam ultrapassar o papel.

Transformar em realidade o que está no texto do PNE pede o que Paulo Freire publicou como "*Pedagogia da Autonomia*", que em linhas gerais significa adotar como Pedagogia o exercício da prática reflexiva, crítica, ética, emancipatória e, portanto, transformadora. Requer que essa postura seja concebida e assumida por todos os atores do Sistema Nacional de Educação, que se quer articulado, segundo esse PNE.

Retomo que, tornar o PNE real transcende a questão do cumprimento dos princípios legais, que, por sua vez, já não é tarefa fácil de ser concretizada. Tornar esse documento possível (na vida real dos professores), em minha compreensão, requer a ressignificação do sentido dos termos *formação* e *valorização profissional.* Até mesmo para se compreender o porquê da discrepância salarial entre o professor da educação básica e outros profissionais com escolaridade equivalente.

3. Considerações finais

Apesar das determinações impostas pelas legislações, ano após ano vemos a classe profissional composta pelos professores da educação básica insatisfeita com as más condições de trabalho, dando cada vez mais corpo a uma história de desvalorização profissional e de precarização da carreira do magistério.

A pesquisa de mestrado de Assis (2014) mostrou que, ao questionar um grupo de professoras de uma escola pública, quanto a sentirem valorizadas, obteve-se como resposta unânime o sentimento de desmotivação/desvalorização profissional, que segundo os relatos do grupo, pode ser confirmado pelos baixos salários, pela falta de apoio e de incentivo quanto à qualificação profissional e pelas más condições de trabalho que o professor é submetido (ASSIS, 2014).

Paulo Freire (2002) adverte quanto à necessidade da classe docente se tornar cada vez mais competente e organizada, pois só assim terá condições lutar por melhores condições dentro da carreira e só assim a educação começará a ter outra "cara".

Concordo com o autor, mas, igualmente, concordo com Fusari (1992, p. 26) quando afirma que "Educadores competentes necessitam, sem dúvida alguma, de condições mínimas de trabalho; dentre elas, a questão salarial é ponto de partida para qualquer discussão de propostas que visem melhorar o ensino brasileiro".

Apontando para a valorização profissional dos profissionais do magistério e para a melhoria da qualidade da educação escolar, o documento do PNE foi organizado e criteriosamente constituído por um conjunto de metas e estratégias a serem executadas no período de dez anos (2014 – 1014), devendo ser submetido a avaliações periódicas para a verificação quanto à execução e o cumprimento.

No entanto, observa-se a existência de duas faces da mesma moeda, que precisa ser contemplada no processo de avaliação mencionado acima. De um lado, existe um conjunto de leis, resoluções, decretos, dentro outros, que compõe um texto e que precisa ser traduzido para o plano da realidade. Do outro lado, existe uma questão de ordem ideológica, isto é, falar em execução do PNE requer ressignificar os conceitos de *formação e* de *valorização profissional*.

Em relação ao conceito de *formação*, além dos professores, que precisam ser bem formados conforme sabemos, a nação brasileira precisa ser formada ou transformada para que todos os cidadãos concebam a educação escolar como um bem de todos. Nessa direção, o PNE precisa ser incorporado nas discussões de toda a sociedada, não se restringindo apenas à avaliação de uma comissão predeterminada.

Dentro desse pressuposto, pensar na formação de professores (inicial e continuada) implica pensar consolidação da consciência crítica e reflexiva desses profissionais frente à realidade educacional e, especificamente, frente a suas concepções de profissão, de formação e de valorização profissional. Torna-se essencial a superação do discurso de conformação e transcendência à "prática de denúncia", que conforme adverte Azevedo (2004) pouco contribui para a construção de novos saberes.

Em relação ao conceito de *valorização profissional*, concordo com Freire (2002) quando diz que essa "luta" necessita da participação popular, ou seja, a nação precisa ser transformada e/ou educada para conceber que só é possível conquistar uma escola alegre e eficaz se os professores forem legitimamente respeitados ao ponto de se sentirem valorizados profissionalmente.

Em minha visão, essa tarefa é no mínimo complexa, pois, conforme adverte Freire (1975), "[...] não é a educação que forma a sociedade de uma determinada maneira, senão que esta, tendo-se formado a si mesma de uma certa forma, estabelece a educação que esta de acordo com os valores que guiam essa sociedade [...]" (FREIRE, 1975, p. 30).

Isso significa que para transformar o modelo de educação que temos atualmente, alguns valores precisam ser ressiginificados, paradigmas precisam ser rompidos e um novo tipo de sociedade precisa ser (re) construído.

Recorrendo a Giroux (1997) e novamente a Freire (2002), os professores precisam se reconhecer como intelectuais emancipados e emacipadores e como pesquisadores inatos. O sentido do termo *formação,* aprendizagem em movimento do ser gnosiológico, deve permear toda a sua trajetória. Essa é a verdadeira formação permanente.

Os espaços escolares precisam ser vistos como ricas oportunidades de formação profissional do professor, pois é lá que a história profissional se constrói e é lá (ou a partir dela) que precisa ser reconstruída.

Freire (2002) sugere que o espaço da escola seja utilizado pelos professores para a sua formação, inclusive para repensarem a eficácia dos movimentos reivindicatórios, como a questão das greves, por exemplo.

Nesse momento histórico, que se configura com a implantação desse PNE, cabe buscar a participação popular em prol da transformação ideológica que cerca as representações sociais dos professores.

É tempo de assumir o aspecto político e transformador que escola detém e, conforme sugere Freire (2002), colocá-la a serviço dos nossos sonhos.

REFERÊNCIAS

AGUIAR, M. A. da S. **Política de Formação de Professores para a Educação Básica no Brasil:** mudanças na agenda. In: DOURADO, L. F. (Org.), Políticas e Gestão: novos marcos regulatórios. São Paulo: Xamã, 2009.

ARAUJO, E. S.; MOURA, M. O. de. Contribuições da teoria histórico-cultural à pesquisa qualitativa sobre formação docente. In: PIMENTA, S. G.; FRANCO, M. A. S. **Pesquisa em Educação**. São Paulo: Edições Loyola. 2008, v. 1.

ASSIS, T. P. de. **Formação Contínua em Serviço:** o olhar do professor. (Dissertação de Mestrado em Tecnologia) Faculdade de Ciência e Tecnologia, Universidade Estadual Paulista. Presidente Prudente. 2014.

AZEVEDO, J. M. L. de A. **A educação como política pública**. 3a. ed. São Paulo: Autores Associados, 2004 (Coleção polêmicas do nosso tempo: v. 56).

BRASIL, **Constituição da República Federativa do Brasil**. Congresso Nacional. Brasília, DF, 1988.

_____. **Lei Federal nº 9.394. Lei de Diretrizes e Bases Nacionais (LDB)**. Congresso Nacional. Brasília, DF, 1996.

_____. **Fundo de Manutenção e Desenvolvimento do Ensino Fundamental e Valorização do Magistério (FUNDEF)**. Lei nº 9.424. Congresso Nacional. Brasília, DF, 1996.

_____. **Fundo de Manutenção e Desenvolvimento do Ensino Básico e Valorização do Magistério (FUNDEB)**. Lei nº 11.494. Congresso Nacional. Brasília, DF, 2007.

_____. **Piso Salarial Profissional Nacional**. Lei nº 11738. Congresso Nacional. Brasília, DF, 2008.

_____. Ministério da Educação. O PNE na articulação do sistema nacional de educação: participação popular, cooperação federativa e regime de colaboração. **Documento-referência da CONAE**. 2014a. Brasília, DF: MEC, 2012. Disponível em: http://conae2014.mec.gov.br/images/pdf/doc_referencia.pdf. Acesso em 13/04/2013.

_____. Ministério da Educação. Plano Nacional da Educação 2014 – 2014. **Lei nº 13.005**. Série Legislação. Congresso Nacional. Brasília, DF: 25 de junho de 2014b.

DI GIORGI, C. A. G. **Uma outra escola é possível:** uma análise radical da inserção social e da democracia na escola no mundo globalizado. Campinas: Mercado de Letras, 2004.

FREIRE, P. **Pedagogia do Oprimido**. Rio de Janeiro: Paz e Terra, 1975.

_____. **A Educação na Cidade**. São Paulo: Cortez, 1991.

_____. **Pedagogia da autonomia**: saberes necessários à prática educativa. 24. ed. São Paulo: Paz e Terra, 2002.

FUSARI, J. C. **A Formação Continuada de Professores no Cotidiano da Escola Fundamental**. Série Ideias, n. 12. FDE. Centro de Referência Mário Covas. São Paulo. 1992, p. 25-33. Disponível em: <http://www.crmariocovas.sp.gov.br/prf_a.php?t=007> Acesso em: 20 out. 2012.

GIROUX, H. A. **Os professores como intelectuais:** rumo a uma pedagogia crítica da aprendizagem. Porto Alegre: Artes Médicas, 1997.

NÓVOA, A. **Formação de professores e trabalho pedagógico**. Lisboa: Educa, 2002.

OLIVEIRA, J. F. de O. Educação Escolar e Currículo: Por que as reformas curriculares têm fracassado no Brasil? In: DOURADO, L. F. (Org.). **Políticas e Gestão:** novos marcos regulatórios? São Paulo: Xamã, 2009, p. 49-71.

OLIVEIRA, J. F. **A articulação entre universidade e educação básica na formação inicial e continuada de professores:** demandas contemporâneas, situação-problema e desafios atuais. 2010, 17p.

SACRISTÁN, J. G. Tendências Investigativas na Formação de Professores. In: PIMENTA, S. G.; GHEDIN, E. (Org.). **Professor Reflexivo no Brasil:** gênese e crítica de um conceito. 3. ed. São Paulo: Cortez, 2005.

SAVIANI, D. Formação de professores: aspectos históricos e teóricos do problema no contexto brasileiro. **Revista Brasileira de Educação**, v. 14, n. 40 jan./abr. 2009. Disponível em: <http://www.scielo.br/pdf/rbedu/v14n40/v14n40a12.pdf> Acesso em: 15 mar. 2012.

SCHEIBE. L. Valorização e Formação dos professores para a Educação Básica: questões desafiadoras para um novo Plano Nacional de Educação. **Educ. Soc.**, Campinas, v. 31, n. 112, p. 981-1000, jul./set. 2010. Disponível em: <http://www.cedes.unicamp.br>.

CAPÍTULO VIII

GESTÃO DEMOCRÁTICA: novas determinações, velhos dilemas

Andréia Nunes Militão[42]

1. Introdução

O presente trabalho propõe-se a discutir as determinações contidas no novo Plano Nacional de Educação (PNE), em especial, aquelas voltadas para a gestão democrática. Considerando-se que o referido plano é tributário de discussões em diferentes níveis e de um longo processo de debates no Congresso Nacional, esse dispositivo legal pode ser considerado resultado de um extenso processo histórico que remonta ao início do século XX, quando se desenvolveu por parte da sociedade a compreensão de que seria necessário um planejamento global, sistemático e de longo prazo como condição para a consolidação de uma educação pública e acessível para todos.

Esta ideia, emblematicamente expressa no Manifesto dos Pioneiros de 1932 teve, desde então, influência sobre o debate educacional brasileiro, ora como denúncia acerca das insuficiências dos sistemas de ensino, marcado por descontinuidades e precariedades, ora como inspiração para novas formulações e práticas de planejamento mais amplas no tempo de duração, na abrangência espacial e também nos diferentes níveis de ensino.

O II PNE, promulgado pela Lei nº 13.005/2014, pode ser considerado como um importante instrumento de planejamento, sucessor de outros planos do mesmo caráter, em especial, do PNE/2001 (Lei nº 10.172/2001). Cabe nesse espaço questionar em que medida esse plano traz novas determinações sobre a efetivação da gestão democrática nas escolas de Educação Básica.

Valendo-se de pesquisa documental e bibliográfica, este texto problematiza as dificuldades em torno da efetivação da gestão democrática, analisando em que medida o novo PNE traz novas contribuições a esse debate. Partimos do questionamento: em que medida decretar a gestão democrática da educação trará novas práticas?

42 Universidade Estadual de Mato Grosso do Sul. E-mail: andreiamilitao@uems.br

Para responder esta questão organizamos o presente texto em seções. Na primeira seção nos debruçamos sobre as dimensões presentes na administração/gestão escolar. Assumimos que a administração/gestão escolar por sua natureza complexa contém de forma indissociável as dimensões técnica, política e pedagógica. Em seguida, tratamos do conceito de gestão democrática, problematizando sua constituição histórica. Na terceira parte analisamos os normativos legais relativos à gestão democrática, em especial, a LDB/1996, o Documento Final da II CONAE e o novo PNE.

2. As dimensões da administração/gestão escolar

A ação dos administradores/gestores escolares é constantemente representada no espaço escolar por meio de dicotomias que evidenciam diferentes concepções e mesmo incompreensões sobre a finalidade do seu trabalho. Essas análises separam sua atuação entre o pedagógico e o administrativo, a dimensão técnica e a dimensão política, entre o respeito às normas ou sua violação, entre outras díades encontradas no cotidiano da atuação dos gestores, que demonstram visões parciais sobre sua atuação.

Rompendo com uma visão maniqueísta, consideramos que não é possível apreender a função do diretor por meio dessas oposições reducionistas, uma vez que compreendemos que esta comporta múltiplas dimensões e grande complexidade.

A questão da ação pedagógica do diretor se apoia na própria definição da especificidade da escola. É importante destacar que essa se constitui numa das principais queixas dos diretores. Segundo estes, o tempo gasto com "exigências burocráticas" faz com que o diretor não possa se dedicar ao pedagógico.

Essa perspectiva desconsidera que a administração da educação tem em si a finalidade pedagógica. Porém os diretores não se veem como agentes ativos da ação pedagógica e podemos dizer que isso se dá porque não se colocam como agentes ativos do processo administrativo, se restringindo a ações de preenchimento de formulários e outros procedimentos como prestação de contas.

Para Sander (2002), a análise das instituições educacionais deve partir de três dimensões: analítico-pedagógico, organizacional e político. Nesse sentido, a administração também deve ser entendida como prática pedagógica, como prática organizacional e como prática política. Conforme o autor:

> O nível pedagógico é de natureza técnica e refere-se aos processos de ensino e aprendizagem. O nível organizacional ou burocrático refere-se à estrutura e funcionamento da instituição educacional. O nível político refere-se às relações entre a escola e o entorno em que ela funciona com suas forças econômicas, políticas e culturais (SANDER, 2002, p. 63).

A *administração como prática pedagógica* constitui-se na primeira dimensão. Na formulação de Sander (2002, p. 64), a existência de "[...] líder intelectual responsável pela coordenação do projeto pedagógico da escola, facilitando o processo coletivo de aprendizagem [...]" seria a função desejada para o administrador escolar. Dessa forma, rompe com a imagem propalada de "[...] profissional preocupado com a ordem, a disciplina, os horários, os formulários e as exigências burocráticas [...]" (SANDER, 2002, p. 64).

Compondo a segunda dimensão da administração da educação, temos como característica possuir uma *natureza organizacional e burocrática*. Para Sander (2002, p. 64-65), "[...] nessa dimensão, a função da administração é atender às necessidades estruturais e burocráticas das instituições educacionais [...]". O autor chama a atenção também para a circulação da ideia "que a rotina e a monotonia da atividade educacional produzem uma espécie de paralisia organizacional [...]. Em consequência, o atual sistema de organização e gestão é incapaz de buscar soluções efetivas para os problemas da educação" (SANDER, 2002, p. 65).

Com relação à dimensão de natureza organizacional e burocrática, o autor supracitado identifica algumas críticas, sendo que "[...] Para muitos observadores, a escola é tão burocratizada que paralisa a criatividade, o julgamento profissional e a inovação [...]". Acrescenta ainda que "[...] a rigidez da burocracia escolar inibe a participação dos pais e membros da comunidade na definição dos destinos da escola e na sua organização e gestão [...]" (SANDER, 2002, p. 65). Para o autor:

> O dirigente não age isoladamente; ao contrário, para ser efetivo, necessita desenvolver parcerias e trabalhar cooperativamente. Como líder intelectual, a função principal do dirigente educacional é desenvolver um clima organizacional propício para a aprendizagem e a construção do conhecimento (SANDER, 2002, p. 66).

A natureza política constitui-se no terceiro da administração da educação. Dessa forma, "[...] refere-se às interfaces da escola com seu entorno externo de caráter econômico, político e cultural [...]" (SANDER, 2002, p. 66). O autor chama a atenção para o afastamento da comunidade nos processos decisórios:

> Analistas do nível político-institucional argumentam que os enfoques organizacional e pedagógico de administração separou as escolas da comunidade e da sociedade. Isso significa que os pais e membros da comunidade não têm tido participação efetiva no processo decisório relacionado com a administração das escolas (SANDER, 2002, p. 66).

Sobre esse tema, até a década de 1980 predominou no debate sobre a Administração Escolar a defesa de que os princípios da Administração Geral deveriam ser aplicados nas organizações escolares. Essa perspectiva tinha como "pressuposto básico de que, na escola, devem ser aplicados os mesmos princípios administrativos adotados na empresa capitalista" (PARO, 2010, p. 187). Transpondo esses pressupostos para a administração/gestão escolar, a função do diretor restringe-se meramente as tarefas de natureza burocrática e a participação se reduz ao seu significado mais restrito, sem influência da comunidade sobre as decisões tomadas. Dessa forma, tentava-se legitimar, a validade dos princípios, métodos e técnicas da Administração Geral para as demais organizações.

Em contraposição a esse discurso se coloca uma crescente descentralização da administração, calcada na afirmativa de que a escola deve ser administrada com a participação coletiva de diferentes segmentos, uma vez que "[...] Todas essas práticas implicam em repensar o papel do dirigente como protagonista pedagógico, organizacional e político da instituição educacional [...]" (SANDER, 2002, p. 67). Cabe indagar em que sentido se concebe a participação, que pode ser fundamentalmente diferente a depender dos referenciais utilizados.

Paro (2010, p. 15) identifica duas posições divergentes no debate acerca da Administração Escolar no Brasil: uma que abarca a "defesa dos procedimentos administrativos na escola sob a forma de adesão ao emprego, aí, dos princípios e métodos desenvolvidos e adotados na empresa capitalista"; e outra que expressa "a negação da necessidade e conveniência da própria administração na situação escolar".

Como expressão da primeira perspectiva, Sander (2002, p. 61) observa que "[...] especialmente nas agências internacionais de crédito, as palavras-chaves que definem a orientação intelectual no campo da organização e da gestão da educação são eficiência e produtividade".

Com relação à segunda perspectiva problematizamos a produção de Paro (2010), que discute a especificidade da administração escolar, diferenciando-a da Administração Geral. Essa especificidade se encontra na finalidade educacional da escola que a torna uma instituição que não pode ser comparada com uma "empresa capitalista".

Assim, em um sentido abstrato "a administração é a utilização racional de recursos para a realização de fins determinados" (PARO, 2010, p. 25). Dessa forma, pode existir uma prática administrativa espontânea, na qual o uso dos recursos é feito à medida que é necessário sem uma visão consciente do processo, ou uma administração reflexiva com consciência dos sujeitos que participam do processo racional de utilização dos recursos. Paro (2010,

p. 43-44) considera que "Em termos históricos, essa autoconsciência prática da administração não aparece imediatamente acabada na vida dos homens, surgindo somente como decorrência de um longo desenvolvimento histórico da práxis humana".

Portanto, é válido afirmar que a atividade administrativa, enquanto utilização racional de recursos para atingir determinados fins, sempre fez parte da história da humanidade, o que não quer dizer que é uma prática imutável, ao contrário ela é resultado de diferentes tipos de organização da sociedade, historicamente dada. Assim,

> A recuperação desse caráter instrumental de *toda* administração é de importância decisiva para o exame da atividade administrativa em nossas escolas, já que, somente a partir desta perspectiva, é possível conceber a possibilidade de uma Administração Escolar voltada para a transformação social (PARO, 2010, p. 185).

Considerando a escola como uma organização cujo fim é a educação, seu funcionamento depende fundamentalmente da concepção de educação de que comunga. Em essência, esta pode ser restrita a uma formação técnica e instrumental ou ampliada para uma formação integral do indivíduo.

3. Gestão democrática

Para compreender os sentidos da gestão democrática torna-se necessário recuperarmos, ainda que de forma sucinta, o debate que envolve o uso dos termos gestão e administração escolar. Para Gracindo e Kenski (2001, p. 204):

> Os termos gestão da educação e administração da educação são utilizados na literatura educacional ora como sinônimos, ora como termos distintos. Algumas vezes gestão é apresentada como um processo dentro da ação administrativa, em outras, seu uso denota a intenção de politizar essa prática. Apresenta-se também como sinônimo de 'gerência' numa conotação neo-tecnicista e, em discursos mais politizados, gestão aparece como uma 'nova' alternativa para o processo político-administrativo da educação.

Desse debate é que derivam diferentes significados para os termos de "gestão escolar" e "administração escolar", e embora comportem outros significados em países como Portugal, no Brasil a administração educacional foi associada as práticas do período da ditadura militar e seu uso foi substituído pelo termo da gestão, acompanhado pelo adjetivo democrática, cunhando assim o princípio da gestão democrática como uma das bases para a administração das escolas. Porém, a acepção de gestão também adquiriu conotação negativa quando usada nos debates educacionais, uma vez que está associada à gestão empresarial. Para Silva Júnior (2002, p. 203), "A mercadorização da gestão educacional é especialmente agravada por uma impregnação seletiva da lógica empresarial que a envolve". O autor reforça, ainda, que:

> [...] A subordinação da gestão ao critério economicista faz com que este possa ser dispensado até de sua coerência interna: o que vale para a administração empresarial como requisitos mínimos de organização pode ser substituído pela "criatividade gerencial" inata ou construída de um bom "gestor" de escola. Por isso mesmo, espera-se desse gestor que concentre sua atenção nos problemas de manutenção da escola, remetendo a outras instâncias a preocupação com a qualidade do processo de ensino que se desenvolve em seu interior (SILVA JUNIOR, 2002, p. 204).

A Associação Nacional de Política e Administração da Educação (ANPAE) procurou "ressignificar o termo administração da educação como o conjunto das políticas, planejamento, gestão e avaliação da prática social técnica e pedagógica, reconhecendo que a administração da educação está intrinsecamente ligada à prática educativa, possuindo um forte compromisso social" (GRACINDO; KENSKI, 2001, p. 205).

Guilherme Silva (2006, p. 37) identifica no contexto português "[...] o conceito de administração, agregando as funções de gestão e direcção, tem o sentido mais amplo". Conforme o autor:

> [...] as funções de direcção e de gestão, entendida esta como a conjugação das funções de organização, recrutamento de pessoal, coordenação, informação, etc., são efetivamente distintas e representam diferentes funções administrativas abrangidas pelo conceito mais amplo de administração. Neste quadro, a direcção ocupa-se principalmente da definição de políticas, de valores e de orientações gerais, ao passo que a gestão é predominantemente a execução daquelas políticas e orientações, a organização dos elementos humanos e materiais, a coordenação e a avaliação, por forma a realizar os objetivos fixados pela direcção (SILVA, 2006, p. 35-36).

Na atualidade, o termo gestão foi ressignificado a partir do conceito de autogestão, para traduzir o termo inglês *management*, substituindo-se o gerenciamento "no intuído de atenuar o caráter hierarquizante e centralizador que este termo parecia possuir". Gerente, culturalmente se associa ao poder pessoal e individual, enquanto "o termo gestão admitiria, assim certa ambiguidade, o que permitiu o desenraizamento de sua origem" (RISCAL, 2009, p. 63).

Contudo, a literatura da área demonstra que gestão é mais associada ao setor privado para a maior parte dos países. No caso do Brasil essa característica tem várias nuances: as expressões "gestão democrática", "gestão educacional" e "gestão escolar" estão associadas as atividades administrativas específicas da educação. Busca-se um distanciamento do termo "administração", que historicamente, entre nós, foi associada às atividades de administração geral e de administração de empresas.

Considerando essa multiplicidade adotamos no corpo do texto a expressão administração/gestão escolar ao nos referenciarmos a direção da escola e gestão democrática ao tratar dos processos participativos da administração da escola.

A concepção de democracia aplicada à administração/gestão escolar é algo relativamente recente em nossa legislação. No âmbito da legislação federal, muito se avançou, consolidou determinações que perpassam os normativos legais, estabelecendo a democratização da gestão escolar em diferentes sentidos, embora restrita à educação pública. No entanto, visualiza-se na prática um cenário de dificuldades para a efetivação de tais dispositivos legais.

Assumindo que o conceito de gestão democrática abarca três dimensões – ampliação do acesso, gestão administrativa e democratização pedagógica –, podemos considerar que essa perspectiva se consolida na década de 1980 como ideal de democratização, materializada na legislação, nas formulações acadêmicas e também nas práticas formativas.

No Brasil, o acesso à escola por parte das camadas populares e sua consequente democratização ocorreu somente no final do século XX. Na perspectiva da democratização do ensino, Hora (1994, p. 34-35) define que as análises têm se detido em três aspectos "[...] democratização como ampliação do acesso à instituição educacional; democratização dos processos pedagógicos e democratização dos processos administrativos".

Entendemos que, em geral, esse processo tem se concentrado na ampliação do acesso à instituição educacional, não alcançando as demais características, que ainda constituem-se num grande desafio a ser enfrentado, pois a real democratização do espaço escolar deve contemplar obrigatoriamente estas três dimensões.

Embora os municípios e estados, seguindo a legislação federal, estipulem normas e consagrem na legislação que regulamenta seus sistemas de ensino os princípios da gestão democrática, vários estudos (SANDER, 2007; PARO, 2006; GARCIA, 1991) têm demonstrado que existem uma série de dificuldades para que estas determinações surtam os efeitos esperados na prática cotidiana das escolas. Nesse sentido, torna-se necessário compreender que a implantação de uma gestão democrática não é um processo fácil e que não ocorre de modo espontâneo.

Diante da complexidade do fenômeno educacional gestado desde o período colonial, a administração educacional foi tratada por meio de concepções reducionistas, geralmente, excludentes e polarizadas. Para superar estas limitações torna-se necessário conceber a administração como fenômeno complexo e global com múltiplas dimensões analíticas articuladas simultaneamente entre si.

Conforme observado por Paro (2007), o papel do professor é fundamental para que essa nova concepção de mundo e, portanto, de educação, seja consolidada. O autor indica que é necessário levar em conta a "concretude das práticas escolares", no sentido de "não perder de vista as mediações necessárias" para se concretizar um projeto de escola pública.

Paro (2007) destaca o "papel da estrutura didática e administrativa" como um elemento pouco considerado na perspectiva de uma qualidade de educação que privilegie a formação do cidadão atuante numa sociedade. A estrutura de organização e funcionamento da escola tem se constituído num modelo avesso à participação e a emancipação intelectual dos alunos, dos professores e dos gestores.

Paro (2006, p. 43-50) aponta a existência de vários condicionantes internos que representam tanto potencialidades como obstáculos à participação na gestão da escola pública que envolve as "condições de trabalho ou os condicionantes materiais da participação". Para o autor, as dificuldades de funcionamento da escola, seja por falta de estrutura adequada ou falta de pessoal suficiente levam a uma ação constante de remediar estas dificuldades, consumindo o tempo e as energias que poderiam ser dispêndios em ações para efetivar a gestão democrática.

Um segundo aspecto envolve os "condicionantes institucionais", representado pela organização formal da escola, como a distribuição da autoridade em seu interior como, por exemplo, a presença do diretor como elemento autoritário e o caráter formalista e burocrático atribuído às APM e Conselhos de Escola.

O terceiro ponto envolve os "condicionantes político-sociais: os interesses dos grupos dentro da escola" mostram que pais, funcionários, professores, possuem interesses imediatos que nem sempre coincidem. É de se esperar que estes interesses contraditórios se explicitem radicalmente ao se iniciar um processo de democratização da escola, sem uma consciência mais ampla e busca de objetivos coletivos não é possível superar estas contradições imediatas. Por último, destaca os "condicionantes ideológicos da participação", entendidas como "concepções e crenças sedimentadas historicamente na personalidade de cada pessoa e que movem suas práticas e comportamentos no relacionamento com os outros" (PARO, 2006, p. 47).

Para a efetivação destas transformações, torna-se necessário superar ações individualizadas. Ao contrário, tornam-se prementes ações que incidam sobre a própria instituição, que valorize a autonomia da escola e incentive firmemente a assunção de um modelo de gestão democrática.

A discussão sobre a concepção de administração/gestão escolar é fundamental para compreendermos a partir de qual referencial podemos perceber as finalidades do trabalho do diretor escolar que alheio a este debate convive diariamente com diferentes demandas que partem da comunidade escolar como um todo (pais, alunos, professores) da sociedade em geral (exigências e questionamentos sobre a eficiência ou adequação da escola e de seu trabalho) e também da administração dos sistemas de ensino (regulamentação, normas e diretrizes para seu trabalho).

Na perspectiva atual, a visão dos gestores da escola como agentes administrativos dentro da lógica do sistema capitalista leva a um processo em que as dificuldades são analisadas de forma descontextualizada, atribuindo-se suas causas a questões meramente administrativas como "incompetência de pessoas e grupos envolvidos, decisões incompatíveis com a solução" (HORA, 1994, p. 18).

Esta perspectiva contribui para que o diretor se torne "mero repassador de ordens, burocrata atado atrás das mesas, assinando papéis de pouco significado para a educação, 'capataz de limpeza e organização' do prédio escolar, sendo obrigado a cumprir e fazer cumprir programas educacionais que continuadas vezes não levam em conta o conhecimento da realidade e as necessidades daquela comunidade escolar" (HORA, 1994, p. 19), o que o descaracteriza da condição de sujeito.

A potencialidade de uma escola transformadora está diretamente vinculada à mudança no sistema de autoridade e de distribuição do trabalho no interior da escola. O papel do diretor da escola nos moldes anteriores à Constituição Federal de 1988 e à LDB/1996 estava marcado por uma visão autoritária, se constituindo como "o chefe" da instituição escolar, este foi ressignificado e deve estar pautado por relações democráticas que tenham como norte a participação.

O debate em torno da função do diretor escolar passa também pela discussão sobre a natureza do mesmo, como um cargo ou uma função. Se assumirmos que se trata de uma "função" temos que "reconhecer que tal ofício é para ser desenvolvido por um trabalhador da educação detentor do cargo docente e que, temporariamente, ocupa a função de dirigente escolar"

(SOUZA, 2010, p. 1). Se entendermos como um "cargo", estaremos assumindo que é necessário ter um perfil técnico e não político.

Essa perspectiva "supõe a direcção escolar como um trabalho eminentemente técnico, cuja forma legal adequada de suprimento é o concurso público, conforme estabelece a Constituição Federal" (art. 37). Por outro lado, considera-se que "[...] a direção escolar é predominantemente um fazer ocupado pela política educacional/escolar, cujas atribuições esperadas no sujeito que ocupa tal função não são identificáveis mediante provas e títulos, como se faz em um concurso público [...]" (SOUZA, 2010, p. 1-2).

Destarte a função de diretor vem sendo apropriada de forma política pelo sistema de ensino, sobretudo, "quando transfere a ele a função de gerente, de controlador do trabalho escolar" (PARO, 1995, p. 96).

Outra dimensão que envolve o trabalho do diretor de escola é a

> [...] discussão sobre a natureza do trabalho do diretor escolar, que poderia apresentar outra contradição, tem a ver com as faces administrativa e pedagógica da função. Ou colocando de outra forma: o diretor é um coordenador pedagógico geral da escola, ou o diretor é o administrador escolar, no sentido mais estrito do termo? (SOUZA, 2010, p. 2).

Prossegue este autor,

> Mas, de outro lado, há também as relações com o Estado, o qual parece exigir uma carga intensa de tarefas administrativas dos dirigentes escolares. Ou ainda, como os produtos e resultados do trabalho pedagógico são de difícil avaliação e, por isso, sobre eles recai talvez menor controle do poder público, a preocupação do Estado acaba residindo de forma mais evidente sobre os aspectos burocráticos, mais controláveis. Mas não parece fazer sentido qualquer trabalho ou tarefa do diretor escolar que estejam, em algum grau, desarticulados das razões pedagógicas da escola, ou, em outras palavras, se a função do diretor se centra nas razões pedagógicas da escola, como poderiam ser-lhe atribuídas tarefas que dificultam dar conta desses objetivos? Ao que parece não há contradição entre as atividades administrativas *stricto sensu* e as atividades de coordenação pedagógica que são desenvolvidas pelo diretor, porque são, no máximo, distintas faces da mesma função, contraditórias por vezes, mas nunca antagónicas (SOUZA, 2010, p. 2).

Souza e Gouveia (2010, p. 175), defendem que o trabalho do diretor está permeado de uma *natureza política educacional/escolar*. E que o mesmo tem três faces: uma técnico-administrativa, outra política e, por fim, outra pedagógica. A primeira, a face técnico-administrativa esta na tarefa do diretor "conduzir" a escola na gestão de pessoas e de materiais o que Paro (2010b) chamou de recursos objetivos (objetos para o trabalho) e recursos subjetivos (capacidade de trabalho dos sujeitos que fazem uso dos recursos objetivos).

A segunda dimensão, a face política, se expressa segundo Gouveia (2010, p. 178), na posição do diretor como "representante do poder constituído, do Estado" e também de sua atividade de liderança e coordenação de um processo políticos, mesmo que às vezes o próprio diretor não se reconheça como tal. Por fim, a face pedagógica curiosamente é transferida pelos diretores, por consumirem maior tempo com a administração, para os responsáveis técnicos como coordenadores pedagógicos, ou mesmo docentes.

Esse quadro é discutido por vários autores. Paro (2010b) aponta para a relevância de se refletir a respeito da prática do diretor da escola de ensino fundamental, a partir de duas dimensões, de um lado "[...] a crítica do atual papel do diretor, e de como a direção escolar é exercida [...]" e, por outro lado, "[...] a reflexão a respeito de formas alternativas de direção escolar que levem em conta a especificidade político pedagógica da escola e os interesses de seus usuários [...]" (PARO, 2010b, p. 775-776).

Da mesma forma, Guilherme Silva (2006) destaca a coexistência de duas vertentes do trabalho de administração escolar a técnica e a política, destacando que "de um ponto de vista lógico, deveria ser enunciado pela ordem inversa, vertente política e vertente técnica, porque a técnica deveria sempre decorrer da política e não o contrário". Considera, dessa maneira, que a política (direção) decide e o componente técnico (a gestão) executa, especialmente, com o aprimoramento das técnicas de gestão e valorização da cultura técnica. Para o autor, "[...] esta componente tende a ganhar alguma preponderância sobre a componente política, particularmente dentro das abordagens mais tecnocráticas [...]" (SILVA, 2006, p. 40).

Sob este arcabouço teórico é que se coloca a discurssão em torno da gestão democrática. Cabe ressaltar que este conceito está sujeito a diferentes perspectivas a depender da orientação teórica que a sustenta e a orienta.

4. A gestão democrática a partir dos normativos legais

Ainda que a normatização legal pretenda avocar uma natureza neutra, consideramos que isso não é possível porque toda legislação é produzida por sujeitos, portanto, veiculam e portam concepções de mundo. Outro aspecto a ser considerado é com relação ao fato de que a autonomia dos atores escolares sempre deve ser levada em conta, pois as "[...] organizações são sempre as pessoas em interacção social, e porque os actores escolares dispõem sempre de *margens de autonomia relativa* [...]" ainda que não prevista legalmente ou não regulamentada (LIMA, 2002, p. 33).

A associação "de administração como técnica neutra e universal", tenta legitimar que a mesma assenta-se em certa racionalidade que não interferiria na qualidade do seu produto (RUSSO, 2007, p. 70).

Existe uma crescente compreensão de que a qualidade da educação está vinculada a uma lógica de competição e não aos processos participativos, embutindo uma visão de educação restrita à formação técnica, mensurável no lugar de uma formação integral. Esse processo pode ser identificado nas proposituras que defendem que os pais ao tomarem ciência dos resultados das avaliações externas, por exemplo, poderão escolher em qual escola matricularão seus filhos. Essa perspectiva considera que a pressão por demanda vai dar a todas as escolas um incentivo para melhorar seu desempenho.

Cabe ressaltar que essa orientação já se apresenta na prática de muitas redes de ensino e provoca mudanças em diferentes cidades brasileiras, pois algumas convencionaram expor por meio de faixas e cartazes a nota que escola recebeu nessas avaliações. Embora não existam evidências empíricas sobre a eficiência deste modelo baseado na competição para a melhora efetiva da aprendizagem dos alunos, este vem sendo legitimado tanto pela imprensa como pela comunidade escolar, acentuando o foco nos resultados mensuráveis e não nos processos.

A gestão democrática comparece como princípio na legislação brasileira a partir da Constituição Federal de 1988, sendo explicitado no artigo 206, inciso VI da referida Lei. Posteriormente, tal pressuposto foi reafirmado pela Lei de Diretrizes e Bases da Educação Nacional (LDB, Lei nº 9694/96) nos artigos 3º, inciso VIII, no artigo 12, inciso VI; no artigo 13, incisos I e VI e no artigo 14. Conforme redação normativa, a "[...] gestão democrática do ensino público, na forma desta Lei e da legislação dos sistemas de ensino [...]". Tal princípio é explicitado no Artigo 14:

> Os sistemas de ensino definirão as normas da gestão democrática do ensino público na educação básica, de acordo com as suas peculiaridades e conforme os seguintes princípios:
> I - participação dos profissionais da educação na elaboração do projeto pedagógico da escola;
> II - participação das comunidades escolar e local em conselhos escolares ou equivalentes.

Para Gadotti (2014, p. 01), "[...] a gestão democrática não é só um princípio pedagógico. É também um preceito constitucional [...]". Defende que a partir de uma nova ordem jurídica e política, a democracia está constitucionalmente baseada em dois pilares: "[...] a democracia representativa (indireta) e a democracia participativa (direta), entendendo a participação social e popular como princípio inerente à democracia [...]".

Para o autor, a participação direta do cidadão nos processos educacionais foi incorporada às discussões educacionais como "[...] um grande avanço, inclusive na concepção do papel da participação [...]" comparando o Documento Referência da CONAE/2010 com o Documento Referência da CONAE/2014, observa-se que no primeiro "[...] sequer se mencionava o conceito de 'participação popular'; a 'gestão democrática' aparecia do Eixo II mais associada à qualidade da educação e à avaliação do que ao planejamento e ao aprimoramento e continuidade das políticas educacionais [...]". Por outro lado, no segundo documento a gestão democrática aparece em destaque, como um eixo próprio, denominado "Gestão Democrática, Participação Popular e o Controle Social". Gadotti (2014, p. 14), conclui:

> A participação popular massiva é essencial para a garantia do controle social e dos direitos de aprendizagem. A participação popular no Conselho de Escola e na gestão democrática dos sistemas de ensino deve ser atividade cidadã permanente de controle social. O Documento Referência fala também da necessidade da "participação popular na construção dos projetos pedagógicos das instituições educativas" (p. 74). Projetos pedagógicos, planos e políticas educacionais elaborados sem participação popular tem baixa legitimidade.

Ao procurarmos como o novo PNE incorpora esse debate, encontramos entre seus dispositivos o Inciso VI do Artigo 2º, que estabelece como uma de suas diretrizes a "promoção do princípio da gestão democrática da educação pública". Esse princípio se apresenta desenvolvido na meta dezenove e suas respectivas estratégias que de forma geral não comtemplam a produção histórica que versa sobre a gestão democrática da educação, nem mesmo acompanha o debate desenvolvido na CONAE 2014[43], conforme apresentamos acima. O dispositivo legal apresenta textualmente:

> Meta 19: assegurar condições, no prazo de 2 (dois) anos, para a efetivação da gestão democrática da educação, associada a critérios técnicos de mérito e desempenho e à consulta pública à comunidade escolar, no âmbito das escolas públicas, prevendo recursos e apoio técnico da União para tanto (BRASIL, 2015).

43 A CONAE 2014 teve suas etapas municipais e estaduais realizadas durante o ano de 2013. A etapa nacional marcada para início de 2014 foi adiada para novembro do mesmo ano, portanto, o novo PNE, aprovado em junho de 2014, foi promulgado antes da realização da conferência final da CONAE.

Dessa forma, apresenta prazo de dois anos para efetivação da gestão democrática, porém associada a "critérios técnicos de mérito e desempenho". A primeira vista fica difícil compreender em que medida critérios de mérito e desempenho podem contribuir para uma democratização da administração/gestão. Essa formulação vincula a gestão democrática à qualidade.

A meta nº dezenove é acompanhada de oito estratégias que permitem algumas considerações a respeito. Um primeiro ponto associa o repasse de recursos voluntários da União à existência de legislação específica aprovada, que considere "[...] para nomeação dos diretores e diretoras de escolas, critérios técnicos de mérito e desempenho, bem como a participação da comunidade escolar [...]".

Na atualidade existem mecanismos de nomeação para diretores escolares baseados em três elementos: processos eleitorais de consulta à comunidade, concursos públicos de provas específicas com base em conhecimentos técnicos e a indicação política.

A Estratégia nº 19.1 aponta para a exigência de um modelo que combina dois desses critérios: o conhecimento técnico e a consulta à comunidade, aspecto que representa um avanço, uma vez que combate a prática de indicação política, que segue critérios estranhos ao campo educacional. No entanto, insere outro elemento, completamente ausente dos mecanismos atuais, que é o desempenho dos diretores como elemento a ser considerado para sua escolha. Entendemos que sem uma definição de que tipo de desempenho se refere, esse dispositivo estabelece pouca relação com a democratização da gestão escolar.

Da mesma forma, a Estratégia 19.8 apresenta como objetivo para escolha de diretores "aplicar prova nacional específica, a fim de subsidiar a definição de critérios objetivos para o provimento dos cargos, cujos resultados possam ser utilizados por adesão". Assim, reafirma um dos princípios apontados na meta 19.1, ao destacar que o ocupante da função de diretor, deve passar por uma avaliação antes de ocupar o cargo, acrescentando que esta avaliação poderá ser feita em nível nacional, com livre adesão dos sistemas de ensino.

A questão que se coloca é em que medida uma avaliação nacional dos gestores seria capaz de ampliar a democratização das práticas administrativas e/ou pedagógicas?

Outras estratégias se referem à ampliação, institucionalização, incentivo e formação para a participação em fóruns, conselhos e entidades representativas em diferentes instâncias.

A estratégia 19.2 aponta para a necessidade de formação dos conselheiros, representantes educacionais membros de conselhos de acompanhamento de políticas públicas.

A estratégia 19.4 reafirma a necessidade das redes de ensino estimular o funcionamento dos grêmios estudantis. Igualmente, a estratégia 19.5 exorta as redes a estimular e fortalecer os conselhos, conferindo-lhes novo significado: "instrumento de participação e fiscalização". Por fim, as estratégias 19.6 e 19.7 destacam a necessidade de estimular a participação e a autonomia nos processos de gestão escolar.

As estratégias nº 19.3 e 19.8 apresentam inovações. A primeira, incentiva os diferentes entes federados a constituírem seus fóruns de participação, para "coordenar as conferências municipais, estaduais e distrital bem como efetuar o acompanhamento da execução deste PNE e dos seus planos de educação". Nessa perspectiva, esses fóruns se constituem como novo espaço institucional de participação, com objetivo de acompanhar a própria execução do PNE e seus possíveis desdobramentos nos estados, municípios e no distrito federal.

A capacidade dessas estratégias de incentivar uma ampliação de praticas de gestão democrática não é promissora, uma vez que esses dispositivos, em sua maioria, já estão previstos em lei, pelo menos desde a aprovação da LDB/1996. Portanto, o PNE apenas reafirma elementos já previstos na legislação, sem grandes inovações.

No nosso entendimento, essas estratégias provocam dificuldades em torno da implementação da legislação já existente, uma vez que acrescenta elementos que pouco contribuem para construção de uma cultura de participação, marcadamente sua vinculação a avaliação de desempenho, medida por meio de provas. Fica evidente a analogia com os mecanismos de mercado em que estes elementos contribuem, para em última instância, criarem mecanismos de concorrência, seja pelos "clientes", seja pela oferta de "serviço" ao menor custo possível, ao passo que a participação pretendida, vinculada ao desempenho se coloca no sentido de um controle e responsabilização das escolas pos seus resultados.

Diferentemente de outras concepções de participação como a proposta implementada por Freire (2006), durante sua gestão como secretário municipal de educação na cidade de São Paulo entre 1989-1991. Conforme o autor:

> Para nós, a participação não pode ser reduzida a uma pura colaboração que setores populacionais devessem e pudessem dar à administração pública. Participação ou colaboração, por exemplo, através dos chamados mutirões por meio dos quais se reparam escolas, creches, ou se

> limpam ruas ou praças. A participação para nós, sem negar este tipo de colaboração, vai mais além. Implica, por parte das classes populares, um 'estar presente na história e não simplesmente nela estar representadas'. Implica a participação política das classes populares através de suas representações ao nível das opções, das decisões e não só do fazer o já programado. **Por isso é que uma compreensão autoritária da participação a reduz, obviamente, a uma presença concedida das classes populares a certos momentos da administração** (FREIRE, 2006, p. 75, grifo nosso).

Empiricamente pesquisas demonstram um caráter de despolitização da ação do diretor escolar, que não se vê como agente político e nem como responsável pela dimensão pedagógica da escola. Entretanto, como alerta Paro (2010, p. 196), na prática ocorre "[...] a mera rotinização e burocratização das atividades no interior da escola, que em nada contribui para a busca de maior eficiência na realização de seu fim educativo [...]".

Segundo o autor, a busca da eficiência administrativa tem causado mais problemas que soluções. Nesse sentido, "[...] esse processo tem a faculdade de promover a autonomização das tarefas e o esvaziamento de seus conteúdos, comprometendo cada vez mais a qualidade do ensino e a satisfação do professor em sua formação [...]" (PARO, 2010a, p. 197). Portanto,

> [...] no nível teórico, tal conservadorismo se revela no suposto básico de aplicação (na escola) dos métodos e técnicas que são específicos da empresa capitalista, no nível da prática, a dimensão conservadora se manifesta não apenas nos mecanismos gerenciais aí presentes, mas sobretudo na grande ineficiência na obtenção de seus objetivos especificamente educacionais (Ibid., p. 204).

Nesse sentido, é que se indaga sobre a capacidade do novo PNE induzir um rompimento com essas práticas conservadoras e autoritárias, introduzindo de fato a participação da sociedade na administração/gestão da educação pública.

5. Considerações Finais

Ao analisarmos o PNE (2014-2024), podemos considerar que em relação à gestão democrática o texto da lei apresenta alguns avanços, embora não solucione antigas dificuldades e no contexto geral traga retrocessos às formulações sobre o tema.

Consideramos que o PNE (2014-2024) avança ao incorporar a temática da gestão democrática numa meta específica, conferindo ao tema uma relevância e uma centralidade no debate, inexistente até então.

Por outro lado, mantém ranços antigos, ao não solucionar problemas da LDB/1996, por exemplo, ao não estender a "gestão democrática" para as escolas privadas e para o Ensino Superior, como também deixar a cargo dos sistemas de ensino todas as formulações específicas sobre o tema. Aspecto que nas duas últimas décadas se mostrou insuficiente para avançar em relação aos mecanismos de participação democrática nos processos de administração/gestão da educação.

Gadotti (2014, p. 1-2) observa que conquanto a CF/1988 tenha estabelecido esse modelo de gestão "como princípio pedagógico e como preceito constitucional – não se restringe à escola. Ela impregna todos os sistemas e redes de ensino", na prática, ele não foi considerado nos sistemas educacionais, restringindo-se apenas às escolas de educação básica e públicas.

Por fim, o texto normativo pode ser considerado um retrocesso ao vincular o tema da gestão democrática e da participação a conceitos ligados à concepção de meritocracia. Dessa forma, induz os sistemas de ensino a formulações de participação especialmente restritas, vinculando-a ações com foco nos resultados mensuráveis e não nos processos participativos, massivos ou mesmo ao controle social dos processos administrativos e de gestão das escolas e dos sistemas de ensino.

Portanto, traz consigo contradições e poderá reforçar uma perspectiva de participação vinculada ao controle e responsabilização das escolas por seus resultados em testes e provas, sem avançar no sentido de uma participação popular nas formulações das políticas.

REFERÊNCIAS

BRASIL. Lei nº 13.005, de 25 de junho de 2014. Aprova o Plano Nacional de Educação e dá outras providências. **Diário Oficial da União**, Brasília, DF, 26. jun. 2014. Seção 1, p. 01.

_____. Ministério da Educação. CONFERÊNCIA NACIONAL DE EDUCAÇÃO (CONAE). **Construindo o Sistema Nacional Articulado de Educação:** o Plano Nacional de Educação, diretrizes e estratégias; Documento Final. Brasília, DF: MEC, 2010. Disponível em: <http://portal.mec.gov.br/conae>. Acesso em: 12 jul. 2010.

_____. Lei nº. 10.172, de 9 de janeiro de 2001. Aprova o Plano Nacional de Educação e dá outras providências. **Diário oficial da União**, Brasília, DF, 10. jan. 2001. Seção 1, p. 1. Disponível em: <http://www.planalto. gov.br/ccivil_03/leis/leis_2001/l10172.htm>. Acesso em: 12 jul. 2010.

_____. Lei n.º 9394/96, de 20 de dezembro de 1996. **Estabelece as diretrizes e bases da educação nacional**. Disponível em: <http://www.planalto.gov.br/ccivil_03/leis/leis_1996/9394.htm. Acesso em: 20 abr. 2015.

_____. Constituição (1988). **Constituição da República Federativa do Brasil:** promulgada em 5 de outubro de 1998: atualizada até a Emenda Constitucional nº 20, de 15-12-1998. 21. São Paulo: Saraiva, 1999.

FREIRE, P. **A Educação na Cidade**. 7. ed. São Paulo: Cortez Editora, 2006.

GADOTTI, M. Gestão democrática com participação popular no planejamento e na organização da educação nacional. In: BRASIL. Ministério da Educação. **COLETÂNEA DE TEXTOS – CONAE/2014**. Brasília, DF: MEC, 2010. Disponível em: <http://portal.mec.gov.br/conae>. Acesso em: 12 jul. 2015.

GARCIA, W. E. **Administração educacional em crise**. São Paulo: Cortez, 1991.

GRACINDO, R. V.; KENSKI, V. M. Gestão de Políticas Educacionais: a produção de pesquisas no Brasil. In: WITMANN, L. C.; GRACINDO, R. V. (coord.). **O Estado da Arte em Política e Gestão da Educação no Brasil:** 1991 a 1997. Brasília: ANPAE, Campinas: Ed. Autores Associados, 2001.

HORA, D. L. da. **Gestão democrática na escola:** Artes e ofícios de participação coletiva. Campinas: Papirus, 1994.

LIMA, L.C. Modelos organizacionais de escola: perspectivas analíticas, teorias administrativas e o estudo da acção. In: MACHADO, L. M.; FERREIRA, N. S. C. (Org.). **Políticas e gestão da educação:** dois olhares. Rio de Janeiro: DP&A, 2002.

PARO, V. H. **Administração escolar:** introdução critica. 16. ed. São Paulo: Cortez Editora, 2010a.

_____. A educação, a política e a administração: reflexões sobre a prática do diretor de escola. **Educação e Pesquisa**, São Paulo, v. 36, n. 3, p. 763-778, set./dez. 2010b.

_____. **Gestão Democrática da Escola Pública**. 3. ed. São Paulo: Ática, 2006.

_____. **Por dentro da escola pública**. São Paulo: Xamã, 1995.

RISCAL, S. A. **Gestão democrática no cotidiano escolar**. São Carlos: EdUFSCar, 2009.

RUSSO, M. H. Contribuições da Administração Escolar para a melhoria da qualidade do ensino. In: BAUER, C. et al. **Políticas educacionais e discursos pedagógicos**. Brasília: Líber Livro Editora, 2007, p. 69-97.

SANDER, B. O estudo da administração da educação na virada do século. In: MACHADO, L. M.; FERREIRA, N. S. C. (Org.). **Política e Gestão da Educação:** dois olhares. Rio de Janeiro: DP&A, 2002.

SILVA JÚNIOR, C. A. da. O espaço da administração no tempo da gestão. In: MACHADO, Lourdes Marcelino; FERREIRA, N. S. C. (Org.). **Política e Gestão da Educação:** dois olhares. Rio de Janeiro: DP&A, 2002.

_____. Administração educacional no Brasil: a municipalização do ensino no quadro das ideologias de conveniência. **Revista Portuguesa de Educação**, 2000, 13(1), p. 283-297.

SILVA, G. R. da. **Modelos de formação em administração educacional. Um estudo centrado na realidade portuguesa**. Braga: Centro de Investigação em Educação, Instituto de Educação e Psicologia, Universidade do Minho, 2006.

SOUZA, A.R. de. Diretor escolar. In: OLIVEIRA, D. A.; DUARTE, A. M. C.; VIEIRA, L. M. F. **DICIONÁRIO:** trabalho, profissão e condição docente. Belo Horizonte: UFMG/Faculdade de Educação, 2010. CDROM.

_____; GOUVEIA, A. B. Diretores de escolas públicas: aspectos do trabalho docente. **Educar em Revista**, Curitiba, Brasil, n. especial 1, p. 173-190, 2010. Editora UFPR.

CAPÍTULO IX

PLANO NACIONAL DE EDUCAÇÃO 2014-2024: novos olhares lançados à alfabetização

Thaise da Silva[44]

1. Introdução

O Plano Nacional de Educação - PNE -, elaborado pelo Conselho Nacional de Educação, possibilita a implementação de ações, estabelecendo objetivos e metas a serem cumpridos, o qual atende ao disposto no Art. 214 da Constituição Federal de 1988. Este deve ser elaborado a cada dez anos objetivando a articulação e o desenvolvimento do ensino em seus diversos níveis e a integração das ações do Poder Público. Esse documento tem a pretensão de efetivar medidas emergentes e necessárias aos sistemas de ensino, além de representar a possibilidade da sociedade em geral acompanhar e participar do processo de implantação das políticas públicas para a educação.

O primeiro PNE foi criado em 1996 e vigorou entre os anos de 2001 a 2010. Seu intuito era melhorar a educação no país. Encerrado este período, e após atrasos e discussões, surge o segundo Plano Nacional de Educação, que vigorará entre os anos de 2014-2024, tendo o objetivo de definir prioridades e novas estratégias relacionadas à Educação Nacional. O projeto de lei que criou o novo Plano Nacional de Educação 2014-2024 (PNE 2014-2024) foi enviado pelo Ministério da Educação (MEC) ao Congresso Nacional no final de 2010, porém sua aprovação ocorreu apenas em 2014.

Este documento estabelece as diretrizes, metas e estratégias da Educação Nacional e serve de base para que estados, municípios e Distrito Federal criem seus planos. As diretrizes do PNE são dez, estão descritas no Art. 2º visando a: erradicação do analfabetismo; universalização do atendimento escolar; superação das desigualdades educacionais; melhoria da qualidade da educação; formação para o trabalho e para a cidadania; promoção do princípio da gestão democrática da educação pública; promoção humanística,

44 Universidade Federal da Grande Dourados. E-mail: thaiseSilva@ufgd.edu.br

científica, cultural e tecnológica do País; estabelecimento de meta de aplicação de recursos públicos em educação como proporção do Produto Interno Bruto - PIB, que assegure atendimento às necessidades de expansão, com padrão de qualidade e equidade; valorização dos(as) profissionais da educação; promoção dos princípios do respeito aos direitos humanos, à diversidade e à sustentabilidade socioambiental (BRASIL, 2014). As metas são vinte e aparecem subdivididas em estratégias que visam efetivá-las. Neste trabalho abordaremos algumas delas que vêm contribuir com as questões que envolvem a temática da alfabetização em nosso país.

Este trabalho, desenvolvido a partir de pesquisa qualitativa do tipo documental, tem por objetivo analisar as diretrizes, metas e estratégias do Plano Nacional de Educação 2014-2024 voltadas para as questões que envolvem a alfabetização. Teixeira (2005) descreve a pesquisa qualitativa como sendo subjetiva, uma vez que considera a relação dinâmica entre o fenômeno e o sujeito, respeitando a subjetividade que não pode ser traduzida em números, sendo predominantemente descritiva. Portanto, seus resultados não podem ser generalizados, ao contrário da quantitativa, marcada pela sua objetividade que considera que tudo pode ser quantificável, o que significa traduzir em números informações e opiniões para classificá-las e analisá-las. Para isso, requer o uso de recursos e técnicas estatísticas, a fim de comprovar as hipóteses da pesquisa. O procedimento técnico para efetivar tal análise é identificado como sendo do tipo Pesquisa Documental. O mesmo autor caracteriza esta forma de procedimento como sendo toda a análise que visa desvendar, recolher e analisar as principais contribuições sobre um determinado fato ou assunto utilizando materiais que não receberam ainda um tratamento analítico, ou que ainda podem ser reelaborados de acordo com os objetos de pesquisa. Diante disso, o que se propõe é tecer reflexões, a partir do documento analisado, dialogando com autores dos Estudos Culturais em consonância com outros que pesquisam as questões de alfabetização e letramento na atualidade.

2. As diretrizes da Educação Nacional

Dentro do recorte proposto neste estudo, trataremos de três diretrizes da Educação Nacional referentes ao PNE 2014-2024. A escolha das mesmas se deve ao fato de terem uma incidência direta no que diz respeito às questões que tratam da alfabetização no Brasil. São elas:

> Art. 2º São diretrizes do PNE:
> I – erradicação do analfabetismo;
> II – universalização do atendimento escolar; [...]
> IV – melhoria da qualidade da educação; [...] (BRASIL, 2014, p. 1)

No que diz respeito às diretrizes descritas acima, pode-se afirmar que a questão do analfabetismo, da forma como o definimos atualmente, e da universalização ao acesso a Educação Básica são preocupações que ganham espaço significativo no Brasil ao longo do século XX.

De acordo com Trindade (2004a), alfabetismo, analfabetismo e alfabetização são termos que foram definidos e contextualizados historicamente, podendo receber interpretações variadas conforme a orientação teórica seguida. Demonstrando como esses termos foram sendo inventados[45], Trindade (2004a) tece uma análise de sua produção e dos diferentes deslocamentos. Inicia seu resgate histórico citando Silveira (1998), que explica que o uso predominante do termo analfabetismo sobre o termo alfabetismo possivelmente tenha se dado não pela predominância do número de analfabetos sobre o de alfabetizados (não é corriqueiro o uso do prefixo que simboliza negação na identificação de pessoas), mas pelo preconceito desenvolvido, na modernidade, que associava o indivíduo analfabeto a um ser "incivilizado", "bruto", "bárbaro". Diante disso, torna-se necessário nomear para, então, estigmatizar e repelir, já que as palavras surgem para distinguir, por meio de preconceitos ou de favorecimentos.

Uma vez criado o termo alfabetismo, este se generalizou através da invenção do "mito do alfabetismo"[46]. A discussão de sua invenção demonstra que toda a produção teórica se constitui como discurso, ocupando diferentes posições de poder/saber em relação a outros discursos que estão sendo produzidos. Inspirada em Cook Gumperz (1991), Trindade (2004a) nos mostra que não passamos do analfabetismo para o alfabetismo, e sim de múltiplas alfabetizações para a alfabetização escolar. Inspirada também em Marzola (2001), ela toma o analfabetismo como um efeito discursivo para mostrar que os "mitos de alfabetização, alfabetismo e/ou do letramento" são criados pelos mesmos discursos que produzem o analfabetismo, sendo estes produtos da linguagem, que produz teorias e verdades por meio de seus discursos e representações.

O "mito da *literacy*" é definido por Graff (1995) como sendo a crença de que um nível intermediário de progresso econômico, social e individual pudesse se relacionar a um nível mais sofisticado de aquisição e uso da leitura e da escrita. Cook Gumperz (1991) mostra como se dá a invenção desse mito através de estudos que demonstram que mudanças nas expectativas

45 Trindade (2004a) utiliza o termo "invenção" para mostrar que toda produção teórica se constitui como discurso, ocupando posição diferenciada de poder/saber em relação a outros discursos.

46 Trindade (2004a) também utiliza os termos "mitos da alfabetização" e "mito do letramento" para dar conta do "mito de literacy", discutido por Graff (1990) e Cook Gumperz (1991).

e conceito de *literacy*[47] ocorreram ao longo da história da escolarização. Derruba o mito que atrela alfabetização à industrialização, mostrando que invenções cotidianas ligadas às áreas sociais e recreativas precederam as atividades econômicas para o desenvolvimento da alfabetização. Amparada em tais estudos, Trindade (2004a, p. 127) observa que:

> [...] a mudança, portanto, não foi do total analfabetismo para a alfabetização, mas sim de uma multiplicidade dificilmente estimada de alfabetizações, de uma ideia pluralista acerca da alfabetização até a noção de uma alfabetização única, estandardizada no século XX. Cabe dizer, que se as equações entre alfabetização e escolarização, alfabetização e mudanças cognitiva, alfabetização e desenvolvimento econômico incluíam a escolarização da alfabetização, é a análise cultural que nos permite colocar em dúvida esse conjunto de equações e seus resultados, como também compreender por que motivos tais discursos ganham destaque no decorrer do século XX.

A autora também lembra que há diferença na forma como os estudos acadêmicos interpretavam o analfabetismo e a alfabetização há alguns séculos e como os interpretam hoje, distinguindo-os em novos tipos e níveis, e o exame dos processos e métodos de alfabetização é um exemplo disso. Ao mapear a produção de conhecimento sobre os métodos e processos de alfabetização, Trindade (2004a) refere a possibilidade de que tal produção pode ser reconhecida como prática social, criada a partir de determinados discursos e representações. Segundo ela,

> A possibilidade de interpretar as teorias como discursos não nos dá um olhar privilegiado sobre elas; contudo, nos permite compreendê-las não mais (ou somente)como produtos de autorias, mas como produção cultural e coletiva, contextual e histórica, a qual nos seus deslocamentos, sofre os efeitos de mudanças nas práticas que a produzem. Outrossim, interpretar as teorias como discursos permite identificá-las como artefatos construtivos de práticas, comunidades e identidades sociais ou sujeitos (TRINDADE, 2004b, p. 127).

Trindade (2004b) vai mais além e passa a analisar os discursos que tiveram grande repercussão na produção acadêmica na área da alfabetização,

47 A nota número 36 do texto de Graff (1990, p. 64), feita por Tomaz Tadeu da Silva, traz as seguintes informações sobre a palavra literacy: "A palavra literacy tem sido usualmente traduzida por alfabetização. Neste e nos outros artigos traduzidos do inglês constantes deste número de Teoria & Educação optou-se por traduzi-lo por alfabetismo, uma vez que alfabetização designa a ação de alfabetizar e não a qualidade ou estado de ser alfabetizado, expresso na língua inglesa. Em geral pensa-se não existir uma palavra em português que traduza adequadamente literacy, havendo até quem proponha a invenção de um neologismo como letramento ou letração. Entretanto, uma consulta aos dicionários mostrará que as definições de literacy e alfabetismo são praticamente coincidentes".

orientando a formação e a prática docente nos últimos sessenta anos aqui no Brasil. Inicia chamando a atenção para o estado da arte da alfabetização, realizado por Soares (1989), para mostrar que as pesquisas sobre alfabetização eram praticamente inexistentes até a década de 1950, e que cresceram significativamente nas décadas de 1970 e 1980, obtendo destaque, entre as temáticas, os estudos sobre os métodos de alfabetização.

Segundo Trindade (2004a), as décadas de 1970 e 1980 marcaram um novo deslocamento nos estudos sobre alfabetização com as pesquisas realizadas por Ferreiro e Teberosky (1985) sobre o processo de aquisição da escrita, fazendo com que métodos e cartilhas perdessem o *status* que possuíam na didática da alfabetização. Suas pesquisas tinham por base três princípios: não identificar leitura como decifrado, não identificar escrita como cópia de um modelo e não identificar progressos na conceitualização como avanços no decifrado ou na exatidão da cópia.

Os estudos sobre letramento/alfabetismo deram início a um novo enfoque nas pesquisas sobre alfabetização, a partir da década de 1980. Tais estudos deixam de ocupar-se com o "como se ensina" e com o "como se aprende", e passam a discutir os mitos que se constroem em torno da alfabetização e do letramento/alfabetismo. Trindade (2004a, p. 130) observa que:

> Nuanças nessa nova abordagem dos estudos sobre letramento podem ser focalizadas, como a de sua identificação com as práticas de alfabetismo ou a sua discussão quanto aos efeitos dessas práticas. Assim, tais práticas podem ser abordadas como produtos históricos, sociais e culturais de épocas e contextos diversos com peculiaridades próprias, bem como estando sob a influência de práticas de caráter macro, desde que resguardadas as diferenças de caráter micro.

Kleiman (1995) explica que a partir do momento em que os estudos deixam de tomar como universais os efeitos das práticas de uso da escrita, e passam a analisar esses efeitos por meio de práticas sociais e culturais de diferentes grupos, ocorre um alargamento do conceito de letramento. A autora utiliza, como exemplo desse movimento, o conceito de letramento discutido por Street (1995 e 2003), salientando peculiaridades de tipos e usos diversos da escrita.

Ao chamar atenção para a forma como o alfabetismo/analfabetismo tem sido pensado ao longo dos anos no Brasil, tento demonstrar o quanto estes conceitos são construções culturais. A "luta" pela erradicação do analfabetismo não é recente e como veremos a seguir muitas estratégias foram pensadas para que a mesma seja atingida neste PNE. Porém, vale nos perguntar de que analfabetismo estamos falando, uma vez que este conceito pode passar por várias interpretações e nuances. A mesma reflexão vale para a universalização do atendimento escolar. Como Cook Gumperz (1991) nos mostra em seus estudos, a aprendizagem ao longo dos séculos aconteceu em múltiplos espaços antes de ser institucionalizada/escolarizada. Em todos estes espaços e esferas, formas diferentes de aprendizagem ocorreram e vem ocorrendo e a escola não deve ficar fora deste processo. Não podemos negar que hoje, principalmente no que tange as crianças e adolescentes que frequentam o Ensino Fundamental, a universalização do acesso foi praticamente efetivada. O que tem preocupado os estudiosos da educação neste momento é a qualidade desta educação, pois como demonstram os índices de avaliação do governo, estar na escola não tem sido sinônimo de garantia de aprendizagem.

Com o intuito de ampliar a discussão iniciada acima passo a analisar algumas das metas e estratégias referentes às questões que envolvem a alfabetização no PNE em análise.

3. Metas e estratégias da Educação Nacional

Conforme já mencionado, o novo PNE organiza suas ações em vinte metas. Nesta sessão analisarei a Meta 5 e suas estratégias de efetivação, embora outras metas participem direta ou indiretamente sobre os pontos que serão tratados. Entre as metas que incidem sobre a alfabetização estão:

> Meta 1: universalizar, até 2016, a educação infantil na pré-escola para as crianças de 4 (quatro) a 5 (cinco) anos de idade e ampliar a oferta de educação infantil em creches de forma a atender, no mínimo, 50% (cinquenta por cento) das crianças de até 3 (três) anos até o final da vigência deste PNE.
> Meta 2: universalizar o ensino fundamental de 9 (nove) anos para toda a população de 6 (seis) a 14 (quatorze) anos e garantir que pelo menos 95% (noventa e cinco por cento) dos alunos concluam essa etapa na idade recomendada, até o último ano de vigência deste PNE.
> Meta 6: oferecer educação em tempo integral em, no mínimo, 50% (cinquenta por cento) das escolas públicas, de forma a atender, pelo menos, 25% (vinte e cinco por cento) dos(as) alunos(as) da educação básica.
> Meta 9: elevar a taxa de alfabetização da população com 15 (quinze) anos ou mais para 93,5% (noventa e três inteiros e cinco décimos por cento) até 2015 e, até o final da vigência deste PNE, erradicar o analfabetismo absoluto e reduzir em 50% (cinquenta por cento) a taxa de analfabetismo funcional (BRASIL, 2014, p. 10-66).

Embora ganhem destaque no PNE 2014-2024, estas discussões não são recentes. Segundo a Constituição Federal de 1988 "[...] a Educação, direito de todos e dever do estado e da família, será promovida e incentivada com a colaboração da sociedade, visando ao pleno desenvolvimento da pessoa, seu preparo para o exercício da cidadania e sua qualificação para o trabalho [...]" (BRASIL, 1988, Art. 205).

A Lei de Diretrizes e Bases da Educação Nacional (LDB 9394/96) ao tratar da Educação Básica e ao dividi-la em Educação Infantil, Ensino Fundamental e Ensino Médio, também prevê a escolarização das crianças, embora ela só se torne obrigatória a partir dos seis anos de idade.

Ao propor a universalização da educação escolar às crianças de Educação Infantil e do Ensino Fundamental, está se constituindo as bases da alfabetização. Embora tenhamos informações de que as aquisições do conhecimento e da aprendizagem não ficam restritas ao espaço escolar podendo ocorrer em múltiplas esferas, entre elas a da participação cidadã, a religiosa, a do lazer, a doméstica... (KLEIMAN, 1995), sabemos que dentro da realidade brasileira, frente às desigualdades sociais existentes, a escola passa a ser uma das principais agências de disseminação do conhecimento e de aquisição do sistema de escrita alfabético. Várias iniciativas vêm sendo efetivadas com o objetivo de ampliar a escolaridade e o sucesso de nossas crianças. A educação integral tem sido uma das estratégias utilizadas. Junto com a superação das desigualdades de acesso ao conhecimento, esta iniciativa visa beneficiar as crianças menos favorecidas oferecendo uma série de outros conhecimentos e benefícios/cuidados para além da escolarização.

Com relação às metas do PNE, Silva e Scaff (2009, p. 34) sugerem que essa decisão fundamenta-se em duas intenções: "oferecer maiores oportunidades de aprendizagem no período da escolarização obrigatória e assegurar que, ingressando mais cedo no sistema de ensino, as crianças prossigam nos estudos alcançando maior nível de escolaridade [...]". O documento ressalta ainda que esta ampliação requer planejamento e diretrizes norteadoras para o atendimento integral da criança em seu aspecto físico, psicológico, intelectual e social, além de metas para a expansão do atendimento, com garantia de qualidade.

As metas acima discutidas refletem no proposto na meta 5. "alfabetizar todas as crianças, no máximo, até o final do 3º (terceiro) ano do ensino fundamental" (BRASIL, 2014, p. 24).

Esta meta também vem sendo discutida há bastante tempo em nosso país. Sua gênese está nos discursos construtivistas que ingressaram na década de oitenta fortalecendo-se com as discussões referentes à psicogênese da língua escrita, aos estudos sobre letramento e à consciência fonológica. A partir do momento que o foco deixa de ser os métodos de alfabetização (como se ensina) e passa-se a observar o indivíduo cognoscente (como se aprende) percebe-se que as pessoas têm ritmos diferentes de aprendizagem marcados por suas potencialidades cognitivas e vivências sociais. Os tempos de aprendizagem, dentro destas concepções, não são uniformes e torna-se necessário flexibilizá-los. Passa-se a acreditar que a reprovação não é a melhor estratégia para "dar conta" de aprendizagens não realizadas e investe-se em um prolongamento de tempos e experiências para que o sistema de escrita alfabético seja adquirido. Com esta medida amplia-se o Ensino Fundamental para nove anos, fazendo com que a criança antecipe o seu direito a educação formal e cria-se o ciclo da alfabetização, dando ao estudante três anos para que se efetive o domínio do nosso sistema de escrita.

Outra discussão gerada a partir desta meta são os indicadores de qualidade da educação que demonstram que embora o acesso à escolarização tenha se ampliado, a qualidade da mesma ainda deixa a desejar. Ribeiro (2004), em seus estudos realizados desde 2004 sobre os índices de alfabetismo no Brasil, tem demonstrado a discrepância que ocorre entre o acesso a educação escolar e os níveis de alfabetismo da população brasileira. Dominar o sistema de escrita alfabético torna-se fundamental para quem deseja seguir sua escolarização, uma vez que o domínio desta habilidade é a base da nossa educação fundamentada na leitura e na escrita. Talvez em outras sociedades onde a educação ocorre tendo a oralidade por base, este não fosse um problema de grande impacto educacional.

Para efetivar esta meta, o PNE propõe as seguintes estratégias:

> 5.1) estruturar os processos pedagógicos de alfabetização, nos anos iniciais do ensino fundamental, articulando-os com as estratégias desenvolvidas na pré-escola, com qualificação e valorização dos(as) professores(as) alfabetizadores e com apoio pedagógico específico, a fim de garantir a alfabetização plena de todas as crianças;
> 5.2) instituir instrumentos de avaliação nacional periódicos e específicos para aferir a alfabetização das crianças, aplicados a cada ano, bem como estimular os sistemas de ensino e as escolas a criarem os respectivos instrumentos de avaliação e monitoramento, implementando medidas pedagógicas para alfabetizar todos os alunos e alunas até o final do terceiro ano do ensino fundamental;
> 5.3) selecionar, certificar e divulgar tecnologias educacionais para a alfabetização de crianças, assegurada a diversidade de métodos e propostas pedagógicas, bem como o acompanhamento dos resultados nos sistemas de ensino em que forem aplicadas, devendo ser disponibilizadas, preferencialmente, como recursos educacionais abertos;

> 5.4) fomentar o desenvolvimento de tecnologias educacionais e de práticas pedagógicas inovadoras que assegurem a alfabetização e favoreçam a melhoria do fluxo escolar e a aprendizagem dos(as) alunos(as), consideradas as diversas abordagens metodológicas e sua efetividade;
> 5.5) apoiar a alfabetização de crianças do campo, indígenas, quilombolas e de populações itinerantes, com a produção de materiais didáticos específicos, e desenvolver instrumentos de acompanhamento que considerem o uso da língua materna pelas comunidades indígenas e a identidade cultural das comunidades quilombolas;
> 5.6) promover e estimular a formação inicial e continuada de professores(as) para a alfabetização de crianças, com o conhecimento de novas tecnologias educacionais e práticas pedagógicas inovadoras, estimulando a articulação entre programas de pós-graduação *stricto sensu* e ações de formação continuada de professores(as) para a alfabetização;
> 5.7) apoiar a alfabetização das pessoas com deficiência, considerando as suas especificidades, inclusive a alfabetização bilíngue de pessoas surdas, sem estabelecimento de terminalidade temporal (BRASIL, 2014, p. 24-25).

Percebe-se ao analisar as estratégias elaboradas para dar conta da alfabetização das crianças, uma preocupação com o viés pedagógico. Busca-se uma continuidade entre as atividades desenvolvidas na Educação Infantil e os Anos Iniciais do Ensino Fundamental. Proposta que ganha força com a entrada das crianças mais cedo no Ensino Fundamental, uma vez que esta redefiniu, ao que parece, a forma como se pensava a alfabetização, fazendo com que discursos referentes ao modo de alfabetizar fossem reestruturados ou ganhassem "nova" força.

Dentro deste novo cenário, torna-se necessário uma adaptação curricular que implemente o lúdico no Ensino Fundamental modificando práticas pedagógicas no ciclo da alfabetização, visto que a Educação Infantil tem sido um campo de experimentação de práticas emancipatórias, com grande circulação de ideias e projetos, que têm como objetivo uma educação que respeita os direitos da criança, tomando-a como sujeito de aprendizagem e como ator social. Para isso, tem se utilizado de práticas democráticas e de escuta/observação dos pequenos, que fazem parte da tradição e da inovação da educação pré-escolar no Brasil e no mundo (RAYNA; BROUGÈRE, 2000).

O Ensino Fundamental de Nove Anos (EFNA) faz parte de uma política de inclusão social, que prevê a sua universalização com nove anos de duração, ao julgar inaceitável uma criança estar fora da escola e, como consequência, "apartada" do processo escolar de alfabetização. Esses discursos têm origem em órgãos internacionais como a Unesco, Unicef, Banco Mundial, entre outros. As estratégias 5.5 e 5.7 ponderam sobre a importância de que todas as crianças, independentes de sua origem, condição física ou meio social estejam na escola participando do processo de aquisição do sistema de escrita, sendo necessário readaptar as estratégias de ensino a realidade de cada estudante.

No Brasil, esse discurso tem sua origem no Plano Nacional de Educação (PNE), se estendendo para os Parâmetros Curriculares Nacionais (PCNs) e a programas de formação continuada como o Programa Pró-letramento, o Pacto Nacional pela Alfabetização na Idade Certa (PNAIC) e demais materiais de orientação aos professores que acompanham ações desse programa.

Analisando os documentos fica evidente que as questões que envolvem a alfabetização estão no centro das discussões, objetivando garantir melhores condições de alfabetização, letramento, prosseguimento nos estudos e, por consequência, a diminuição da evasão e repetência.

Santaiana (2008) ao analisar a implantação do EFNA, destaca a grande preocupação com a forma de alfabetizar este novo público que adentra no Ensino Fundamental. Expressões que lembram o lúdico e a adaptação da alfabetização a essa nova faixa etária passam a ser corriqueiras. Esta ideia ganha força ao analisarmos as estratégias 5.1, 5.3, 5.4 e 5.6, observam-se novas propostas de alfabetização e recursos tecnológicos que visam criar práticas inovadoras e mais eficientes para o sucesso da alfabetização, além de investir na formação inicial e continuada de professores capacitando-os e permitindo que os mesmos apropriem-se dos novos discursos sobre a alfabetização. Marzola (2003) reflete sobre esta busca constante sobre a melhor forma de se alfabetizar. A autora sugere que as implicações atribuídas à alfabetização, produzida como ação de ensinar a leitura e a escrita, fizeram com que ela se tornasse fundamental para o governo das populações, pois, de acordo com as concepções da escola da modernidade, a alfabetização marcaria a fronteira entre a "humanidade" e a barbárie. Sendo assim, a busca pelo método mais eficiente tornou-se uma das maiores preocupações e uma meta a ser atingida pelas pesquisas e ações no campo da educação.

> O modismo, com a supervalorização da 'última novidade' em matéria de método e com os constantes *revivals*, que dão novas roupagens ao antigo, instituiu-se como uma prática habitual, reguladora de expectativas e esperanças. Assim, a expectativa por um método de alfabetização que resolva definitivamente os problemas ligados à aprendizagem da leitura e da escrita e que, ademais, alcance os resultados esperados da ação alfabetizadora [...] cria e define um lugar de busca permanente por novos métodos (MARZOLA, 2003, p. 210).

Essa substituição constante dos métodos tem relação direta com o discurso da modernidade, cuja base é a noção de progresso científico, que reconhece o mais recente como o mais avançado, desvalorizando o anterior para colocar outro em seu lugar, tido como mais verdadeiro. Bauman (2001) afirma que a modernidade se constituiu dentro dessa prática de substituição da velha ordem, tida como defeituosa, por uma nova ordem, tida como "melhor".

As reformulações por que têm passado as leis que regem a educação nacional nos últimos tempos é um reflexo da liquidez de nossas certezas, concepções e discursos. No cenário atual ganha destaque a ampliação do direito da criança ao acesso à Educação Infantil e ao Ensino Fundamental.

Estas discussões têm relação com a forma como a criança passa a ser percebida na atualidade. Até os anos de 1970, as políticas educacionais voltadas à educação de crianças de 0 a 6 anos defendiam a educação compensatória (salvar a escola dos problemas relativos ao fracasso escolar) com vistas à compensação de carências culturais, deficiências linguísticas e defasagens afetivas daquelas provenientes das camadas populares. Na década de 80, os estudos contemporâneos da antropologia, da sociologia e da psicologia ajudaram a entender que foi imposta às crianças uma situação desigual; assim, ao mesmo tempo em que começaram a ter sua especificidade respeitada, as mesmas passaram a ser cidadãs, parte de sua classe, grupo e cultura. Assistência, saúde e educação passaram a ser compreendidas como direito social de todas.

Como esta criança é única, a Educação Infantil e Ensino Fundamental devem ser pensados como indissociáveis: ambos envolvem conhecimentos e afetos; saberes e valores; cuidados e atenção; seriedade e riso.

Kramer (2012) pondera que nada muda se o que for levado em consideração for a singularidade das ações infantis e o direito à brincadeira e à produção cultural. Isso significa que as crianças devem ser atendidas nas suas necessidades (a de aprender e a de brincar) e que tanto na Educação Infantil quanto no Ensino Fundamental sejamos capazes de ver, entender e lidar com as crianças, tratando-as como tal, e não só como alunos.

Esse redimensionamento atinge desde o conceito de avaliação, que deve ser de caráter processual, diagnóstico, participativo e formativo, até as perspectivas de infância e organização do trabalho pedagógico, induzido a uma revisão de toda organização do Ensino Fundamental e da Educação Infantil. Santos e Vieira (2006) também ponderam a respeito do assunto e afirmam que a ampliação do Ensino Fundamental para 9 anos tem a intenção de repensar a cultura pedagógica da alfabetização no Ensino Fundamental e reverter resultados negativos evidenciados nas avaliações nacionais às quais os estudantes estão sendo submetidos, uma vez que hoje temos a universalização do ensino, mas a qualidade da educação há tempos vem sendo questionada.

No que tange à avaliação, a estratégia 5.2 pondera sobre um outro tipo de averiguação com instrumentos de avaliação nacional que visam inferir sobre as eficiências das medidas e ações realizadas durante da duração deste Plano. Embora criticada por muitos pesquisadores e professores da área, esta forma de avaliação tem se estruturado cada vez mais e a cada ano novas medidas vem sendo pensadas, indo de encontro a uma proposta mais flexível e abrangente de educação.

Com base nos estudos e análises desenvolvidas ao longo deste texto pode-se concluir que vivemos em uma época em que existe uma exacerbação de discursos sobre a proteção da infância, de uma escolarização que possa garantir a alfabetização de todos, bem como de políticas educacionais que garantam a inclusão. Esses discursos potencializam a criação de condições de possibilidade para que determinadas políticas educacionais se constituam e instituam práticas que designam regras e subjetivam sujeitos.

4. Considerações finais

Esta nova configuração dada à educação e à alfabetização iniciada em 2010 faz parte de uma política pública criada a partir do que hoje consideraríamos serem os "melhores" representantes dos discursos sobre o que é ser criança e do que é ser alfabetizado.

Diante desta nova configuração faz-se necessário garantir o acesso à Educação, ao aprendizado do Sistema de Escrita Alfabético e de muitas outras aprendizagens. Estas novas leis representam um grande avanço na história da educação brasileira, porque a criança passa a ter o direito de entrar mais cedo na escola obrigatória. Porém deve-se estar atento, pois esta medida só será válida se tal conquista exigir ações que possibilitem a esses estudantes estarem nos espaços escolares, experimentando novas aprendizagens, através da convivência com o outro em situações que lhes permitirão conhecer o mundo, sem que para isso tenham que comprometer suas infâncias.

Verifica-se nesse novo PNE, bem como em todas as outras orientações do MEC, a preocupação em aliar a ampliação do Ensino Fundamental a uma nova lógica de organização da escola, com vista a uma nova cultura escolar. Essas orientações procuram afirmar as especificidades da criança desde seu ingresso nas instituições de ensino, avançando por toda a sua vida escolar, exigindo assim um redimensionamento da ação pedagógica no interior das escolas. Estas formulações também surgem como indicações de que as instituições deverão organizar as turmas observando a idade e o desenvolvimento das crianças, prever e prover os recursos didáticos e assegurar a formação continuada à equipe pedagógica, bem como administrativa.

Porém não é possível esquecer que, mesmo que concordemos com os avanços e propostas apresentados neste PNE, estamos tratando de um documento histórico e datado, fruto de um conhecimento proposto por um grupo social, constituído dentro de um jogo de forças de quem tem o poder de dizer o que é "a verdade" dentro desta nova conjuntura. Também não podemos ignorar que estes documentos são norteadores de práticas educativas que acabam por subjetivar professores e demais envolvidos com o processo educativo definindo o que julga-se ser o melhor, o mais adequado e verdadeiro no que diz respeito a alfabetização e educação de nossas crianças.

REFERÊNCIAS

BAUMAN, Z. **Modernidade líquida**. Rio de Janeiro: Jorge Zahar, 2001.

BRASIL. **Lei n° 13.005, de 25 de junho de 2014**. Plano Nacional de Educação – 2014-2024. Disponível em: http://www.planalto.gov.br/CCIVIL_03/_Ato2011-2014/2014/Lei/L13005.htm. Acesso em: fev. 2015.

_____. **Constituição da República Federativa do Brasil**. Brasília/DF: Senado, 1988.

_____. Lei n° 9.394, de 20 de dezembro de 1996. **Lei de Diretrizes e Bases da Educação Nacional (LDB)**. Brasília, 1996. Disponível em: http://www.planalto.gov.br/ccivil_03/leis/l9394.htm. Acesso em: fev. 2015.

COOK-GUMPERZ, J. Alfabetização e escolarização: uma equação imutável. In: ______. **A construção social da alfabetização**. Porto Alegre: Artes Médicas, 1991.

FERREIRO, E.; TEBEROSKY, A. **Psicogênese da língua escrita**. Porto Alegre: Artes Médicas, 1985.

GRAFF, H. **Os labirintos da alfabetização**: reflexões sobre o passado e o presente da alfabetização. Porto Alegre: Artes Médicas, 1995.

KLEIMAN, Â. B. Modos de letramento e as práticas de alfabetização na escola. In: _____. (Org.). **Os Significados do letramento:** uma perspectiva sobre a prática social da escrita. Campinas: Mercado das Letras, 1995.

KRAMER, S. As crianças de 0 a 6 anos nas políticas educacionais no Brasil: educação infantil e/é fundamental. **Educação e Sociedade**, Campinas, v. 27, n. 96, p. 797-818, out. 2006. Disponível em: http://www.scielo.br/pdf/es/v27n96/a09v2796.pdf. Acesso em: fev. 2015.

MARZOLA, N. R. Alfabetização: o discurso dos métodos. In: LAMPERT, E. (Org.). **O ensino sob o olhar dos educadores**. Pelotas: Seiva, 2003. p. 209-220.

_____. O analfabetismo como metáfora. In: SCHMIDT, S. **Educação em tempos de globalização**. Rio de Janeiro: DP&A, 2001, p. 11-16.

RAYNA, S.; BROUGÈRE, G. (Coord.). **Traditions et innovations dans l'education préscolaire:** perspectives internationales. Paris: INRP, 2000.

RIBEIRO, V. M. Por mais e melhores leitores: uma introdução. In: ___. (Org.). **Letramento no Brasil:** reflexões a partir do INAF 2001. São Paulo: Global, 2004, p. 9-32.

SANTAIANA, R. da S. **+ um ano é fundamental:** práticas de governamento dos sujeitos infantis nos discursos do ensino fundamental de nove anos. (Dissertação de Mestrado) – Programa de Pós-Graduação em Educação, Faculdade de Educação, Universidade Federal do Rio Grande do Sul, Porto Alegre, 2008.

SANTOS, L. L. C. P.; VIEIRA, L. M. F. "Agora seu filho entra mais cedo na escola": A criança de seis anos no Ensino Fundamental de nove anos em Minas Gerais. **Educação e Sociedade**. n. 27 (96) – Especial. 2006.

SCAFF, E. da S. A.; SILVA, A. A. O Ensino Fundamental de nove anos como política de integração social: análise a partir de dois estados brasileiros. In: **ANPED**, XXXII Reunião Anual, Caxambu – MG, out. 2009.

SILVEIRA, R. M. H. Leitura, literatura e currículo. In: COSTA, M. V. (Org.). **O currículo nos limiares do contemporâneo**. Rio de Janeiro: DP&A, 1998. p. 105-128.

SOARES, M. **Português**: uma proposta para o letramento. Livro do professor: Ensino fundamental, v. 2. São Paulo: Moderna, 1998.

STREET, B. What's "new" in new literacy studies? Critical approaches to literacy in theory and practice. In: **Current issues in comparative education**. New York: Teachers College/Columbia University. v. 5, n. 2 (may 12, 2003).

_____. **Social literacies:** critical approaches to literacy in development, ethnography and education. London: Longman, 1995.

TEIXEIRA, G. **O que é pesquisa**. São Paulo: Atlas, 2005.

TRINDADE, I. M. F. Invenção de múltiplas alfabetizações e (an)alfabetismos. In: Educação de jovens e adultos, letramento e formação de professores. **Revista Educação & Realidade**. Porto Alegre: Faculdade de Educação/ UFRGS. v. 29, n. 2, jul/dez. 2004a, p. 125-142.

_____. **A invenção de uma nova ordem para as cartilhas:** ser maternal, nacional e mestra. Queres ler? Bragança Paulista: Editora Universitária São Francisco, 2004b.

CAPÍTULO X

AS POLÍTICAS DE EDUCAÇÃO PARA O ENSINO MÉDIO NO BRASIL NAS ÚLTIMAS DÉCADAS DO SÉCULO XX E INÍCIO DO SÉCULO XXI: o que dizem os documentos e os pesquisadores

Iara Augusta da Silva[48]

1. Introdução

Este texto tem o propósito de expor algumas reflexões a respeito das políticas de educação para o ensino médio que têm sido empreendidas pelo Estado, nas últimas décadas do século XX e nos anos iniciais do século XXI no Brasil, com destaque para as propostas apresentadas no Plano Nacional de Educação (PNE) de 2014 a 2024 especificamente para essa etapa da educação básica (Meta 3).

Para desenvolver o trabalho procedeu-se à seleção e à análise de um conjunto de documentos elaborados pelos gestores de órgãos oficiais nas esferas internacional e nacional, de legislações que tem norteado as políticas de educação no Brasil e do material teórico produzido pelos pesquisadores das universidades, visando compreender a natureza histórica das políticas educacionais contemporâneas, as quais têm sido endereçadas aos jovens e adultos que frequentam o ensino médio das escolas públicas. O pressuposto basilar é que as ações implementadas pelo Estado na atualidade visam atender demandas que são próprias da organização da sociedade capitalista no seu estágio monopolista (BRAVERMAN, 1987; ALVES, 2001; MÉSZÁROS, 2009).

Não se pretende nos limites deste texto fazer uma análise exaustiva dos aspectos que envolvem a discussão acadêmica acerca das políticas de

48 Doutora em Educação pela Universidade Federal de Mato Grosso do Sul (UFMS). E-mail: iara2ufms@gmail.com

educação para o ensino médio, mas apenas abordar alguns pontos do tema, com o propósito de contribuir com os estudos que estão sendo desenvolvidos por outros educadores e pesquisadores nos dias atuais.

2. As políticas de educação para o ensino médio no Brasil

Na década de 1990, o ensino médio brasileiro passou por um conjunto de reformas amplamente divulgadas pelo Governo Federal, as quais foram traçadas, em linhas gerais, nos acordos feitos pelos países signatários das Conferências Internacionais de Educação para Todos. A Conferência de Jomtien, Tailândia (1990), a mais conhecida delas, representou um marco. Ela pretendeu revigorar ou reviver a bandeira de uma "educação para todos"[49]. Convocada pela Organização das Nações Unidas para a Educação, a Ciência e a Cultura (UNESCO), Fundo das Nações Unidas para a Infância (UNICEF), Programa das Nações Unidas para o Desenvolvimento (PNUD) e o Banco Mundial, esta Conferência procurou, ainda, determinar uma espécie de consenso mundial a respeito de metas de políticas educacionais a serem conquistadas, principalmente pelos países em desenvolvimento. Entre estas metas, aquela que pretende garantir a expansão dos serviços escolares com qualidade a todas as crianças, jovens e adultos, é recorrente na declaração firmada na referida Conferência Internacional. O artigo 3º da Declaração Mundial sobre Educação para Todos de Jomtien, de 1990 reivindica a necessidade de universalização da educação para todos, além de buscar a melhoria da sua qualidade (BRASIL, 1993, p. 74-75).

A bandeira de luta pela expansão escolar que permeia as Declarações Mundiais de Educação, certamente, tem relação com o impacto econômico no mercado de bens e serviços necessário para o funcionamento das instituições escolares, como tem sido demonstrado pelas pesquisas desenvolvidas por Arruda (2007, 2008), sobre os programas e projetos educacionais empreendidos pelo Ministério de Educação em parceria com as Secretarias de Educação dos Estados brasileiros. De acordo com Arruda e Kinjo (2007) "ao criar as condições (exigidas em nosso tempo, portanto, históricas) para o atendimento da clientela escolar, a escola constitui, hoje, uma bandeira, não apenas da classe trabalhadora, mas também da burguesia ao representar excelente oportunidade de ampliação do capital" (KINJO, 2007, p. 193).

Durante todo o século XX e início do século XXI, a expansão escolar seguiu e segue o seu curso. A reivindicação por vagas, construção de prédios

49 João Amós Coménio (1592-1670), na Didáctica Magna escrita no século XVII lançou as bases de uma proposta (uma didática) que pretendia instaurar a educação e a cultura entre todos os homens indistintamente. Diz o pensador (1996, p. 45) na *Saudação aos Leitores:* "Nós ousamos prometer uma *Didáctica Magna*, isto é, um método universal de ensinar tudo a todos".

escolares, abertura de cursos profissionalizantes, aquisição de novas tecnologias passa a ser uma reivindicação comum dos professores, dos Governos e da população de um modo geral. Esta reivindicação fica evidente nos documentos que expressam a política oficial de órgãos do Estado. A própria Conferência Mundial de Jomtien (1990), é um exemplo. Sob o pretexto da democratização do acesso ao sistema escolar, exige-se construção de mais escolas. Reivindicação que está sempre associada à ideia de melhoria da qualidade do ensino e, em consequência, ao provimento de produtos, como computadores, livros didáticos, mobiliário escolar, entre outros. Como se sabe, os projetos e programas implementados pelo Estado, como construção de prédios escolares, Programa Nacional do Livro Didático, transporte escolar, merenda escolar, contribuem sobremaneira para o incremento de circulação de mercadorias.

Atualmente, pode-se dizer que o foco dos debates acerca da expansão escolar deslocou-se do ensino fundamental para o ensino médio (educação secundária, escola média). Os documentos produzidos pelos Organismos Internacionais, como o Banco Mundial e a UNESCO, e pelo Ministério de Educação apontam que a meta de universalização do ensino fundamental já foi alcançada[50]. Desta forma, no momento, os gestores de políticas públicas de educação consideram necessário concentrar esforços na busca de universalização da oferta de ensino médio, etapa final da educação básica. Rodríguez e Herrán (2000), em seus estudos, seguem esta linha de raciocínio. Mediante os avanços alcançados no ensino fundamental, nas últimas décadas, segundo esses autores, tem-se agora o grande desafio de aumentar rapidamente o acesso à educação secundária (ensino médio)[51].

O crescente processo de globalização da sociedade capitalista e os mercados cada vez mais competitivos são apontados como elementos que indicam a prioridade de formação de trabalhadores em nível médio. É necessário, nessa perspectiva, que o Estado intensifique políticas educacionais voltadas para preparar os jovens e adultos estudantes para concorrer aos postos de trabalho disponíveis. Essa é a lógica que permeia o discurso dos documentos elaborados e editados pelos gestores do Banco Mundial e da UNESCO[52].

Pesquisadores brasileiros vinculados às instituições de ensino superior como Zibas (2002), Oliveira (2002), Frigotto (2004); Ciavatta (2004),

50 Segundo dados estatísticos do IBGE/PNAD, de 2012, cerca de 98,2% das crianças e adolescentes brasileiros na faixa etária de 6 a 14 anos tinha acesso à escola (taxa bruta de matrículas) (BRASIL, 2013b, p. 118).

51 A Lei de Diretrizes e Bases da Educação Nacional nº 9.394, de 24 de dezembro de 1996 estabelece, no seu artigo 35, que o ensino médio constitui a última etapa da educação básica.

52 Na esfera do debate das políticas mundial e nacional patrocinado pelos Organismos Internacionais, a educação é concebida como uma estratégia decisiva no progresso da pessoa humana e da sociedade humana em geral. A teoria do capital humano, idealizada por Theodore Schultz (1973) ajuda a fundamentar essa forma de compreender a educação. Com isso, ao tratar da educação, muitas vezes, não se consideram os outros determinantes sociais envolvidos no processo de formação do homem.

Kuenzer (2001), Cury (1998) também têm se dedicado a estudar a questão da universalização e da qualidade do ensino médio no Brasil, desenvolvendo uma análise crítica das políticas educacionais implementadas pelo Estado moderno sob o comando das Agências Internacionais, a partir das reformas iniciadas na década de 1990 e da aprovação da Lei de Diretrizes e Bases da Educação Nacional (LDB) de 1996. Estes autores procuram explicar as contradições presentes nas iniciativas dos Governos na tentativa de resolver os problemas da oferta de educação de qualidade para todos os jovens que concluem o ensino fundamental. A definição da identidade do ensino médio como uma etapa da educação básica, a fonte de financiamento do ensino médio, a disponibilização de recursos didáticos e de estrutura física, a organização do currículo, a formação dos professores e a compreensão da situação da juventude brasileira são colocados como desafios a serem superados quando se pretende alcançar a efetiva expansão de um ensino médio com qualidade e que promova a inclusão de todos os jovens.

No Brasil, como já foi colocado, a partir da década de 1990, o ensino médio seguindo as orientações provenientes das Conferências de Educação para Todos[53], patrocinadas pelos Organismos Internacionais, vem passando por reformas[54] com o intuito de garantir a progressiva expansão e obrigatoriedade deste segmento da educação básica. Isto significa de fato um grande empreendimento pois, conforme as metas estabelecidas pelos Governos em âmbito mundial e nacional, a universalização do ensino médio deve ser acompanhada por uma melhoria da qualidade, garantindo-lhe o papel de inclusão.

As reformas e os desdobramentos em políticas educacionais direcionadas diretamente ao ensino médio iniciadas no final do século XX e continuadas na primeira década do século XXI podem ser sintetizadas considerando os seguintes aspectos:

1) Ampliação do número de matrículas de jovens na faixa etária de15 a 17 anos nos cursos de ensino médio, com vistas a se alcançar a universalização do acesso e permanência de todos os estudantes nas diferentes etapas da educação básica[55]. Alguns fatores, segundo Braz (2008, p. 132), têm contribuído para acelerar o processo de expansão do número de matrículas no ensino médio, tais como a correção do fluxo da educação em relação à idade e série (sistema de ciclos e aceleração da aprendizagem); criação do FUNDEF (1996) e do FUNDEB (2006); exigência de formação por parte do mercado

53 As ideias basilares defendidas nessas Conferências Mundiais serviram de base para a elaboração da LDB de 1996, que por sua vez regulamenta as políticas educacionais para o ensino médio no Brasil, na atualidade.

54 É necessário entender as reformas sofridas pela educação básica em geral e pelo ensino médio em especial nos anos de 1990 no contexto histórico das reformas neoliberais do Estado brasileiro, tendo em vista os argumentos de ajustes econômicos e políticos à realidade mundial e nacional daquela época (OLIVEIRA, 2002, p. 48).

55 De acordo com informações do IBGE/PNAD, de 2012, um percentual de 84,2% de jovens na faixa etária de 15 a 17 anos no Brasil estava frequentando a escola (taxa bruta de matrículas) (BRASIL, 2013b, p. 118).

de trabalho e prolongamento da vida escolar do estudante, em virtude da taxa de desemprego que atinge em maior proporção os jovens. Merece destaque, ainda, a alteração promovida pela Emenda Constitucional nº 59, de 11 de novembro de 2009 na configuração do ensino médio, ao estabelecer a obrigatoriedade e a gratuidade de oferta de educação básica para crianças e jovens na faixa etária de 4 a 17 anos de idade.

2) Reformulação da concepção e organização de currículo, que deu origem aos Parâmetros Curriculares Nacionais do Ensino Médio (PCNEMs), regulamentados pelo Parecer CNE/CEB nº 15, de 01 de junho de 1998 e pela Resolução CNE/CEB nº 03, de 26 de junho de 1998. Os princípios da interdisciplinaridade e da contextualização, os conceitos de competências e de habilidades, bem como a concepção de áreas de conhecimento são considerados aspectos fundamentais do processo de organização do currículo baseado nos PCNEMs. Com a finalidade de conferir outra dinâmica para a organização do currículo, após um longo período de debates e estudos, o Ministério da Educação, junto ao Conselho Nacional de Educação/Câmara de Educação Básica, publicou o Parecer nº 5, de 5 de maio de 2011 e a Resolução nº 2, de 30 de janeiro de 2012[56].

3) Instituição do Exame Nacional do Ensino Médio (ENEM), por meio da Portaria Ministerial n.º 438, de 28 de Maio de 1998, com o objetivo de "[...] avaliar o desempenho do aluno ao término da escolaridade básica, para aferir desenvolvimento de competências fundamentais ao exercício pleno da cidadania [...]". O ENEM, nos últimos anos, vem passando por um conjunto de mudanças de forma ajustá-lo às novas demandas sociais de educação dos estudantes desta etapa de ensino[57].

4) Ampliação da política de aquisição e distribuição de livros didáticos para os estudantes dos anos finais do Ensino Fundamental e para os três anos do Ensino Médio, por meio do Programa Nacional do Livro Didático (PNLD) ao longo das últimas décadas do século XX e dos anos inicias de 2000[58]. A Resolução/FNDE/MEC nº 38, de 25 de outubro de 2003 instituiu a distribuição de forma gradativa de livros didáticos para alunos do ensino médio da rede pública de todo o país. O PNLD para o Ensino Médio de 2015 propõe a compra de livros didáticos de todas as disciplinas que compõem a base nacional comum do currículo e, também em dois formatos: obra

---

56 Segundo o Parecer CNE/CEB nº 5 de 2011 (p. 2), na sua Introdução, a "elaboração das Diretrizes Curriculares Nacionais para o Ensino Médio se faz necessária, também, em virtude das novas exigências educacionais decorrentes da aceleração da produção de conhecimentos, da ampliação do acesso às informações, da criação de novos meios de comunicação, das alterações do mundo do trabalho, e das mudanças de interesse dos adolescentes e jovens, sujeitos desta etapa educacional".

57 Ver a Portaria/MEC nº 807, de 18 de junho de 2010 e o Edital/INEP nº 12, de 08 de maio de 2014 para compreender melhor a organização e o funcionamento do ENEM na atualidade.

58 A Emenda Constitucional nº 59, de 11 de novembro de 2009 no Artigo 1º (que dá nova redação aos Incisos I e VII do Artigo 208 da Constituição Federal, de 1988) determina o "atendimento ao educando, em todas as etapas da educação básica, por meio de programas suplementares de material didático, de transporte, alimentação e assistência à saúde" (BRASIL, 2009).

multimídia (composta de livros digitais e livros impressos) e obra impressa (composta de livros impressos e PDF) (BRASIL, 2013).

5) Busca de fontes próprias de financiamento para o ensino médio. O Fundo de Manutenção e Desenvolvimento da Educação Básica (FUNDEB), que substituiu o FUNDEF, foi criado por meio da Emenda Constitucional nº 53, de 6 de dezembro de 2006 e regulamentado pela Lei nº 11.494, de 20 de junho de 2007. A finalidade do FUNDEB é proporcionar a ampliação e a criação de uma nova forma de distribuição de recursos, de forma a atender não apenas o ensino fundamental, mas também a educação infantil, o ensino médio e a educação de jovens e adultos (BRASIL, 2007, p. 18). Com isso, o ensino médio brasileiro passa a ter uma fonte própria para financiar a implementação de projetos e programas desencadeados no bojo das reformas da década de 1990, como também propiciar a valorização dos professores.

6) Implementação de ações voltadas para a formação e valorização dos professores que atuam na educação básica. A valorização dos profissionais da educação, considerada condição para a garantia do direito à educação e à escola de qualidade social, envolve não apenas a questão da formação, mas também a remuneração, a carreira e as condições de trabalho (BRASIL, 2014, p. 74-76). A política de formação e valorização de professores, desde longa data, vem fazendo parte da pauta de discussões dos Governos e dos gestores da educação pública[59]. O Plano de Desenvolvimento da Educação (PDE) de 2007 (p. 16-17), por exemplo, ressalta um conjunto de ações que o Governo Federal vem empreendendo no sentido de dar respostas aos velhos problemas relacionados ao trabalho dos profissionais que atuam na educação básica: publicação da Emenda Constitucional nº 53 de 2006 que estabelece piso salarial nacional para os profissionais do magistério a ser fixado por meio de lei federal nº 11.738, de 16 de julho de 2008); programas de formação de docentes estabelecendo a relação permanente entre instituições públicas de ensino superior e escolas de educação básica, como é o caso do Programa Universidade Aberta do Brasil – UAB (acordo entre as universidades públicas e as unidades da federação para a oferta de formação inicial e continuada na modalidade a distância) e o Programa Institucional de Bolsas de Iniciação à Docência – PIBID (oferta de bolsas para os estudantes de cursos presenciais de licenciaturas, visando à preparação para o exercício da docência por meio de projetos desenvolvidos junto às escolas); papel da Coordenação de Aperfeiçoamento de Pessoal de Nível Superior (CAPES) na fomentação da formação, não somente dos profissionais que atuam no

59 O Decreto nº 6.755, de 29 de janeiro de 2009a institui a política nacional de formação de profissionais do magistério da educação. Este Decreto estabelece os princípios, os objetivos e orienta a atuação da CAPES na fomentação dos programas de formação inicial e continuada de professores.

âmbito do ensino superior, mas, inclusive, daqueles que trabalham nas diferentes etapas da educação básica.

Os documentos e a legislação elaborados pelo Ministério de Educação e pelo Conselho Nacional de Educação no período delimitado para este estudo procuram explicitar, de alguma forma, as finalidades e as características do ensino médio que se pretende universalizar e, em consequência, define a configuração da organização do currículo que se pretende concretizar nas escolas públicas. De acordo com o Art. nº 35 da LDB de 1996, o ensino médio tem as seguintes finalidades:

> I. a consolidação e o aprofundamento dos conhecimentos adquiridos no ensino fundamental, possibilitando o prosseguimento de estudos; II. A preparação básica para o trabalho e a cidadania do educando, para continuar aprendendo, de modo a ser capaz de se adaptar com flexibilidade a novas condições de ocupação ou aperfeiçoamento posteriores; III. o aprimoramento do educando como pessoa humana, incluindo a formação ética e o desenvolvimento da autonomia intelectual e do pensamento crítico; e, IV. a compreensão dos fundamentos científico-tecnológicos dos processos produtivos, relacionando a teoria com a prática, no ensino de cada disciplina.

A questão das finalidades (identidade) do ensino médio tem sido objeto de debate não só entre os vários estudiosos da matéria no âmbito das universidades, como também pelos formuladores dos documentos oficiais que definem os caminhos das políticas produzidos pelo Ministério da Educação com a colaboração dos Organismos Internacionais, desde muito tempo. Percebe-se que o ensino médio brasileiro, desde a sua origem, tem sido colocado como uma etapa escolar destinada a cumprir duas finalidades prioritárias: a formação geral (propedêutica), com a intenção de preparar o estudante para continuar estudos na educação superior, e a formação profissionalizante, direcionada ao preparo dos jovens para ingressar no mercado de trabalho. Acacia Kuenzer, entre outros autores (FRIGOTTO, 2004; CIAVATTA, 2004; ZIBAS, 2002; BUENO, 2002; CURY, 1998), tem discutido sobre a "dualidade" da função do ensino médio. Conforme esta pesquisadora (2001, p. 9), a "[...] dicotomia entre formação para o trabalho e preparação para cursar a universidade é histórica [...]". Na opinião de Kuenzer é necessário romper com esta dicotomia para se construir um ensino médio de qualidade para todos.

Seguindo essa maneira de pensar, pesquisadores como Gaudêncio Frigotto, Maria Ciavatta e Marise Ramos têm colocado em seus escritos a necessidade de buscar um "projeto unitário" de ensino médio fundamentado nos princípios do trabalho, da ciência, tecnologia e da cultura. A discussão ganhou nova força a partir do início dos anos 2000, quando o Ministério de Educação, durante a primeira gestão de Governo do Presidente da República Luiz Inácio Lula da Silva (2003-2006), desencadeou um debate em âmbito nacional envolvendo professores de renome das universidades brasileiras que estudam a questão do ensino médio, profissionais das Secretarias de Educação das unidades federadas e representantes de entidades da sociedade ligadas à educação. Esse movimento culminou com a publicação, em 2004, de uma obra organizada por Frigotto e Ciavata. Na Apresentação, Frigotto e Ciavata explicam a "concepção unitária" de ensino médio com as seguintes palavras.

> O que se pretende problematizar nestes artigos é a propostas de uma educação unitária – no sentido de um método de pensar e de compreender as determinações da vida social e produtiva – que articule trabalho, ciência e cultura na perspectiva da emancipação humana dos grilhões que tolhem a cidadania plena e a conquista de uma vida digna. Para tanto, é preciso que o ensino médio defina sua identidade como última etapa da educação básica. O trabalho deve ser compreendido não como mera adaptação à organização produtiva, mas como princípio educativo no sentido da politecnia ou da educação tecnológica, em que os conceitos estruturantes sejam trabalho, ciência e cultura; em que o trabalho seja o primeiro fundamento da educação como prática social, princípio que organize a base unitária do ensino médio. A ciência deve apresentar conhecimentos que, produzidos e legitimados socialmente ao longo da história, fundamentam as técnicas. À cultura cabe a síntese da formação geral e da formação específica por meio das diferentes formas de criação existentes na sociedade, com seus símbolos, representações e significados (FRIGOTTO; CIAVATA, 2004, p. 21).

Os autores dos textos que naquele momento discutiam uma proposta de política nacional para o ensino médio, como se pode inferir das palavras de Frigotto e de Ciavatta, reivindicavam um tipo de organização curricular para esta etapa da educação básica que estivesse voltado para a "formação integral" do estudante, superando, assim, a "histórica dicotomia" entre a formação propedêutica e a formação para o trabalho. A concepção de "educação politécnica" foi também, mais uma vez, colocada no centro dos debates acerca das funções do ensino médio[60].

60 Para Saviani (2003, p. 142) a ideia de politecnia envolve a "articulação entre trabalho intelectual e trabalho manual, implicando uma formação que, a partir do próprio trabalho social, desenvolva a compreensão das bases da organização do trabalho na nossa sociedade e que, portanto, nos permita compreender o seu funcionamento".

Marise Ramos, uma das participantes do grupo que promoveu junto ao Ministério da Educação o debate sobre as políticas para o ensino médio no início dos anos 2000, procura esclarecer a concepção de educação integral. Segundo a autora:

> O primeiro sentido que atribuímos à integração expressa uma concepção de formação humana que preconiza a integração de todas as dimensões da vida – o trabalho, a ciência e a cultura – no processo formativo. Tal concepção pode orientar tanto a educação geral quanto a profissional, independentemente da forma como são ofertadas. O horizonte da formação, nessa perspectiva, é a formação politécnica e omnilateral dos trabalhadores e teria como propósito fundamental proporcionar-lhes a compreensão das relações sociais de produção e o processo histórico e contraditório do desenvolvimento das forças produtivas (RAMOS, 2013, p. 107).

Os estudos realizados por esses pesquisadores, na primeira década do ano 2000, tiveram, de alguma forma, influência na formulação da legislação e dos documentos oficiais que passaram a nortear as políticas para o ensino médio no Brasil[61]. É o caso, por exemplo, do Parecer CNE/CEB nº 5 de 2011 e da Resolução CNE/CEB nº 2 de 2012, que definem a oferta de ensino médio nas escolas do país. Essas duas normas legais referentes aos fundamentos, à organização e à operacionalização do currículo da última etapa da educação básica incorpora, de um modo geral, as ideias e concepções defendidas pelos autores mencionados anteriormente.

No que concerne aos pressupostos e fundamentos do ensino médio, observa-se que o os autores do Parecer CNE/CEB nº 5 de 2011 também reivindicam uma "formação integral" dos jovens estudantes que evidencie a "unicidade entre as dimensões científico-tecnológico-cultural, a partir da compreensão do trabalho em seu sentido ontológico" (BRASIL, 2011, p. 20). As quatro dimensões que constituem a formação humana integral (trabalho, ciência, tecnologia e cultura) são colocadas, também, como base organizadora do currículo, pelo Parecer CNE/CBE nº 5 de 2011[62].

Diante do exposto, parece ser um traço comum da legislação e dos documentos produzidos pelo Governo Federal, na atualidade, a manutenção de

61 No entanto, Ramos (2013, p. 111) pondera que, embora "conceitualmente a política caminhe no sentido do ensino médio integrado, permanecem contradições na existência de diferentes programas [do Governo Federal] que podem ou não estar convergindo numa mesma direção. Ao mesmo tempo, a efetividade do investimento financeiro depende tanto da eficácia administrativa dos sistemas envolvidos, quanto da capacidade de o governo federal obter hegemonia de suas propostas. E essas, por sua vez, ainda que se enunciem em nome dos trabalhadores, na prática atendem aos interesses do capital".

62 Monica Ribeiro da Silva e Eloise Médice Colontonio (2014, p. 611-628), da Universidade Federal do Paraná, realizam um estudo com a finalidade de explicar os sentidos que as dimensões trabalho, ciência, tecnologia e cultura adquirem nos tempos atuais e no texto no Parecer CNE/CEB nº 5 de 2011, tendo como base os referenciais da Teoria Crítica da Sociedade.

uma proposta de organização do ensino médio que propicie a formação do jovem a partir de uma "base unitária" constituída pelo trabalho como "princípio educativo", ou seja, o ponto de partida para a produção de conhecimentos e de cultura. É esta base unitária que justifica e fundamenta a formação específica para o exercício de profissões e a formação plena para o exercício da cidadania (BRASIL, 2011, p. 21).

Como parte das intenções do Governo Federal no sentido de implementar mudanças nas políticas direcionadas para a expansão e para a melhoria da qualidade da oferta de ensino médio no Brasil nas últimas décadas, dentre elas a reorganização do currículo, o Ministério da Educação instituiu, por meio da Portaria nº 971, de 9 de outubro de 2009b, a operacionalização de um programa denominado Ensino Médio Inovador (ProEMI)[63], em regime de colaboração técnica e financeira com os Estados que aderissem formalmente ao programa, como a finalidade de apoiar e fortalecer o desenvolvimento de propostas curriculares inovadoras nas escolas do ensino médio não profissional[64]. O Ministério da Educação pleiteia, com a efetivação do ProEMI, os seguintes "impactos e transformações desejáveis":

> a) superação das desigualdades de oportunidades educacionais; b) universalização do acesso e permanência dos adolescentes de 15 a 17 anos no ensino médio; c) consolidação da identidade desta etapa educacional, considerando as especificidades desta etapa da educação e a diversidade de interesses dos sujeitos; e, d) oferta de aprendizagem significativa para adolescentes e jovens, priorizando a interlocução com as culturas juvenis (BRASIL, 2009d, p. 5).

Ao buscar esclarecer o modelo de ensino que se pretende alcançar, o documento orientador ressalta na Apresentação que o propósito do Programa Ensino Médio Inovador é a superação do dualismo entre formação propedêutica e formação profissionalizante que tem caracterizado o ensino médio, com adoção de um modelo que ganhe "identidade unitária", embora assuma formas diversas e contextualizadas para atender as peculiaridades de realidade do Brasil. A base unitária da organização do currículo, segundo o documento, implica a articulação entre as dimensões trabalho, ciência, tecnologia e cultura, no sentido de buscar a "emancipação humana" para todos os cidadãos (BRASIL, 2009d, p. 4). Tendo em vista essa perspectiva de organização de currículo, o documento coloca a necessidade de promover

63 Por meio do Parecer nº 11, de 30 de junho de 2009c, o Conselho Nacional de Educação analisou e aprovou o mérito e a relevância da proposta do Ministério de Educação de desenvolver a experiência curricular inovadora do ensino médio.

64 O Programa Ensino Médio Inovador "converge para o apoio técnico e financeiro ao desenvolvimento de projetos que visem o aprimoramento de propostas curriculares para o ensino médio, capazes de disseminar nos respectivos sistemas a cultura de um currículo dinâmico, flexível e compatível com as exigências da sociedade contemporânea" (BRASIL, 2009d, p. 3).

a articulação dos conhecimentos que compõem as diferentes disciplinas, bem como buscar formas de articular a prática pedagógica interdisciplinar e contextualizada com atividades integradoras a partir das conexões entre as dimensões constituintes do ensino médio (trabalho, ciência, tecnologia e cultura) (BRASIL, 2009d, p. 7-10).

O documento apresenta, além de outras orientações técnicas e pedagógicas, as proposições para o tratamento do currículo e as condições que deveriam nortear a elaboração do projeto a ser desenvolvido pelas escolas públicas de ensino médio, sob a coordenação das Secretarias de Educação dos Estados que aderissem ao ProEMI. Dentre essas orientações podem ser citadas a carga horária mínima do curso de 3.000 horas; incentivo à leitura em todos os campos do saber, desenvolvendo a capacidade de letramento do estudante; incentivo às atividades de produção artística que contribuam para a ampliação do universo cultural dos estudantes; fomento às atividades teórico-práticas desenvolvidas em laboratórios e em bibliotecas; estímulo à atividade docente em dedicação integral à escola, incentivando momentos de planejamento e estudo coletivo/individual com tempo previsto na própria carga horária do professor; projeto político-pedagógico implementado com efetiva participação da comunidade escolar; oferta de atividades optativas, que poderão estar estruturadas em disciplinas eletivas pelos estudantes; organização curricular, com fundamentos de ensino e aprendizagem, articulados aos exames do Sistema Nacional de Avaliação da Educação Básica e às matrizes de referência do novo ENEM (BRASIL, 2009d, p. 10-11).

O ProEMI segue o seu curso de implementação até os dias atuais com a adesão gradativa dos entes da federação. Ao longo desse percurso, o programa passou por ajustes e reformulações necessárias que podem ser constatadas nas diferentes versões do documento orientador. A última versão do documento sobre o ProEMI publicado pelo Ministério da Educação em 2014, por exemplo, expõe de forma detalhada as orientações e os procedimentos a serem observados pelas escolas na elaboração do projeto para promover o denominado "redesenho curricular", tendo como expectativa que as ações propostas em cada projeto (que deve ser aprovado pela Secretaria de Estado de Educação) sejam paulatinamente incorporadas ao currículo, de maneira a buscar a ampliação do tempo escolar, na perspectiva da "educação integral" e a diversificação das práticas pedagógicas que dê, de fato, uma qualidade aos currículos das escolas públicas de ensino médio (BRASIL, 2014a, p. 4).

Pode-se afirmar, em síntese, que o Programa Ensino Médio Inovador (ProEMI), que se originou em 2009 e teve continuidade nos anos subsequentes, foi proposto pelo Governo Federal com o objetivo basilar de subsidiar as discussões, as experiências práticas desenvolvidas nas escolas e a elaboração de um "novo currículo" para o ensino médio em âmbito nacional. As Diretrizes Curriculares Nacionais para o Ensino Médio (Resolução CNE/SEB nº 2 de 2012), já mencionadas neste texto, servem de embasamento para a formulação dos projetos de "redesenho curricular" (PRC) no interior do ProEMI e, também, para as ações de formação continuada de professores.

Para dar consequência à política de reorganização do currículo desencadeada desde 2009 com a operacionalização do Programa Ensino Médio Inovador, o Governo Federal instituiu, recentemente, o Pacto Nacional pelo Fortalecimento do Ensino Médio (PNEM), por meio da Portaria nº 1.140, de 22 de novembro de 2013a, com o objetivo de promover a Formação Continuada de professores e coordenadores pedagógicos do ensino médio, como também de dar prosseguimento ao debate e à realização do "redesenho do currículo" que culminará na elaboração dos "Direitos à aprendizagem e ao desenvolvimento humano"[65] para cada uma das quatro áreas de conhecimento que compõem esta etapa da educação básica. O PNEM (Etapa I e Etapa II) foi executado durante o ano de 2014 pelo Ministério da Educação em parceria com as universidades públicas brasileiras e as Secretarias de Estado de Educação nas 27 unidades da federação[66].

3. O ensino médio no Plano Nacional de Educação (2014-2024)

O Plano Nacional de Educação (PNE) de 2014-2024, aprovado pela Lei nº 13.005, de 25 de junho de 2014[67], foi construído a partir de um longo período de debates em fóruns e conferências[68] desenvolvidos em várias instâncias da sociedade civil vinculadas à educação nas esferas municipal, estadual e nacional, como também de ajustes (emendas) durante a tramitação no Congresso Nacional (Projeto de Lei nª 8.035 de 2010). Dentre as dez diretrizes apontadas pelo novo PNE (antigas reivindicações educacionais) pode-se ressaltar: a) erradicação do analfabetismo; b) universalização do atendimento escolar; c) melhoria da qualidade da educação; d) valorização dos profissionais da educação; e) promoção do princípio da gestão democrática

65 Conforme a Resolução CNE/CEB nº 2 de 2012 (Artigo 20) o Ministério de Educação em colaboração com os Estados, Distrito Federal e os Municípios deverá elaborar e encaminhar ao Conselho Nacional de Educação uma proposta de "expectativas de aprendizagem de conhecimentos escolares e saberes" referente à base nacional comum do currículo do ensino médio.

66 Ver o site do Pacto Nacional pelo Fortalecimento do Ensino Médio (<http://pactoensinomedio.mec.gov.br>) e o site do Observatório do Ensino Médio da Universidade Federal do Paraná (<http://www.observatoriodoensinomedio.ufpr.br>).

67 A elaboração do Plano Nacional de Educação, de duração decenal, está determinada na Constituição Federal de 1988 (Artigo 214) e na LDB de 1996 (Artigo 87, parágrafo 1º). O PNE 2014-2024 veio suceder o PNE 2001-2010 sancionado pela Lei nº 10.172, de 9 de janeiro de 2001.

68 A culminância das atividades de mobilização da sociedade no sentido da elaboração compartilhada do PNE – 2014/2024 foi a Conferência Nacional de Educação (CONAE), realizada no período de 28 de março a 1º de abril de 2010, cujo tema central era "Construindo o sistema nacional articulado de educação: o Plano Nacional de Educação, diretrizes e estratégias de ação" (BRASIL, 2011a, p. 56).

da educação pública; f) promoção humanística, científica, cultural e tecnológica do país (BRASIL, 2014b, p. 1).

O PNE 2014-2024, apresentado como a Lei nº 13.005 de 2014, está estruturado em quatorze artigos, seguido do Anexo que traz a descrição das vinte metas e das respectivas estratégias consideradas fundamentais para a concretização da proposta de educação, que deverá ser desenvolvida nos próximos dez anos no Brasil, em regime de colaboração entre a União, Estados, Distrito Federal e Municípios[69] (Artigo 7º do PNE 2014-2024). Para verificar a aplicação desse instrumento "estruturante e de planejamento" da política de educação do Estado, o próprio texto do PNE prevê o monitoramento contínuo e avaliações periódicas das metas e estratégias definidas, que serão realizados pelas seguintes instâncias: Ministério de Educação; Comissão de Educação da Câmara dos Deputados e Comissão de Educação, Cultura e Esporte do Senado Federal; Conselho Nacional de Educação e Fórum Nacional de Educação (Artigo 5º do PNE 2014-2024).

Ao realizar uma análise geral do conjunto das vinte metas e das 254 estratégias que constituem o Plano Nacional de Educação 2014-2024 percebe-se que, além de contemplar propostas de políticas, evidentemente, para a educação básica (etapas e modalidades) e para a educação superior, houve também a preocupação de definir metas para questões relacionadas à alfabetização de crianças, jovens e adultos; à educação em tempo integral; à qualidade da educação básica e da educação superior (sistema nacional de avaliação institucional e da aprendizagem); à formação (inicial e continuada) e valorização dos profissionais da educação (plano de carreira docente); à gestão democrática da educação e ao financiamento da educação (BRASIL, 2014b, p. 2-7).

A proposta para o ensino médio, última etapa da educação básica, é apresentada no texto do atual PNE, de forma específica na Meta 3, com os seguintes termos: "Universalizar até, 2016, o atendimento escolar para toda a população de 15 (quinze) a 17 (dezessete) anos e elevar, até o final do período de vigência deste PNE, a taxa líquida de matrículas no ensino médio para 85% (oitenta e cinco por cento)" (BRASIL, 2014b, p. 3). Com o propósito de pleitear a concretização da Meta 3, considerando os prazos estabelecidos, são apresentadas quatorze estratégias.

Sem pretender realizar um estudo minucioso e conclusivo da Meta 3 e de suas estratégias, a seguir, serão feitos alguns comentários gerais com a

69 Na Explanação de Motivos nº 033, de 3 de novembro de 2010 sobre o PNE 2014-2024, o então Ministro de Educação Fernando Addad coloca que: "O Plano Nacional de Educação com vigência decenal, deve ser entendido como uma das formas de materialização do regime de colaboração entre sistemas e de cooperação federativa, tornando-se expressão de uma política de Estado que garanta a continuidade da execução e da avaliação de suas metas, frente às alternâncias governamentais e relações federativas" (BRASIL, 2011a, p. 62).

intenção de contribuir com as pesquisas voltadas, em especial, às políticas educacionais para o ensino médio na atualidade, objeto central deste texto. A Meta 3 expressa o propósito de universalização da oferta de educação escolar para toda a população na faixa etária entre 15 a 17 anos até 2016, sem fazer referência, a princípio, que se trata apenas de estudantes do ensino médio, mesmo que a faixa etária seja a adequada para essa etapa de ensino. O que pode levar à compreensão de que o atendimento pode ser realizado em qualquer etapa da educação básica. Esta Meta, de fato, vem reproduzir uma determinação fixada pela Emenda Constitucional nº 59, de 2009, de que, o Estado deve oferecer educação básica obrigatória e gratuita para todas as pessoas que tenham de quatro a dezessete anos de idade, inclusive de forma gratuita (mas não obrigatória) para os estudantes que não tiveram acesso à educação na idade própria (RAMOS, 2013, p. 113).

Além disso, a Meta 3 explicita a intensão de aumentar até o último prazo de vigência do Plano, a taxa líquida de matrículas no ensino médio para 85%. Neste caso, é preciso esclarecer que este indicador, tomado como parâmetro na Meta, considera a evolução da taxa de matrículas dos estudantes que estão frequentando o ensino médio na idade correta, qual seja 15 a 17 anos. Segundo dados do IBGE/Pnad, a taxa líquida de matrículas no ensino médio no Brasil, em 2012, era de 54,0% (BRASIL, 2013b, p. 123).

Quanto às estratégias elencadas no PNE 2014-2024, com a finalidade de contribuir para o ingresso e permanência dos jovens pertencentes ao grupo etário a ser atendido, definido na Meta 3, percebe-se que elas se referem, inicialmente, à questão da concepção e organização do currículo[70]. A estratégia 3.1 ressalta o propósito do Estado de promover a renovação do currículo do ensino médio por meio da institucionalização de um programa em âmbito nacional. Este programa visa incentivar a relação entre prática e teoria, abordagens interdisciplinares, organização flexível e diversificada dos conteúdos articulados em dimensões como ciência, trabalho, linguagens, tecnologia, cultura e esporte. As estratégias 3.2 e 3.3 tratam, em especial, da elaboração e da implantação pelo Ministério de Educação em colaboração com os entes federados, até o segundo ano de vigência do PNE, da proposta de "Direitos e objetivos de aprendizagem e desenvolvimento", de forma constituir uma base nacional comum para o currículo do ensino médio. Já a estratégia 3.4

70 Ramos (2013, p. 115), tendo como base o estudo da proposta de PNE enviada pelo Governo para o Congresso Nacional em dezembro de 2010, coloca que a sequência de apresentação das estratégias referentes à Meta 3 sugere que o acesso e a permanência dos jovens de 15 a 17 anos na escola tenham "estreita relação com a proposta curricular", visto que a estratégia 3.1 visa a "institucionalizar programa nacional de diversificação curricular". Em seguida, a autora faz uma análise crítica a esse aspecto do Plano, argumentando que tal proposição não leva em consideração que currículo enquanto um processo de formação científica e cultural é objeto de disputa entre interesses das classes sociais. Com essa visão reducionista, o conceito de currículo expressado na primeira estratégia, segundo a autora, é "subsumido a um pragmatismo de se torná-lo interessante aos sujeitos, mediante o atendimento aos interesses individuais, ao estilo de um (novo) escolanovismo".

prevê a disponibilização de bens e espaços culturais voltados para incrementar a relação entre as práticas esportivas e a organização do currículo escolar (BRASIL, 2014b, p. 3).

Pode-se dizer que essas quatro estratégias já vêm, de alguma maneira, sendo colocadas em prática pelo Governo Federal desde 2009, com a operacionalização do Programa Ensino Médio Inovador (ProEMI), a instituição das Diretrizes Curriculares Nacionais para o Ensino Médio (Parecer CNE/CEB nº 5 de 2011 e a Resolução nº 2 de 2012) e o desenvolvimento do Pacto Nacional pelo Fortalecimento do Ensino Médio (Portaria nº 1.140 de 2013), questões já abordadas neste texto.

A estratégia seguinte (3.5) está relacionada à correção de fluxo idade e série, uma vez que os dados estatísticos indicam ser ainda baixo o número de matrículas no ensino médio na faixa etária considerada adequada (15 a 17 anos). Como o problema da defasagem de conhecimentos parece estar ainda localizado no ensino fundamental, são indicados programas e ações a serem desenvolvidos nesta etapa de ensino, tais como acompanhamento individualizado do aluno com baixo rendimento escolar, aulas de reforço no contra turno, estudos de recuperação e progressão parcial (BRASIL, 2014b, p. 3). Percebe-se que as ações indicadas para a correção do fluxo escolar são de natureza estritamente pedagógica, as quais muitas vezes, são executadas sem que se consiga alcançar os resultados esperados, dadas as condições inadequadas de organização das escolas públicas e de trabalho dos professores. Na opinião de Ramos (2013), essas questões são "resultantes da desigualdade socioeconômica de nossa sociedade e do insuficiente financiamento da educação" (RAMOS, 2013, p. 116), indo, portanto, além da operacionalização de ações e programas de cunho pedagógico.

A universalização do Exame Nacional do Ensino Médio (ENEM), estratégia 3.6, é colocada também como uma proposta a ser implementada no sentido de contribuir para o acesso dos jovens de 15 a 17 anos à educação. O Plano esclarece as já conhecidas finalidades do ENEM, tais como avaliação certificadora (aferir conhecimentos e habilidades adquiridas pelos estudantes), avaliação classificatória (acesso ao ensino superior) e subsídio à elaboração de políticas públicas para a educação básica (BRASIL, 2014b, p. 3).

A estratégia 3.7 da proposta do Plano trata do fomento da expansão de matrículas gratuitas de ensino médio integrado à educação profissional, ressaltando que é necessário considerar as condições peculiares de vida das populações do campo, das comunidades indígenas e quilombolas e das pessoas com deficiência. O que tem sido, na atualidade, uma reivindicação de grande parte dos pesquisadores dessa questão, dos movimentos sociais e de políticas do Governo Federal. No entanto, não há registro no texto dessa estratégia se esse incentivo à expansão da oferta de ensino médio integrado será realizado no âmbito da rede púbica. Isto pode levar à suposição de que poderá ser usado "recursos públicos para financiar vagas de educação profissional em instituições privadas" (RAMOS, 2013, p. 116-117).

Dentre as estratégias que fazem parte da Meta 3 do PNE 2014-2020, encontram- se aquelas que tratam das seguintes propostas: a) incentivar e monitorar o acesso e permanência dos estudantes do ensino médio na escola por meio da colaboração com os serviços de assistência social, saúde e de proteção à juventude, como também fortalecer o acompanhamento dos jovens beneficiários de programas de transferência de renda (como o Bolsa Família); b) redimensionar a oferta de ensino médio nos turnos diurno e noturno e a distribuição territorial de escolas dessa etapa de ensino; c) desenvolver formas alternativas de ofertas de ensino médio para atender os filhos de trabalhadores que desenvolvem atividades itinerantes; d) implementar políticas de prevenção à evasão escolar gerada por preconceitos e formas de discriminação (BRASIL, 2014b, p. 3).

4. Algumas Considerações Finais

O presente estudo foi realizado tomando como fundamento que as políticas de educação são produzidas para atender as demandas sociais de um determinado momento histórico. Ou seja, embora às políticas educacionais tenham suas finalidades e estratégias específicas, elas não estão desconectadas da organização da sociedade. Sendo assim, procurou-se entender as propostas educacionais voltadas para o ensino médio no Brasil a partir do movimento mundial de reivindicações de "educação para todos" expressadas nas Conferências Mundiais empreendidas pelos Organismos Internacionais, como também das reformas educacionais implementadas pelo Governo brasileiro na última década de 1990 e continuadas nos anos iniciais do século XXI.

A análise dos documentos, da legislação e das obras teóricas selecionadas para este estudo, permite afirmar que, nas últimas décadas, tem havido uma preocupação por parte dos Governos e dos Organismos Internacionais com a questão de universalizar o acesso ao ensino médio ofertado com qualidade pelas escolas públicas a todos os jovens na faixa etária de 15 a 17 anos. O Estado brasileiro, em regime de colaboração com os entes federados, tem procurado implementar uma série de programas e projetos com a intenção de inovar a organização do currículo, promover a formação (inicial e continuada) e a valorização de professores da educação básica, disponibilizar recursos didáticos e tecnológicos de forma a dinamizar o processo de formação dos estudantes de ensino médio com vistas à continuidade de estudos na universidade e a inserção no mundo do trabalho.

O Plano Nacional de Educação (PNE), aprovado, recentemente, pelo Congresso Nacional e sancionado pela Presidente Dilma Rousseff (2014), como foi visto, traz uma Meta e um conjunto de estratégias que expressam as políticas de Estado direcionadas especificamente para o ensino médio a serem executadas nos próximos dez anos. Na análise geral e preliminar realizada do PNE 2014-2024 procurou-se, tão somente, ressaltar os aspectos mais evidentes das propostas apresentadas para o ensino médio na Meta 3 e suas estratégias, mesmo porque ainda são poucos os estudos disponíveis voltados especialmente para essa questão e que poderiam estar subsidiando teoricamente a discussão.

REFERÊNCIAS

ALVES, G. L. **A produção da escola pública contemporânea**. Campo Grande, MS: Ed. da UFMS; Campinas, SP: Autores Associados, 2001.

ARRUDA, E. E.; KINJO, C. N.; BARBOZA, M. M. O processo de mercantilização do ensino no nível fundamental e médio em uma capital brasileira de porte médio. **Anais da VIII Jornada do HISTEDBR**. São Carlos: UFSCar, 2008, p. 1-25.

ARRUDA, E. E.; KINJO, C. N. O Programa de Construção Escolar implementado em MS, no período de 1994 a 2004: um estudo da relação educação e mercado. In: ALVES, Gilberto Luiz. **Pensamento e prática educacionais:** entre clássicos, instituições escolares, educadores e mercado. Campo Grande, MS: Ed. UNIDERP, 2007, p. 161-202.

BRSIL. Declaração Mundial sobre Educação para Todos – satisfação das necessidades básicas de aprendizagem. In: **Plano Decenal de Educação para Todos**. Brasília: Ministério de Educação, 1993, p. 67-81.

_____. **Lei de Diretrizes e Bases da Educação Nacional (LDBEN) nº 9.394**, de 24 de dezembro de 1996. Brasília: Senado Federal, 2002.

_____. **Parâmetros Curriculares Nacionais (PCN):** ensino médio. Brasília: MEC; SEMTEC, 2002.

_____. **O plano de desenvolvimento da educação:** razões, princípios e programas. Brasília: Ministério da Educação, 2007.

_____. **Emenda Constitucional nº 59**, de 11 de novembro de 2009. Disponível em http://www.planalto.gov.br. Acesso em: 02 abr. 2015.

_____. **Decreto nº 6.755**, de 29 de janeiro de 2009a. Disponível em http://www.planalto.gov.br. Acesso em: 02 abr. 2015.

_____. Portaria nº 971, de 9 de outubro de 2009b. **Diário Oficial da União nº 195**, de 13 de outubro de 2009b, Seção 1, p. 52.

_____. **Parecer CNE/CEB nº 11**, de 30 de junho de 2009c. Disponível em: <http://portal.mec.gov.br>. Acesso em: 23 mar. 2015.

_____. **Programa ensino médio inovador:** documento orientador. Brasília: MEC/SEB, set. 2009d.

_____. **Parecer CNE/CEB nº 5**, de 04 de maio de 2011. Disponível em: <http://portal.mec.gov.br>. Acesso em: 28 mar. 2015.

_____. **Projeto do Plano Nacional de Educação (PNE – 2011/2020):** Projeto em tramitação no Congresso Nacional – PL nº 8.035/2010. Brasília: Centro de Documentação e Informação, Edições Câmara, 2011a.

_____. **Resolução CNE/CEB nº 2**, de 30 de janeiro de 2012. Disponível em <http://portal.mec.gov.br>. Acesso em: 28 mar. 2015.

_____. **Edital de Convocação do Programa Nacional do Livro Didático para o Ensino Médio** (PNLD 2015), de 16 de janeiro de 2013. Disponível em: <http://www.fnde.gov.br>. Acesso em: 21 out. 2014.

_____. **Portaria nº 1.140**, de 22 de novembro de 2013. Diário Oficial da União nº 238, de 9 de dezembro de 2013a, Seção 1, p. 24-25.

_____. Síntese de indicadores sociais: uma análise das condições de vida da população brasileira. **Estudos & Pesquisa – Informação demográfica e socioeconômica**, n. 32. Rio de Janeiro, IBGE, 2013b.

_____. **CONAE 2014:** Documento-Referência. Brasília: Ministério da Educação, Brasília: MEC, 2014. Disponível em http://conae2014.mec.gov.br. Acesso em: 18 mar. 2014.

_____. **Programa Ensino Médio Inovador:** documento orientador. Brasília: MEC/SEB, 2014a.

_____. Plano Nacional de Educação 2014 a 2024. Lei nº 13.005, de 25 de junho de 2014. **Diário Oficial da União** nº 120-A, de 26 de junho de 2014b, Edição Extra, p. 1-7.

BRAZ, T. P. **O financiamento do ensino médio da rede estadual de Mato Grosso do Sul (1996-2006)**. Tese (Doutorado em Educação) Universidade de São Paulo. São Paulo: USP, 2008.

BRAVERMAN, H. **Trabalho e capital monopolista:** a degradação do trabalho no século XX. Rio de Janeiro: Guanabara, 1987.

COMÉNIO, J. A. **Didáctica magna:** tratado da arte universal de ensinar tudo a todos. Lisboa: Fundação Calouste Gulbenkian, 1996.

CURY, C. R. J. O ensino médio no Brasil: histórico e perspectivas. In: **Seminário Internacional Políticas Públicas do Ensino Médio**. São Paulo: Ministério de Educação; Conselho Nacional de Secretários de Educação; Governo do Estado de São Paulo, 1998, p. 29-43.

FRIGOTTO, G.; CIAVATTA, M. (Org.). **Ensino médio:** ciência, cultura e trabalho. Brasília: MEC, SEMTEC, 2004.

FRIGOTTO, G.; CIAVATTA, M. A busca da articulação entre trabalho, ciência e cultura no ensino médio. In: FRIGOTTO, G.; CIAVATTA, M. (Org.). **Ensino médio:** ciência, cultura e trabalho. Brasília: MEC, SEMTEC, 2004, p. 11-34.

KUENZER, A. (Org.). **Ensino médio:** construindo uma proposta para os que vivem do trabalho. São Paulo: Cortez, 2001.

MÉSZÁROS, I. **Para além do capital:** rumo a uma teoria de transição. São Paulo: Boitempo, 2009.

OLIVEIRA, D. A. O ensino médio no contexto das políticas para a educação básica. In: ZIBAS, D.; AGUIAR, M. Â. da Silva; BUENO, M. S. S. (Org.). **O ensino médio e a reforma da educação básica**. Brasília: Plano, 2002, p. 47-69.

RAMOS, M. Ensino médio e educação profissional nos anos 2000: contribuições para a análise da proposta de PNE 2011-2021. In: PINO, I. R.; ZAN, D. D. P. (Org.). **Plano Nacional de Educação (PNE)**: questões desafiadoras e embates emblemáticos. Brasília, DF: Inep, 2013, p. 103-120.

RODRÍGUEZ, A.; HERRÁN, C. A. **Educação secundária no Brasil:** chegou a hora. Washington, D.C.: Banco Interamericano de Desenvolvimento e Banco Mundial, 2000.

SAVIANI, Dermeval. O choque teórico da politecnia. **Revista Trabalho, Educação e Saúde**. v. 1, n. 1. Rio de Janeiro: Fundação Oswaldo Cruz, mar. 2003, p. 131-152.

SCHULTZ, T. W. **O valor econômico da educação**. Zahar Editores, 1973.

SILVA, M. R.; COLONTONIO, E. M. As Diretrizes Curriculares Nacionais para o Ensino Médio e as proposições sobre trabalho, ciências, tecnologia e cultura: reflexões necessárias. **Revista Brasileira de Educação**. v. 19, n. 58. Rio de Janeiro: ANPEd, março de 2014, p. 611-628.

ZIBAS, D.; AGUIAR, M. A. da Silva; BUENO, M. S. S. (Org.). **O ensino médio e a reforma da educação básica**. Brasília: Plano, 2002.

CAPÍTULO XI

A POLÍTICA NACIONAL DE AVALIAÇÃO EXTERNA EM LARGA ESCALA DA EDUCAÇÃO PÚBLICA E O PLANO NACIONAL DE EDUCAÇÃO (2014-2024): implicações para o contexto escolar

Jucirley Cardoso de Jesus Oliveira[71]

Nos últimos anos, principalmente a partir da década de 1990, a escola pública passou a ser objeto de estudo de diferentes pesquisas, isso por conta da necessidade de análise dos resultados das diversas políticas educacionais desenhadas e implementadas entre os anos de 1970 e 1990, que adotam, entre outros aspectos "a transformação da escola via princípios de inclusão e gestão democrática, aliados a sucessivas ampliações do tempo de escolarização obrigatória e reforço do controle avaliativo do Estado, o que consistiria para o discurso oficial, uma escola de qualidade" (CIARDELLA; ABDIAN; HERNANDES, 2012, p. 1).

Essas políticas educacionais estão inseridas em um contexto amplo da reforma em curso na América Latina que é, sem dúvida, elemento importante para a análise da reconfiguração do papel do Estado brasileiro e das transformações que estão ocorrendo no âmbito da economia, das instituições sociais, culturais e políticas, quanto à natureza das relações entre esses diferentes níveis, tendo como eixo central a globalização, a reestruturação do Estado e a organização e a gestão do sistema educativo (KRAWCZYK, 2002).

O movimento de descentralização da educação é apresentado pelos discursos oficiais, tanto nacionais quanto internacionais, como uma tendência moderna dos sistemas de educação mundiais, na qual são promovidas um conjunto de mudanças estruturais no âmbito educacional. Dessa forma, esse duplo movimento de globalização e de descentralização se expressa na

71 Mestre em Educação pela Universidade Estadual Paulista. E-mail: jucirley@hotmail.com

reforma educacional na atualidade e, nesse novo modelo de gestão educacional proposto, o Estado se mantém como promotor das mudanças educacionais, "mas não como único ou principal responsável do fornecimento de condições adequadas de ensino e/ou de um planejamento centralizado, mas pela institucionalização no governo federal de novos mecanismos de avaliação e controle" (KRAWCZYK, 2002, p. 64).

A reforma educacional define o modelo de organização e gestão da educação por meio da descentralização em três dimensões complementares, com isso, há uma nova lógica de governabilidade da educação pública. As três dimensões são: descentralização entre as diferentes instâncias de governo – municipalização; descentralização para a escola – autonomia escolar; descentralização para o mercado – responsabilidade social (KRAWCZYK, 2002).

A descentralização entre as diferentes instâncias do governo é um dos pontos de destaque da reforma na América Latina, esse movimento tem como foco a transferência do financiamento e da administração das escolas para os estados e para os municípios. A justificativa para a descentralização entre diferentes órgãos é a de que esse processo permite o direcionamento dos gastos públicos a alvos específicos e otimiza os investimentos na melhoria do ensino fundamental, a maior interação em nível local de recursos públicos, não governamentais e privados para o financiamento dos programas sociais, além disso, a possibilidade de atendimento com maior rapidez aos usuários em razão da proximidade entre os problemas e a gestão (KRAWCZYK, 2002).

Ainda de acordo com a autora, a segunda dimensão do modelo de organização e gestão da educação ocorre por meio da descentralização para a escola, centrando a atenção da autonomia da política escolar no governo da escola. Esse olhar para a gestão e a autonomia da escola teve início da década de 1980, em meio à luta pela consolidação do sistema democrático, nesse contexto houve expressiva preocupação com a construção das relações sociais democráticas de governo nas escolas, impulsionando a participação da sociedade civil como condição para o exercício de uma cidadania ativa.

A descentralização para a escola é uma forma de transferir a responsabilidade pela eficiência da instituição para seus atores, assim como o seu fracasso. Nessa lógica, "quando os efeitos desejados não se produzem, o fracasso é interpretado como fracasso pessoal dos atores da escola, tirando do Estado qualquer tipo de responsabilidade na gestão dos problemas educacionais" (KRAWCZYK, 2002, p. 68).

A terceira e última dimensão do modelo de organização e gestão da educação elencadas por Krawczyk ocorre por meio da descentralização para o mercado, a lógica dessa dimensão se constitui em uma forma de privatização da educação por meio de um conjunto de reformas que aproximam as decisões públicas (decisões do não mercado) das "decisões do mercado", dessa forma há a criação de um quase-mercado[72] em educação. Esse movimento cria novas formas de financiamento, fornecimento e regulação diferentes das assumidas pelo Estado na gestão do Sistema e da escola que simula o mercado.

Segundo a autora, o movimento de descentralização para o mercado é feito por meio de duas vias que procuram consolidar o espaço de quase mercado na educação. A primeira via procura descentralizar para o mercado a responsabilidade do controle e da regulação educacional, visa à constituição "de um mercado de consumo de serviços educacionais, instalando na gestão da educação – do sistema e da escola – a lógica de mercado de oferta e demanda" (KRAWCZYK, 2002, p. 70).

Nos preceitos dessa lógica,

> Os pais têm o direito de realizar uma escolha racional da qualidade de educação para seus filhos e o dever de controlar e exigir mudanças, e o sistema educativo – por meio das escolas – tem a obrigação de oferecer projetos institucionais diversificados, acordes com os interesses da população consumidora e de prestar contas, por meio da informação dos resultados, à sociedade. Os direitos individuais do consumidor passam a prevalecer sobre os direitos sociais de educação do cidadão. Nesse sentido, têm se elaborado várias estratégias de informação aos pais – tipo ranking e premiação às escolas –, fomentando a competitividade entre elas pela captação de recursos e de prestígio (KRAWCZYK, 2002, p. 70-71).

A segunda via identificada pela autora diz respeito à "transferência de funções e responsabilidades para a comunidade por meio do envolvimento privado e voluntário no funcionamento e na gestão da escola, substituindo o Estado como único fornecedor para uma diversidade de fornecedores de serviços educacionais" (KRAWCZYK, 2002, p. 72).

Dessa forma, a autora ressalta sobre a importância de se compreender como a nova governabilidade educacional afeta de certa forma as escolas e os estudantes, ela também alerta sobre "a necessidade de submeter a gestão a critérios não mercantilistas para que seja possível conceber e concretizar uma governabilidade democrática pensada a partir dos desafios da educação escolar transformadora" (KRAWCZYK, 2002, p. 73).

72 As características distintivas de um quase-mercado em relação a um serviço público são: "a separação entre comprador e fornecedor e um elemento de escolha pelo usuário entre os fornecedores". No geral, os quase mercados têm alto grau de regulamentação governamental, contratada por meio de sistemas de avaliação, fiscalização e financiamento (LEVACIC, 1995, citado em: WHITTY, G. 1998 apud KRAWCZYK, 2002).

De acordo com Ciardella, Abdian e Hernandes (2012, p. 2), é desse momento histórico de reformas educacionais que urgem os "programas de avaliação de políticas sociais para averiguar a eficácia dessas políticas e programas, com a adoção de mecanismos quantitativos que poderiam relacionar, inclusive, os resultados dos programas à qualidade das propostas".

Ainda segundo as autoras, os sistemas de avaliação externa em larga escala, muitas vezes contraditórios,

> [...] sustentam-se sob discursos de autonomia da escola, gestão democrática e qualidade de ensino. São evidenciados alguns pontos comuns em relação aos seus objetivos e fins: atendem a orientações externas ao movimento pedagógico da escola; diminuem os espaços de autoavaliação das unidades; priorizam os resultados em lugar dos processos; reduzem o processo de aprendizagem à classificação de desempenho (atribuição de mérito); centralizam a construção da democracia em fórmulas de execução da gestão democrática (CIARDELLA; ABDIAN; HERNANDES, 2012, p. 3).

Nesse sentido, no final de 1980, a avaliação como parte do planejamento educacional passa a integrar políticas e práticas governamentais direcionadas à educação pública, embora haja evidencia que desde os anos 1930 o Estado brasileiro já demonstrava esse interesse (BONAMINO; SOUZA, 2012).

> [...] foram necessárias mais ou menos cinco décadas para que a avaliação (externa, em larga escala, centralizada e com foco no rendimento do aluno e no desempenho dos sistemas de ensino) viesse a ser introduzida como prática sistemática no governo da educação básica brasileira (FREITAS, 2007, p. 51).

Na década de trinta houve um interesse renovado pela avaliação dos processos que ocorriam na escola, principalmente nos Estado Unidos, e esse interesse coincidiu com o forte aumento da busca por educação nos países centrais. Houve questionamentos sobre a utilidade dos conteúdos aprendidos na escola para a vida em sociedade, preocupação que não existia quando a educação era destinada apenas para a elite (HORTA NETO, 2007).

Gatti (2013) assume como ponto de partida os anos 1960 para traçar a trajetória das avaliações de sistemas. Para a autora, foi a partir desse período, mais especificamente, nessa década que surgiu com mais intensidade a preocupação com os processos de avaliação escolares.

No ano de 1996, durante o mandato de Fernando Henrique Cardoso na Presidência da República, foi promulgada a Lei de Diretrizes e Bases da Educação

Nacional (LDBEN nº 9.394/96) que trouxe como incumbência da União no Art. 9º, inciso V "coletar, analisar e disseminar informações sobre a educação" e no inciso VI "assegurar processo nacional de avaliação do rendimento escolar no ensino fundamental, médio e superior em colaboração com os sistemas de ensino, objetivando a definição de prioridades e a melhoria da qualidade do ensino" (BRASIL, 2010, p. 13). A lei também reforça a criação de sistemas de avaliações externas, conforme o Art. 87, § 3º, inciso IV

> Art. 87. É instituída a Década da Educação, a iniciar-se um ano a partir da publicação desta Lei. [...] § 3º Cada Município e, supletivamente, o Estado e a União, deverá: [...] IV - integrar todos os estabelecimentos de ensino fundamental do seu território ao sistema nacional de avaliação do rendimento escolar (BRASIL, 2010, p. 58).

No ano de 2001 foi aprovada a Lei nº 10.172 que estabeleceu o Plano Nacional da Educação (PNE). Com um período de duração de dez anos o PNE tinha entre seus objetivos a elevação global do nível de escolaridade da população com garantia de melhoria da qualidade do ensino em todos os níveis e de redução das desigualdades sociais e regionais no tocante ao acesso e à permanência, com sucesso, na educação pública (BRASIL, 2001).

Horta Neto (2007, p. 5) faz uma análise dos instrumentos legais indicados acima (Lei 9.394/96 e Lei 10.172/01) e ressalta "a grande ênfase que passa a ter a coleta de informações e a avaliação como instrumentos de gestão da educação". O autor também destaca o fato de a legislação ter deixado bem claro "o caráter descentralizador da avaliação, quando estabeleceu que programas de avaliação de desempenho da educação básica deveriam ser disseminados por todos os estados brasileiros, com o apoio técnico e financeiro da União" (HORTA NETO, 2007, p. 5). Além disso, a melhoria da qualidade da educação oferecida no interior das escolas públicas é um tema considerando central nessa legislação.

Em consonância com os instrumentos normativos anteriores, a Lei nº 13.005 de 25/06/2014 que aprova o Plano Nacional de Educação (2014-2024) tem dentre suas diretrizes a melhoria da qualidade da educação. O artigo 11 dispõe sobre o Sistema Nacional de Avaliação da Educação Básica, coordenado pela União, em colaboração com os Estados, o Distrito Federal e os Municípios. Nesse artigo, o sistema de avaliação da União é considerado fonte de informação para a avaliação da qualidade da Educação Básica e para a orientação das políticas públicas para esse nível de ensino, por meio de indicadores de rendimento escolar e de avaliação institucional produzidos e divulgados no máximo a cada dois anos (BRASIL, 2014).

Nesse sentido, este texto tem por objetivo discutir a meta 7 do PNE e algumas das estratégias elencadas para o alcance dessa meta e também as implicações para o campo educacional e, consequentemente, para o contexto escolar. Essa meta tem como premissa o aprendizado adequado na idade certa e para isso tem por objetivo "fomentar a qualidade da educação básica em todas as etapa e modalidades, com melhoria do fluxo escolar e da aprendizagem de modo a atingir as médias nacionais para o IDEB" (BRASIL, 2014, p. 12).

No artigo 11 da referida lei e também no texto da meta 7 a qualidade educacional é entendida, principalmente, como o alcance das metas estabelecidas pelo IDEB para cada nível de escolarização e as trinta e seis estratégias elencadas no PNE visam a elaboração de ações para atingir essa meta.

Dessa forma, essa meta é a que se refere mais diretamente à qualidade de educação, entretanto, é sabido que o IDEB é composto pelas notas obtidas pelos alunos em língua portuguesa e em matemática na Prova Brasil e pelo fluxo escolar. Acreditamos que esse indicador tem um importante papel quando se fala em qualidade educacional, pois fomentou a discussão sobre o tema no Brasil, mas tem uma capacidade limitada para diagnosticar se a educação oferecida nas redes de ensino é de qualidade.

Na tabela abaixo, é possível visualizar as médias nacionais para cada etapa de escolarização da educação básica.

Tabela 1: Médias nacionais para o IDEB

IDEB	2015	2017	2019	2021
Anos iniciais do ensino fundamental	5,2	5,5	5,7	6,0
Anos finais do ensino fundamental	4,7	5,0	5,2	5,5
Ensino médio	4,3	4,7	5,0	5,2

Fonte: Brasil, 2014.

Nesse contexto de discussão sobre qualidade educacional, Oliveira (2006) defende que há uma grande disputa acerca do que seria um bom indicador/padrão de qualidade e que existe um consenso sobre a constatação da ausência de qualidade na educação. Ainda de acordo com o autor, "de um ponto de vista histórico, na educação brasileira, três significados distintos de qualidade foram construídos e circularam simbólica e concretamente na sociedade, ainda que presentes nos diferentes momentos, um se sobressai e pauta o debate e a política educacional" (OLIVEIRA, 2006, p. 55).

O primeiro significado (indicador) de qualidade estava ligado à oportunidade de escolarização a que a população tinha direito. Assim, para se ter qualidade na educação era necessário que o acesso às escolas fosse para todos, pois até então era privilégio de uma minoria que pertencia à elite.

"Portanto, a definição de qualidade estava dada pela possibilidade ou impossibilidade de acesso" (OLIVEIRA, 2006, p. 56).

Com o processo de universalização da escola pública, na década de 1940, indivíduos menos favorecidos, no que diz respeito a fatores sociais e culturais, que antes não tinham acesso à educação formal foram incorporados à escola. "Com o processo de expansão das oportunidades a escola incorporou as tensões, as contradições e as diferenças presentes na sociedade" (OLIVEIRA, 2006, p. 56).

Assim, a expansão das oportunidades de acesso à escolarização trouxe obstáculos referentes à continuidade dos estudos dessa nova população escolar, pois não tinham experiências culturais das pessoas que já frequentavam a escola pública, e está não se reestruturou nem se adequou para receber a nova população (OLIVEIRA, 2006). Nesse contexto, surge um novo conceito de qualidade, dessa vez, relacionado ao fluxo escolar. A respeito disso, o autor argumenta que

> [...] evidenciou-se, então, um novo tipo de seletividade que deu origem a um outro conceito de qualidade, agora relacionado à ideia de fluxo, definido como número de alunos que progridem dentro de determinado sistema de ensino. Assim, no final dos anos 1970 e nos anos 1980, **um segundo indicador de qualidade foi incorporado ao debate educacional.** A partir da comparação entre a entrada e a saída de alunos do sistema de ensino, era medida a "qualidade" da escola. Se a saída se mostrasse muito pequena em relação à entrada, a escola ou o sistema como um todo teria baixa qualidade (OLIVEIRA, 2006, p. 58, grifo nosso).

Esse segundo indicador de qualidade evidencia que fatores como a evasão e a reprova passam a contribuir para a baixa qualidade de ensino oferecido pelas escolas públicas. Para resolver essa situação, surgem políticas voltadas para o controle do fluxo no interior das instituições de ensino. Para Oliveira (2006, p. 58), "a adoção de ciclos, da promoção automática e de programas de aceleração da aprendizagem incide exatamente na questão da falta de qualidade [...]". Seguindo essa linha de análise, o autor salienta que

> Se o combate à reprovação com políticas de aprovação automática, ciclos e progressão continuada incide sobre os índices de "produtividade" dos sistemas, **gera-se um novo problema, na medida em que esses mesmos índices deixam de ser uma medida adequada para aferir a qualidade.** Se existem políticas e programas que induzem a aprovação, a tarefa de aferir a qualidade num sistema com um índice de conclusão igual ou superior a 70% torna-se mais complexa (OLIVEIRA, 2006, p. 59, grifo nosso).

Diante disso, o autor destaca que a partir da evidência desse problema, a educação brasileira está incorporando um terceiro indicador de qualidade, difundido principalmente nos Estados Unidos e também em outros países há mais tempo. Nesse indicador, a qualidade é definida "pela capacidade cognitiva dos estudantes, aferida mediante testes padronizados em larga escala" (OLIVEIRA, 2006, p. 59). E essa concepção está presente no âmbito da meta 7 do PNE.

Alavarse (2013) pondera sobre a necessidade de problematizar a associação entre resultados de avaliações externas em larga escala e sua capacidade de expressar a qualidade da educação escolar, para o autor, é importante relativizar essa associação e fazer algumas demarcações, o próprio conceito de qualidade da educação escolar seria uma delas, isso porque esse conceito é histórico e mutável dependendo dos interesses que estão em jogo.

Entendemos por padrão "uma medida daquilo que é adequado, um nível definido de desempenho" (BURSTEIN; OAKES; GUITON, 1992 apud BONDIOLI, 2004, p. 72). Nesse sentido, é necessária certa cautela quando se estabelece padrões em um sistema escolar, pois "[...] a definição de padrões mínimos de sucesso pode produzir como efeito a fundamentação do trabalho didático exclusivamente em função da obtenção de determinadas prestações" (BONDIOLI, 2004, p. 73).

Segundo Freitas (2013, p. 86)

> Estabelecer um padrão para a avaliação é projetar uma situação virtual (possível ou desejável) para a situação real existente, o que consiste na tomada de um posicionamento político. Ao reconhecermos a imprescindibilidade da avaliação da qualidade da educação assumimos que não podemos nos poupar de tomar o posicionamento político de definir um padrão para a avaliação que, em última instância, expressa determinada qualidade. Implica posicionamento a favor de determinada qualidade que se pretende tornar universal.

Nesse sentido, a partir das reflexões da autora, surgem as seguintes indagações: "qual qualidade o padrão de avaliação contempla e promove? Qual qualidade admitimos e esperamos padronizar? A favor de que e no interesse de quem se arbitra o padrão de qualidade da educação?" (FREITAS, 2013, p. 87).

Ao levarmos essa reflexão para o contexto da meta 7 do PNE é possível perceber que o padrão de qualidade estabelecido contempla dois aspectos do processo de escolarização, sendo a progressão regular na escolarização (fluxo) e o desempenho dos estudantes nas provas que abrangem competências e habilidades em leitura, cálculo e resolução de problemas. De acordo com

Freitas (2013, p. 87), "Esse padrão tem sido defendido com base no argumento de que corresponde ao que se pode e deve assegurar com prioridade para todos, uma vez que corresponde ao mínimo indispensável, e, por isso, direito de todos".

Assim, é de suma importância a reflexão e a discussão sobre o fato de o IDEB ser colocado como principal indicador de qualidade da educação oferecida nas escolas públicas e fundamentar o trabalho didático da escola em virtude desse resultado, uma vez que, "a definição de padrão, no sentido de normas às quais nos devemos ater, constitui, como se dizia, um dispositivo que impulsiona à adequação [...] A simples definição de padrão não é suficiente" (BONDIOLI, 2004, p. 73). É necessário que ocorram discussões e reflexões acerca do padrão estabelecido para que as instituições escolares não busquem apenas a adequação a determinado padrão sem pensar nas consequências de tal busca.

Pensando no contexto das unidades escolares, julgamos pertinente trazer para essa discussão o conceito da "Qualidade Negociada" (BONDIOLI, 2004) e discutido por Freitas (2005). Nessa perspectiva "a qualidade é produto de um processo de avaliação institucional construído coletivamente, **tendo como referência o Projeto Político Pedagógico da escola"** (FREITAS, 2005, p. 911, grifo nosso). Isso porque os processos de avaliação negociados criam compromissos e responsabilidades pactuados e incentivam novas formas de relações no interior das escolas.

Além disso, é por meio desse instrumento que as intenções da escola são assumidas como compromisso político e pedagógico da comunidade escolar e as intenções se originam de uma reflexão e de uma avaliação a partir das relações concretas educacionais cotidianas (OLIVEIRA, 2014)

Dessa forma, a equipe escolar tem a possibilidade de refletir sobre os resultados dos sistemas de avaliação e articulá-los à proposta de qualidade de educação definida em sua proposta pedagógica e às finalidades de educação defendida e, coletivamente, analisar o papel e a responsabilidade de cada indivíduo nesse processo.

Refletir e traçar a qualidade nessa perspectiva são ações realizadas no contexto de cada instituição de ensino, considerando os resultados dos sistemas de avaliação externa em larga escala (pois dizem algo sobre a aprendizagem dos alunos), os demais instrumentos de acompanhamento da aprendizagem dos estudantes e também a especificidade de cada escola. Todo esse processo pode ser articulado com as ações propostas para o desenvolvimento das estratégias 7.4 e 7.28, que preveem processo contínuo de autoavaliação das escolas de educação básica e o envolvimento das famílias e da sociedade com a educação pública, conforme descrito abaixo:

> 7.4) induzir processo contínuo de auto avaliação das escolas de educação básica, por meio da constituição de instrumentos de avaliação que orientem as dimensões a serem fortalecidas, destacando-se a elaboração de planejamento estratégico, a melhoria contínua da qualidade educacional, a formação continuada dos (as) profissionais da educação e o aprimoramento da gestão democrática; 7.28) mobilizar as famílias e setores da sociedade civil, articulando a educação formal com experiências de educação popular e cidadã, com os propósitos de que a educação seja assumida como responsabilidade de todos e de ampliar o controle social sobre o cumprimento das políticas públicas educacionais (BRASIL, 2014, p. 13;15).

Em relação à estratégia 7.28, é importante considerar a segunda via do movimento de descentralização para o mercado apontado por Krawczyk (2002), na qual a qualidade do processo educativo é transformada na "expressão da capacidade institucional de formular demandas e de produzir, obter e gerir recursos para satisfazê-la e, também em atos de filantropia". Essas propostas buscam incentivar a lógica de que "a responsabilidade pela educação e pelo bem-estar deve ser assumida por todos, e não ficar relegada ao Estado. É a ideia de responsabilidade social e pressupõe, entre outras, a ideia de que a soma de boas escolas melhora a qualidade do Sistema como um todo" (KRAWCZYK, 2002, p. 72).

Na visão de Singer (1996, p. 5-6), há duas posições em relação aos fins da educação e de como atingi-los. Na primeira, chamada de civil democrática, a educação escolar é vista "como processo de formação cidadã, tendo em vista o exercício de direitos e obrigações típicos da democracia", é uma visão da educação centrada no educando. Em contrapartida há outra posição que o autor denomina de produtivista (elencada anteriormente), esta visão concebe a educação escolar "como preparação dos indivíduos para o ingresso, da melhor forma possível, na divisão social do trabalho [...] é chamando pelos economistas de acumulação de capital humano".

Acreditamos que a primeira posição elencada por Singer (1996) é um bom ponto de partida para a definição do que seria uma educação de qualidade, pois está aliada à ideia de uma educação emancipadora que visa à transformação da realidade, enquanto somente a atual forma de indicar qualidade por meio dos sistemas de avaliação externa em larga escala não garante essa finalidade da educação, pelo contrário, está mais relacionada com a visão produtivista.

Além disso, essa primeira posição está em consonância com o Documento de Referência da CONAE 2014, no qual está expressa a seguinte conceituação da perspectiva do que seria uma educação de qualidade:

> A educação de qualidade visa à emancipação dos sujeitos sociais e não guarda em si mesma um conjunto de critérios que a delimite. É a partir da concepção de mundo, sociedade e educação que a escola procura desenvolver conhecimentos, habilidades e atitudes para encaminhar a forma pela qual o indivíduo vai se relacionar com a sociedade, com a natureza e consigo mesmo. A "educação de qualidade" é aquela que contribui com a formação dos estudantes nos aspectos culturais, antropológicos, econômicos e políticos, para o desempenho de seu papel de cidadão no mundo, tornando-se, assim, uma qualidade referenciada no social. Nesse sentido, **o ensino de qualidade está intimamente ligado à transformação da realidade** (BRASIL, 2012, p. 52, grifo nosso).

Por toda a complexidade dessa concepção de educação de qualidade é que se respalda o discurso de que somente os fatores que compõem o IDEB (fluxo e desempenho cognitivo em Língua Portuguesa e Matemática) não são capazes de indicar se uma instituição pública de ensino oferece educação de qualidade aos seus educandos. Assim como não se justificam os rankings e demais consequências negativas dos processos de descentralização para a escola e para o mercado elencados por Krawczyk (2002).

A estratégia 7.2 estabelece prazos para o alcance das metas do IDEB, conforme expresso abaixo:

> a) no quinto ano de vigência deste PNE, pelo menos 70% (setenta por cento) dos (as) alunos (as) do ensino fundamental e do ensino médio tenham alcançado nível suficiente de aprendizado em relação aos direitos e objetivos de aprendizagem e desenvolvimento de seu ano de estudo, e 50% (cinquenta por cento), pelo menos, o nível desejável; b) no último ano de vigência deste PNE, todos os (as) estudantes do ensino fundamental e do ensino médio tenham alcançado nível suficiente de aprendizado em relação aos direitos e objetivos de aprendizagem e desenvolvimento de seu ano de estudo, e 80% (oitenta por cento), pelo menos, o nível desejável (BRASIL, 2014, p. 13).

Seguindo essa lógica, a estratégia 7.9 visa combater a desigualdade na média do IDEB, para isso as ações estão pautadas em

> [...] orientar as políticas das redes e sistemas de ensino, de forma a buscar atingir as metas do IDEB, diminuindo a diferença entre as escolas com os menores índices e a média nacional, garantindo equidade da aprendizagem e reduzindo pela metade, até o último ano de vigência deste PNE, as diferenças entre as médias dos índices dos Estados, inclusive do Distrito Federal, e dos Municípios (BRASIL, 2014, p. 13).

Essa preocupação em atingir e igualar as metas e aumentando o índice de desempenho dos alunos para o alcance de qualidade na educação necessita de reflexão e discussão por parte do governo federal e das redes de ensino dos entes federativos, pois pode incidir na formação dos educandos somente para o alcance das metas estabelecidas, ou seja, gestores e professores direcionam o trabalho somente para o que é avaliado pelos sistemas de avaliação externa em larga escala, isto é, na perspectiva de atingir o padrão (meta) estabelecido.

Alavarse (2012) afirma que existem três posições possíveis e que precisariam ser verificadas na realidade em relação ao alcance dessas metas preestabelecidas. De acordo com o autor, na primeira posição, as escolas estariam trabalhando exclusivamente com atividades que compõem os conteúdos das avaliações externas em larga escala. Em uma segunda posição, as escolas seguiriam suas rotinas normalmente, realizando seu trabalho independente dessas avaliações. Dessa forma, o desempenho dos alunos seria consequência do processo de ensino e aprendizagem desenvolvido no decorrer do ano letivo. Já em uma terceira posição, as unidades escolares considerariam a possibilidade de incorporação dos resultados das avaliações externas em larga escala, sem ignorá-los, entretanto, sem fazer desses resultados o elemento central do trabalho pedagógico. Nessa posição, o autor ressalta "a possibilidade de as escolas incorporarem os resultados das avaliações externas em larga escala, sem ignorá-los, portanto, mas sem fazer desses resultados o elemento central" (ALAVARSE, 2012, p. 129).

Nesse mesmo sentido, Bonamino e Sousa (2012, p. 383), muitas vezes "os professores concentram seus esforços preferencialmente nos tópicos que são avaliados e desconsideram aspectos importantes do currículo, inclusive de caráter não cognitivo". É o chamado *'reducionismo curricular'*, abordado também por Gatti (2013), nessa perspectiva o foco para o processo de ensino e aprendizagem passa a se concentrar somente no que será abordado na avaliação externa em larga escala. Em relação ao IDEB, a autora afirma que o indicador "coloca um desafio às redes, que é a obrigação de se empenharem para que todos, indiscriminadamente, aprendam aquilo que a prova mede" (GATTI, 2013, p. 59).

Assim, a reflexão é necessária para que as políticas públicas não impulsionem as escolas a direcionarem o trabalho pedagógico apenas na primeira posição e trabalhem exclusivamente com atividades que compõem os conteúdos das avaliações externas em larga escala, pois o processo de educação escolar não se resume aos conteúdos dessas avaliações.

As estratégias 7.10 e 7.32 têm relação com a divulgação dos resultados do sistema nacional de avaliação da educação básica e do IDEB, assim como dos sistemas estaduais, dos quais os municípios participam por adesão, para as escolas e para a sociedade, conforme expresso abaixo:

> 7.10) fixar, acompanhar e divulgar bienalmente os resultados pedagógicos dos indicadores do sistema nacional de avaliação da educação básica e do Ideb, relativos às escolas, às redes públicas de educação básica e aos sistemas de ensino da União, dos Estados, do Distrito Federal e dos Municípios, assegurando a contextualização desses resultados, com relação a indicadores sociais relevantes, como os de nível socioeconômico das famílias dos (as) alunos (as), e a transparência e o acesso público às informações técnicas de concepção e operação do sistema de avaliação; 7.32) fortalecer, com a colaboração técnica e financeira da União, em articulação com o sistema nacional de avaliação, os sistemas estaduais de avaliação da educação básica, com participação, por adesão, das redes municipais de ensino, para orientar as políticas públicas e as práticas pedagógicas, com o fornecimento das informações às escolas e à sociedade; (BRASIL, 2014, p. 13; 16).

Para Souza (2013) a avaliação educacional pode facilitar as relações internas e as relações pedagógicas com a comunidade, pois produz informações sobre o andamento dos trabalhos da escola e pode propiciar um melhor entendimento sobre os sucessos e os insucessos da prática pedagógica. Para a autora,

> A avaliação deve ser o grande elo entre escola e comunidade e muitas críticas desta e dos pais podem ser identificadas e transformadas numa cooperação construtiva. Afinal, nenhuma escola deveria ser considerada boa se ela não tem conexão com a comunidade. A forma de conectar com esse segmento é que varia e a avaliação pode fazer a diferença, pois, seu caráter não é exclusivamente pedagógico, mas, também tem seu lado de natureza social, de suma importância (SOUZA, 2013, p. 164).

Contudo, a divulgação desses resultados é uma forma de prestar contas à sociedade sobre os resultados dos educacionais relacionados aos sistemas de avaliação externa em larga escala em todas as esferas de ensino (nacional, estadual e municipal). Aliás, prestar contas sobre o desempenho dos alunos é uma característica marcante dos sistemas de avaliação externas em larga escala, uma vez que a própria mídia contribui para isso com a divulgação de rankings entre as instituições de ensino. A ampla divulgação dos resultados dessas avaliações na mídia, sob a lógica da competitividade entre as instituições ou entre os professores e demais membros da comunidade escolar está atrelada à necessidade de prestar contas à sociedade pelo serviço oferecido, uma vez que, de acordo com Freitas (2004, p. 148) "a educação foi entendida como um serviço e não mais como um direito".

Para Singer (1996, p. 8), "o que fundamenta esse tipo de proposta é a ideia de que a competição em mercado é o melhor meio para promover a eficiência [...]". Com os resultados das avaliações expostos na mídia, a sociedade pode visualizar qual instituição tem um melhor desempenho e por consequência, oferece um ensino de melhor "qualidade".

Nessa perspectiva, as consequências para a escola e seus profissionais são simbólicas e tem como pressuposto o fato de que a partir do conhecimento dos resultados a equipe escolar se mobilizará para melhorar a educação, assim como possibilitará a pressão dos pais e da comunidade sobre a escola (ZAPONI; VALENÇA, 2009).

Já a estratégia 7.36 do PNE prevê "estabelecer políticas de estímulo às escolas que melhorarem o desempenho no IDEB, de modo a valorizar o mérito do corpo docente, da direção e da comunidade escolar" (BRASIL, 2014, p. 16).

Essas políticas de estímulo às escolas com vistas a valorizar o mérito com base no alcance das metas do IDEB muitas vezes se configuram em pagamento de bonificação por resultados para os gestores, professores e funcionários das escolas que atingem as metas preestabelecidas. Exemplo dessa prática ocorre em São Paulo por meio do IDESP[73], que é gerado pela nota obtida pelos alunos nas provas do SARESP[74] e pelo fluxo escolar.

Na análise de Krawczyk (2002) o movimento de divulgação de resultados educacionais para a sociedade e as políticas de bonificação por resultados segue a lógica da descentralização para a escola e para o mercado, marcada por um conjunto de reformas que criam um quase-mercado em educação sob a lógica de mercado de oferta e de demanda (informação aos pais, ranking, premiação às escolas) com vistas à competitividade.

Para Freitas (2012, p. 13) essas políticas de responsabilização criam uma lógica de que os responsáveis pelo desempenho dos alunos nas avaliações externas são os professores e a escola. O autor ainda ressalta que aliado a isso há a questão da meritocracia "que consiste em entender que o problema educacional se resolve se você implantar o pagamento dos professores por mérito".

Gatti (2013, p. 62) defende que

> [...] é preciso considerar que os processos de avaliação educacional devem ser concebidos e executados não como instrumentos de exposição punitiva, de depreciação, mas, sim, como meios auxiliares para melhorar processos de gestão, processos de ensino e garantir aprendizagens significativas, para orientar ações didáticas, corrigir problemas e solucionar impasses [...].

73 Índice de Desenvolvimento da Educação do Estado de São Paulo.
74 Sistema de Avaliação de Rendimento Escolar do Estado de São Paulo.

Na visão da autora, é preciso considerar as avaliações externas em larga escala como meios auxiliares no contexto das escolas e não apenas como instrumentos punitivos e depreciativos por meio de políticas de bonificação por resultados e exposição classificatória de resultados educacionais.

Para Minhoto (2013) há uma complexidade de fatores associados à educação oferecida nas escolas e que influenciam o desempenho escolar dos educandos, tais como

> O contexto econômico, social e político local e o nível de vulnerabilidade do território onde a escola está situada; os tipos e montantes de investimento feitos em educação; o acesso e os hábitos de estudantes em relação à cultura e ao lazer; o contexto socioeconômico de crianças atendidas em diferentes escolas; a duração e qualidade do percurso escolar dos estudantes; o tempo de experiência e o nível de formação dos docentes, além do número de escolas em que lecionam e suas jornadas e condições de trabalho; o atendimento a criança com necessidades educacionais "mais" desafiadoras; o número de alunos por sala de aula; a qualidade do clima acadêmico e da gestão escolar; a estabilidade da equipe escolar e a cooperação entre seus membros, apenas para mencionar alguns fatores (MINHOTO, 2013, p. 140).

Para a autora, as políticas de bonificação por resultados precisam levar em consideração "não só a relação entre o desempenho dos estudantes e os fatores internos à escola, mas também a relação com fatores externos a ela, com destaque para as desigualdades sociais e regionais, no país e nas cidades" (MINHOTO, 2013, p. 141).

No dia 27 de março de 2014, próximo à data que geralmente o bônus para os profissionais da rede estadual paulista é pago anualmente, foi publicada uma notícia na internet[75] com base em informações do jornal O Estado de S. Paulo intitulada "SP não tem data para pagar bônus dos servidores". O texto menciona a mudança no cálculo da bonificação da rede estadual paulista e faz considerações sobre o fato de as condições socioeconômicas dos alunos serem preponderantes no resultado escolar. Também há no texto a opinião da pesquisadora da USP Paula Louzano, na qual ela afirma que levar em conta o nível socioeconômico do aluno é positivo, mas não torna a política de bonificação boa. Segundo ela, *"Não há no mundo nada que indique que bônus melhore resultados educacionais. Parte do pressuposto de que os professores sabem o que fazem, poderiam fazer mais, mas não fazem porque*

75 Disponível em: <http://educacao.uol.com.br/noticias/agencia-estado/2014/03/27/sp-nao-tem-data-para-pagar-bonus-dos-servidores.htm#comentarios>. Acesso em: 12 abr. 2014.

esperam alguém pagar mais", diz. "Em uma carreira como a da Educação, em que a motivação vai além do salário, é quase ofensivo".

Com o intuito de demonstrar a sensação de insatisfação que a política de bonificação causa aos profissionais das escolas, apresentamos abaixo um trecho da entrevista realizada em nossa pesquisa de mestrado (JESUS, 2014) com um gestor da escola onde realizamos a pesquisa, no qual ele relata sua percepção a respeito dessa política instituída na rede estadual de São Paulo.

> [...] em relação à bonificação, porque a coisa mais difícil que tem quando chega o resultado do SARESP é ver que você não recebeu bônus... é uma situação, agora que sua escola tá lá nas últimas na classificação da lista das escolas é pior do que não receber bônus... é uma sensação de incapacidade, você pensa, não estou trabalhando, não estou conseguindo mudar meu aluno, ele não tá aprendendo nada... é mais essa situação do que o próprio bônus (G2, 2013, entrevista).

Nesse sentido, a execução da estratégia 7.36 precisa ser analisada e discutida com cautela, pois as consequências que são geradas no interior das unidades escolares são negativas para os profissionais da educação. Afirmamos isso com base nos resultados de nossa pesquisa de mestrado e na bibliografia consultada e dessa forma, não acreditamos que seja positivo o Sistema Nacional de Avaliação incorporar políticas de estímulo por meio de bonificação por resultados.

Considerações finais

O objetivo deste texto foi discutir a meta 7 do PNE e algumas das estratégias elencadas para o alcance dessa meta e também as implicações para o campo educacional e, consequentemente, para o contexto escolar. Após as reflexões aqui realizadas, julgamos pertinente expor umas considerações sobre a temática discutida.

Um aspecto importante a ser considerado diz respeito à qualidade de educação atrelada ao IDEB, uma vez que as metas desse indicador são colocadas como objetivo de qualidade. Assim, no contexto dos processos de descentralização para a escola e para o mercado discutidos por Krawczyk (2002), o estabelecimento desse padrão de qualidade implica na aceitação/incorporação da responsabilidade pelos resultados do IDEB pela equipe escolar e mobiliza e direciona ações exclusivamente para o alcance das metas preestabelecidas com vistas à adequação ao padrão de qualidade estabelecido. Essa implicação é negativa, pois conforme discutimos nesse texto, qualidade de educação não se resume aos aspectos que compõem o IDEB, principalmente, se forem consideradas as políticas de estímulo de valorização por mérito.

No âmbito da meta 7 do PNE é válida a afirmação do professor Luiz Carlos em entrevista à Ação Educativa[76], sobre os indicadores obtidos por meio dos sistemas de avaliação externa em larga escala, no caso o IDEB. Segundo o autor, "para que sejam úteis, indicadores educacionais têm que ser associados a uma política que mobilize o interior da cada escola na utilização e análise dos dados, criando mecanismos de mediação nas próprias escolas" (FREITAS, 2015, p. 1). Nessa lógica, os indicadores não servem apenas como forma de pressão pública sobre as escolas.

Nesse sentido, enquanto educadores, não podemos concordar e nem podemos compactuar com a redução de toda a complexidade que compõe o processo de educação escolar de qualidade ao resultado de desempenho de estudantes em uma avaliação externa em larga escala associado ao fluxo escolar. O fato é que esses aspectos não podem ser entendidos como único e exclusivo indicador de uma educação de qualidade, eles a compõem, pois uma educação que se diga de qualidade forma seus alunos com domínio de competências básicas de leitura e com capacidade para resolver problemas em matemática, mas há outros fatores que envolvem uma perspectiva de educação que visa à formação de sujeitos históricos e emancipados socialmente assim como, à transformação desse sujeito e da realidade na qual ele está inserido.

Os estudos de Oliveira (2006) nos indicaram que atribuir um conceito à qualidade educacional não é uma tarefa fácil, há muitas divergências e o único consenso é sobre a falta de qualidade. Nesse sentido, torna-se pertinente a perspectiva da contrarregulação proposta por Freitas (2005) com base no conceito de "Qualidade Negociada" (BONDIOLI, 2004) e que tem como norte a convocação de todos os atores da escola para o processo de transformação social, pois concordamos com o autor que essa proposta pode ser a forma de se fazer alguma diferença na busca por uma educação de qualidade, por meio de uma avaliação institucional aliada a um sistema de monitoramento da aprendizagem dos alunos que possibilite a criação de "condições necessárias para mobilizar a comunidade local das escolas na construção da sua qualidade e na melhoria de sua organização" (FREITAS, 2005, p. 930). E tudo isso, aliado ao Projeto Político Pedagógico da escola com vistas a atingir às finalidades e perspectivas de educação defendidas nesse documento, também construídas coletivamente, as quais acreditamos que não devem

76 Disponível em: <http://www.indicadoreseducacao.org.br/para-que-sejam-uteis-indicadores-tem-que-ser-associados-a-politica--que-mobilize-escolas-na-utilizacao-e-analise-dos-dados/>. Acesso em: 23 abr. 2015.

ser reduzidas a perspectivas mercantis que reduzem os processos educativos em produto para atender da melhor forma possível ao mercado de trabalho.

Acreditamos que seja nessa perspectiva de construção de indicadores auxiliares de qualidade que o alcance da meta 7 deva ser almejado e para que as estratégias/ações desenvolvidas não tragam consequências negativas para a educação pública, para os profissionais da escola e também para os alunos.

Para isso, é importante ter claro que os sistemas de avaliação externa em larga escala devem realmente avaliar as políticas públicas educacionais do governo e não as escolas, enquanto que a avaliação dessas últimas precisa "ser um processo com ancoragem local que estimule a comunidade interna e externa da unidade a se organizar para demandar da escola mais qualidade e do poder público as condições necessárias a esta qualidade" (FREITAS, 2015, p. 1).

REFERÊNCIAS

ALAVARSE, Ocimar Munhoz. Desafio da avaliação educacional: ensino e aprendizagem como objetos de avaliação para a igualdade de resultados. **Cadernoscenpec**, São Paulo, v. 3, n. 1, p. 135-153, jun. 2013.

BONAMINO, Alicia; SOUSA, Sandra Zákia. Três gerações de avaliação da educação básica no Brasil: interfaces com o currículo da/na escola. **Educação e Pesquisa**, São Paulo, v. 38, n. 2, p. 373-388, abr./jun. 2012.

BONDIOLI, Ana (Org.). **O projeto pedagógico da creche e a sua avaliação:** a qualidade negociada. Campinas: Autores Associados, 2004.

BRASIL. **LDB:** Lei de Diretrizes e Bases da Educação Nacional. Lei nº 9.394, de 20 de dezembro de 1996. Estabelece as diretrizes e bases da educação nacional. 5.ed. Brasília: Câmara dos Deputados, Coordenação Edições Câmara 2010. (Série Legislação). Disponível em: <http://bd.camara.gov.br/bd/bitstream/handle/bdcamara/2762/ldb_5ed.pdf>. Acesso em: 16 jun. 2012.

_____. Ministério da Educação. *O PNE na articulação do sistema nacional de educação: participação popular, cooperação federativa e regime de colaboração.* **Documento-referência da CONAE 2014**. Brasília, DF: MEC, 2012. Disponível em: <http://conae2014.mec.gov.br/images/pdf/doc_referencia.pdf>. Acesso em: 12 abr. 2013.

_____. **Lei no 10.172, de 9 de janeiro de 2001**. Aprova o Plano Nacional de Educação e dá outras providências – PNE/MEC. Brasília, 2001. Disponível em: <http://www.planalto.gov.br/ccivil_03/leis/leis_2001/l10172.htm>. Acesso em: 15 abr. 2015.

_____. **Lei nº 13.005, de 25 de junho de 2014**. Aprova o Plano Nacional de Educação - PNE e dá outras providências. PNE/MEC. Brasília, 2014. Disponível em: <http://www.planalto.gov.br/ccivil_03/_Ato2011-2014/2014/Lei/L13005.htm>. Acesso em: 15 abr. 2015.

CIARDELLA, Thaís Monteiro; ABDIAN, Graziela Zambão; HERNANDES, Elianeth Dias Kanthack. Política de avaliação em larga escala e qualidade de ensino: diretrizes governamentais, compreensões e vivências dos profissionais da gestão escolar paulista. In: LIMA, Francisca das Chagas Silva;

LIMA, Lucinete Marques; CARDOZO, Maria José Pires Barros. (Org.). **Políticas educacionais e gestão escolar:** os desafios da democratização. 1 ed. Maranhão: EDUFMA, 2012.

FREITAS, Luiz Carlos de. A avaliação e as reformas dos anos de 1990: novas formas de exclusão, velhas formas de subordinação. **Educação & Sociedade**, Campinas, v. 25, n. 86, p. 133-170, abril 2004. Disponível em: <http://www.cedes.unicamp.br>. Acesso em: 03 jan. 2012.

_____. Qualidade Negociada: Avaliação e Contra-regulação na Escola Pública. **Educação & Sociedade**, Campinas, v. 26, n. 92, p. 911-933, Especial, out. 2005. Disponível em: <http://www.cedes.unicamp.br>. Acesso em: 29 nov. 2013.

_____. Políticas públicas de responsabilização na educação. **Educação & Sociedade**, Campinas, v. 33, n. 119, p. 345-351, abr./jun. 2012.

FREITAS, Dirce Nei Teixeira de. **A avaliação da educação básica no Brasil:** dimensão normativa, pedagógica e educativa. Campinas: Autores Associados, 2007.

FREITAS, Dirce Nei Teixeira de Freitas. Avaliação da Educação Básica no Brasil: Características e Pressupostos. In: BAUER, Adriana; GATTI, Bernardete A.; TAVARES, Marialva R. (Org.). **Vinte e cinco anos de avaliação de sistemas educacionais no Brasil:** origem e pressupostos. Florianópolis: Insular, 2013.

GATTI, Bernardete A. Possibilidades e Fundamentos de Avaliações em Larga Escala: Primórdios e Perspectivas Contemporâneas. In: BAUER, Adriana; GATTI, Bernardete A.; TAVARES, Marialva R. (Org.). **Vinte e cinco anos de avaliação de sistemas educacionais no Brasil:** origem e pressupostos. Florianópolis: Insular, 2013.

HORTA NETO, João Luiz. Um olhar retrospectivo sobre a avaliação externa no Brasil: das primeiras medições em educação até o SAEB de 2005. **Revista Iberoamericana de Educación** (ISSN: 1681-5653). n. 42/5, 25 de abril de 2007.

KRAWCZYK. Nora Rut. Em busca de uma nova governabilidade na Educação. In: OLIVEIRA, Dalila Andrade; ROSAR, Maria de Fátima Felix (Org.). **Política e Gestão da Educação**. Belo Horizonte: Autêntica, 2002.

JESUS, Jucirley Cardoso de. **O Sistema de Avaliação de Rendimento Escolar do Estado de São Paulo (SARESP) e suas implicações no contexto de uma escola estadual no município de Osvaldo Cruz/SP**. 2014. 171f. Dissertação (Mestrado em Educação) – Faculdade de Ciências e Tecnologia. Universidade Estadual Paulista, Presidente Prudente.

MINHOTO, Maria Angélica Pedra. Notas sobre a Avaliação da Qualidade de Sistemas Educacionais. In: BAUER, Adriana; GATTI, Bernardete A.; TAVARES, Marialva R. (Org.). **Vinte e cinco anos de avaliação de sistemas educacionais no Brasil:** origem e pressupostos. Florianópolis: Insular, 2013.

OLIVEIRA, Romualdo Portela de. **Estado e Política Educacional no Brasil:** desafios do Século XXI. 2006. 161f. Tese (Livre-docência). Faculdade de Educação. Universidade de São Paulo, São Paulo.

OLIVEIRA, Anna Augusta Sampaio de. **Gestão Democrática e Participativa:** em busca da ação coletiva. Unesp; NEaD; Redefor II, 2014. Disponível em: <http://www.acervodigital.unesp.br/handle/unesp/155278>. Acesso em: 18 jul. 2014.

REVISTA AMBIENTE EDUCAÇÃO. **Entrevista com o Prof. Ocimar Munhoz Alavarse**. v. 5(1), n. 126, p. 126-131, jan./jun. 2012. Disponível em: <http://www.cidadesp.edu.br/old/revista_educacao/9_politicas_publicas_de_educacao.html>. Acesso em: 13 set. 2013.

SINGER, Paul. Poder, política e educação. **Revista Brasileira de Educação**, São Paulo, ANPED, 1996.

SOUZA, Maria Alba de. O Uso dos Resultados da Avaliação Externa da Escola: Relação Entre os Resultados da Avaliação Externa e a Avaliação Interna dos Alunos. In: BAUER, Adriana; GATTI, Bernardete A.; TAVARES, Marialva R. (Org.). **Vinte e cinco anos de avaliação de sistemas educacionais no Brasil:** origem e pressupostos. Florianópolis: Insular, 2013.

ZAPONI, Margareth; VALENÇA, Epifânia. **Política de responsabilização educacional:** a experiência de Pernambuco. Abr. 2009. Disponível em: <www.abave.org.br>. Acesso em: 13 abr. 2015.

SOBRE OS AUTORES

Andréia da Cunha Malheiros Santana

Possui graduação em Letras pela Universidade Estadual Paulista Júlio de Mesquita Filho (1998), Mestrado (2003) e Doutorado (2010) em Educação Escolar, também pela UNESP. No mestrado, desenvolveu uma pesquisa sobre a importância dos estágios na formação dos licenciados do curso de Letras e, no doutorado, pesquisou sobre as necessidades de formação continuada dos gestores e professores de português e inglês da rede pública. Além disso, cursou Pedagogia (2009) e participa dos grupos de estudos e pesquisas GEPFEC (Grupo de Estudos e Propostas sobre a Formação do Professor Contemporâneo UNESP), FELIP (Formação e Ensino em Língua Portuguesa UEL) e Observatório e pesquisa das políticas de avaliação da educação superior (POW1 UFSCar). Em 2013, concluiu o PósDoc, na UFSCar, desenvolvendo uma pesquisa sobre a relação entre as avaliações externas, as políticas públicas, a formação continuada dos professores e a melhoria da qualidade na escola pública, com apoio financeiro da FAPESP. Atualmente, é professora adjunta na Universidade Estadual de Londrina (UEL), onde atua diretamente na formação de professores de língua portuguesa.

Andréia Nunes Militão

Doutora em Educação e Professora Adjunta Doutora da Universidade Estadual de Mato Grosso do Sul/Unidade de Dourados. Tem experiência na área de Educação com ênfase em Políticas Públicas Educacionais atuando, principalmente, nos seguintes temas: administração escolar, qualidade do ensino, condições de trabalho, formação e valorização profissional, PNE e CONAE.

Cristiano Amaral Garboggini Di Giorgi

Doutor em Educação pela USP e professor titular da Unesp na área de Educação. Autor de dezenas de artigos científicos e de vários livros, entre os quais se destacam "Escola Nova" (Editora Ática) e "Uma outra Escola é possível!" (Editora Mercado das Letras). Orientou 28 dissertações de mestrado e 5 teses de doutorado, além de trabalhos de iniciação científica, especialização e extensão universitária. Ministra, na pós-graduação, disciplina sobre a pedagogia de Paulo Freire.

Danilo Trombetta Neves

Procurador Federal (membro da Advocacia Geral da União – AGU), especialista em Filosofia Política e Jurídica pela UEL – Londrina/PR. Mestre em Educação pela UNESP – Presidente Prudente/SP. Professor em cursos de pós-graduação e preparatórios para concursos públicos.

Eugenia Portela de Siqueira Marques

Doutora em Educação pela Universidade Federal de São Carlos. Mestre em Educação pela Universidade Católica Dom Bosco. Graduada em Ciências Jurídicas; Pedagogia e Letras. É professora-adjunta da Faculdade de Educação da Universidade Federal da Grande Dourados - MS. Tem experiência na área de educação, com ênfase nas políticas de ação afirmativas e Relações étnico-raciais; Políticas Públicas de Educação Superior; Formação de professores e Direitos Humanos. Líder do Grupo de Estudos e Pesquisa sobre Educação, Relações étnico-raciais e Formação de professores – GEPRAFE/UFGD. Chefe do Núcleo de Estudos Afro-brasileiros – NEAB/UFGD.

Fabio Perboni

Doutor em Educação pela Unesp/Presidente Prudente e Professor Titular da Universidade Federal da Grande Dourados (UFGD). Dedica-se à pesquisa na área de Políticas Públicas Educacionais, com ênfase nos temas de Avaliação dos Sistemas de Ensino, Administração/Gestão da Educação, Gestão Democrática e Planejamento Educacional.

Iara Augusta da Silva

Professora e Especialista em Educação aposentada da Rede Estadual de Ensino de Mato Grosso do Sul, é doutora em educação pela Universidade Federal de Mato Grosso do Sul (UFMS). Atuou como docente do Curso de Pedagogia do Centro Universitário de Campo Grande/MS (UNES) no período de 2004 a 2007. Exerceu a função de técnica pedagógica na Coordenadoria de Ensino Médio e Educação Profissional na Secretaria de Estado de Educação de Mato Grosso do Sul, de 2010 a 2014. Participou do Pacto Nacional pelo Fortalecimento do Ensino Médio (2014) como Formadora da IES no Polo da Universidade Federal da Grande Dourados (UFGD). Autora de artigos e de capítulos de livros vinculados em publicações nacionais.

Jucirley Cardoso de Jesus Oliveira

Possui graduação em Letras pela Faculdade de Educação de Osvaldo Cruz - FEOCRUZ e graduação em Pedagogia pela Universidade Anhanguera – UNIDERP. Pós-graduação Lato Sensu em Metodologia de Ensino em Língua Portuguesa e Literatura pela Faculdade Educacional da Lapa – FAEL. Mestrado em Educação na área de políticas públicas, organização escolar e formação de professores pela Universidade Estadual Paulista (FCT/UNESP – Presidente Prudente). Professora Coordenadora do Núcleo Pedagógico de Língua Portuguesa na Diretoria de Ensino Região de Adamantina (SP), atuando na área de formação continuada de professores.

Luiz Araújo

Professor da Faculdade de educação da UnB. Entre 1997-2002 foi dirigente municipal de educação de Belém (PA), período em que ocupou cargos de direção na União Nacional de Dirigentes Municipais de Educação – UNDIME. Em 2003 foi presidente do INEP. Possui Mestrado em Políticas Públicas em Educação pela Universidade de Brasília (UnB) e Doutorado em Educação pela Universidade de São Paulo (USP). Ocupa a vice-presidência da Associação Nacional de Pesquisadores em Financiamento da Educação (FINEDUCA) e é membro do Comitê Diretivo da Campanha Nacional pelo Direito à Educação

Marcos Vinicius Francisco

Doutor em Educação pela Faculdade de Ciência e Tecnologia/ Universidade Estadual Paulista (FCT/UNESP) com financiamento da Fundação de Amparo à Pesquisa do Estado de São Paulo (FAPESP). Atualmente é bolsista de Pós-doutorado pela Coordenação de Aperfeiçoamento de Pessoal de Nível Superior (Capes) junto à Universidade do Oeste Paulista, instituição na qual é docente colaborador do Programa de Pós-Graduação em Educação (mestrado).

Silvio Cesar Nunes Militão

Doutor (2007) e Mestre (2003) em Educação pela Faculdade de Filosofia e Ciências da Universidade Estadual Paulista Júlio de Mesquita Filho (UNESP), campus de Marília – SP. Licenciado em Ciências Sociais pela mesma instituição (2000) e em Pedagogia pela Universidade Nove de

Julho (2008). Atualmente é Professor Assistente Doutor do Departamento de Educação da Faculdade de Ciências e Tecnologia da UNESP, campus de Presidente Prudente. Tem experiência na área da Educação, com ênfase em Política e Gestão Educacional. Membro do Grupo de Pesquisa Formação de Professores, Políticas Públicas e Espaço Escolar (GPFOPE) da FCT/UNESP.

Tatiana Pinheiro de Assis Pontes

Supervisora de Ensino efetiva do quadro de profissionais do magistério da Secretaria Municipal de Educação de São José do Rio Preto/SP. Formada em pedagogia pela Universidade Estadual Paulista, UNESP – Câmpus de Marília – 2002. Mestra em Educação pela Universidade Estadual Paulista, UNESP – FCT – Presidente Prudente – 2014. Doutoranda em Educação pela Universidade Estadual Paulista. UNESP – FCT – Presidente Prudente. Início em março de 2014. Integrante do Grupo de Pesquisa: Formação de Professores, Políticas Públicas e Espaço Escolar – GPFOPE vinculado à UNESP – FCT – Presidente Prudente.

Thaise da Silva

Professora Adjunta da área de Didática, Currículo e Ensino da Língua Materna da Universidade Federal da Grande Dourados – Mato Grosso do Sul (UFGD/MS). Tem graduação em Pedagogia pela Universidade Federal do Rio Grande do Sul (UFRGS – 2000), especialização em Alfabetização pela Faculdade Porto-Alegrense (FAPA-2004), mestrado em Educação pela UFRGS (2008) e doutorado em Educação pelo Programa de Pós-Graduação da mesma instituição (2012). Atuou como professora em distintos níveis de ensino – na Educação Infantil, nos Anos Iniciais do Ensino Fundamental, no Ensino Médio – Curso Normal – no Ensino Superior e em curso de Pós-Graduação/Especialização. Atualmente desenvolve pesquisas voltadas para a alfabetização, letramento e livros didáticos de alfabetização.

SOBRE O LIVRO
Tiragem: 1000
Formato: 16 x 23 cm
Mancha: 12 x 19 cm
Tipologia: Times New Roman 10,5/12/16/18
Arial 7,5/8/9
Papel: Pólen 80 g (miolo)
Royal Supremo 250 g (capa)